# 大学生职业素养与就业指导

主　编　石　颖　周新娟　雷　姣

副主编　骆龙磊　柏　雪　黄　峰

　　　　张琳琳

中南大学出版社　·长沙·
www.csupress.com.cn

# 前　言

习近平总书记指出：当今世界正经历百年未有之大变局。对广大新兴市场国家和发展中国家而言，这个世界既充满机遇，也存在挑战。在这个充满竞争、机遇、挑战、优胜劣汰的时代，我们作为新时代的职业人，是让时代适应自己还是让自己尽快适应这个时代？恩格斯很早之前就给出了答案：要最充分地适应自己的时代。因此，即将结束高等教育的青年学子们面对严峻的就业形势，从毕业到就业的对接中，该如何实现"零距离对接"，在激烈的就业竞争中获得自己职业的"一方天地"？我国著名教育家黄炎培先生说：何谓职业，一方为己治生，一方为群服务，人类间凡此确定而有系统的互助行为，皆是也。我们在解决自己生存和发展问题的同时，能够为他人、为社会服务，实现职业价值。

机遇与挑战并存，成功的机遇往往是给那些有准备的人的。面对严峻的就业形势，我们不仅要有自我保护意识，而且需要掌握求职方法，做好应对的准备。这些方法涵盖了心态、能力、技巧等多方面，通过一个个典型的案例、示范、拓展阅读，给我们以启迪智慧、启发思维。他人的成功与探寻能给正在求职路上不断追寻且迷惘的我们提供参考。

本书作为大学生就业教育的教材，在内容的编排上充分考虑了学生的认知能力和已有知识水平，力求精练、合理、实用、丰富。在文字介绍描述中尽可能通俗易懂、表述准确；在内容结构上注重组织结构的逻辑性、系统性和层次性；在案例选取中注重选取学生所熟悉的人物事件，更具说服力；在思考与实践部分，以练习、思考讨论的方式引导学生对习得知识深化和巩固，以期将理论与实践相结合，突出指导性。

本书共分为七个模块：模块一 认识职业世界（张琳琳编写）；模块二 探索求职信

息(雷姣编写);模块三 做好求职准备(石颖编写);模块四 掌握面试技巧(周新娟编写);模块五 就业政策及权益保护(骆龙磊编写);模块六 开启创业之门(黄峰编写);模块七 保持前行动力(柏雪编写)。

本书参考和引用了已经出版和发表的部分文献,在此向相关作者表示衷心的感谢。同时,由于编写老师水平有限,书中难免存在一些不足之处,恳请读者提出宝贵意见便于后期进一步修改和完善。

**教材编写组**

2021 年 7 月于松雅湖畔

# 目　录

# 认识职业世界

"天下难事，必作于易；天下大事，必作于细。"成功的背后，永远是艰辛努力。青年要把艰苦环境作为磨炼自己的机遇，把小事当作大事干，一步一个脚印往前走。滴水可以穿石。只要坚韧不拔、百折不挠，成功就一定在前方等你。

——2014年5月4日，习近平在北京大学师生座谈会上的讲话

## 引导案例

### 沈伟专业学习背景与个人成长之路

《舞蹈风暴》热播，无数人被"风暴见证官"沈伟圈粉，为他的专业、敬业，为他的温文儒雅，为他的才华横溢。作为湖南艺术职业学院知名校友的沈伟，是著名美籍华人编舞家、视觉艺术家和导演。他于1968年出生于湖南岳阳，父亲是当地湘剧团的导演，非常注意培养他的艺术天赋。9岁，沈伟考进湖南省艺术学校湘剧科，开始为期6年的戏曲学习。戏曲学习为他成为一个现代舞蹈家打下了坚实基础。1989年，一次偶然的机会，沈伟看到加拿大现代舞团的表演，新的舞蹈语汇对身体语言和肌体关系的新的诠释使他深受震动，他毅然考入广东现代舞团。1994年，沈伟荣获中国全国现代舞比赛编舞及舞蹈表演第一名，取得"尼可斯/路易斯舞蹈实验室"的奖学金，由此开始了他的国际舞蹈生涯。

**图1-1　沈伟担任北京奥运会开幕式《画卷》篇编导**

图片来源：http://5b0988e595225.cdn.sohucs.com/images/20190524/6dbeb572fa9f4cf3add898d200e993c6.jpeg

《华盛顿时报》称："他是我们这个时代最伟大艺术家之一。"2008年8月，沈伟参与编排的北京奥运会开幕式《画卷》震撼上演。2010年以来，沈伟的作品开始更加大胆地跨越传统剧场的界限。2012年11月，"沈伟舞蹈艺术"巡演中国国家大剧院和中国香港新视野艺术节，这亦是其首次回国正式为国内观众演出。

2013年5月15日，艺术家沈伟获国内首个聚焦中国当代艺术与设计的跨领域重量级奖项"年度艺术大奖"。

沈伟在视觉艺术领域亦卓有建树，他全权负责自己作品中的视觉元素，包括舞台布景、影像、灯光、服装、化妆等。他自幼修习中国水墨及西方油画，并坚持创作，曾于香港和纽约举办个展。

目前，他创作的作品仍活跃在国内外舞台。2021年6月2日—20日，沈伟创作的融合展览与表演的浸入式艺术现场《融》，在上海全球首演，震撼全场。

（资料整理于网络：https://www.sohu.com/a/316213233_205698）

**讨论：**

1. 沈伟的职业成长之路是怎样的？他有哪些最核心的职业素养？

2. 从他身上总结一下专业与职业有什么特点？

# 一、职业与职业演变

职业是个体与社会连接的纽带，是个体社会角色的重要特征，也是个体走向社会的重要阶段。每个具有劳动能力的个体都会在其一生中从事一种或几种职业，都会经历自己的职业生涯，并通过职业生涯实现自己在社会中的发展，实现自己的人生理想和价值，为家庭、组织和社会做出贡献。了解职业来源，认识职业类型，熟悉职业特征，梳理职业演变，对我们选择职业、寻求职业发展有重要作用。

## (一) 什么是职业

职业是参与社会分工，利用专门知识和技能为社会创造物质财富和精神财富，获取合理的报酬，满足精神需求的社会劳动。社会分工是职业分类的基础，正是有了社会分工，劳动对象、劳动工具以及劳动支出形式才有了区别，劳动支出形式的特殊性决定各种职业之间的区别。

"三百六十行，行行出状元。"从行业、职业的关系来讲，行业衍生出各种职业，职业存在于各行各业。每一个职业又由不同工作岗位构成。

职业分类是按照一定规则、标准及方法，按照职业的性质和特点，把一般特征和本质特征相通或相似的社会职业分成并统一归纳到一定类别系统中的过程。

### 1. 西方制国家对职业的划分

(1)按脑力劳动和体力劳动的性质、层次进行分类。把工作人员划分为白领工作人员和蓝领工作人员两大类。白领工作人员：专业性和技术性的工作人员，农场以外的经理和行政管理人员、销售人员、办公室人员。蓝领工作人员：手工艺及类似的工人、非运输性的技工、运输装置机工人、农场以外的工人、服务性行业工人。这种分类方法明显地表现出职业的等级性。

(2)按心理的个别差异进行分类。这种分类方法是根据美国著名的职业指导专家霍兰德创立的"人格—职业"类型匹配理论，把人格类型划分为六种，即实际型(R)、研究型(I)、艺术型(A)、社会型(S)、企业型(E)和事务型(C)。与其相对应的是六种职业类型(图1-2)。

(3)依据各个职业的主要职责或从事的工作进行分类。这种分类方法较为普遍，最为典型的是国际标准职业分类(2008)。国际标准职业分类(2008)把职业由粗至细分为四个层次，10个大类，99个小类。10个大类分别是：①管理者；②专业人员；③技术员与专业人员助理；④办事员；⑤服务人员及销售人员；⑥林业、渔业技术人员；⑦工艺及有关人员；⑧机械机床操作员与装配工；⑨简单劳动职业者；⑩军人。

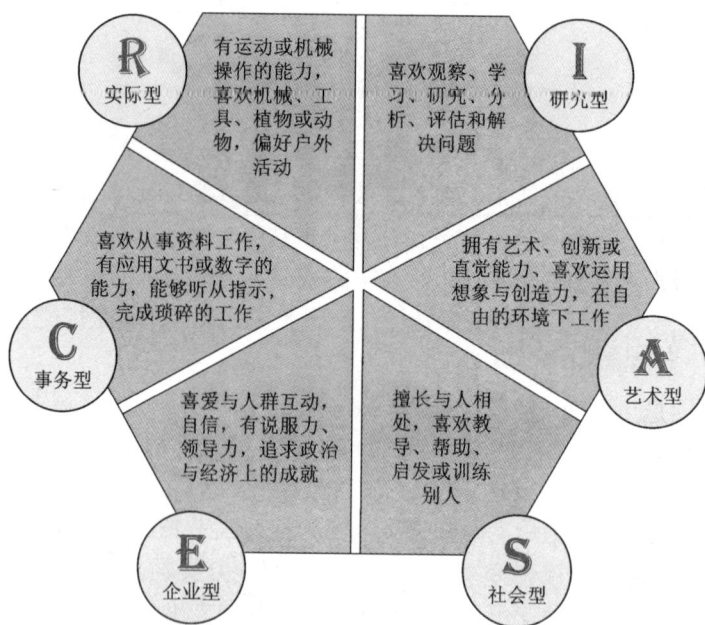

图 1-2 霍兰德"人格-职业"类型匹配图

https：//img0. baidu. com/it/u = 1762666838，3356147762&fm = 26&fmt = auto&gp = 0.

## 2. 中国对职业的划分

中国职业分类主要根据《中华人民共和国职业分类大典（2015 年版）》（以下简称《职业分类大典》）将我国职业归为 8 个大类，75 个中类，434 个小类，1481 个职业，2670 个工种，标注了 127 个绿色职业。

8 个大类分别是：①党的机关、国家机关、群众团体和社会组织、企事业单位负责人；②专业技术人员；③办事人员和有关人员；④社会生产服务和生活服务人员；⑤农、林、牧、渔业生产及辅助人员；⑥生产制造及有关人员；⑦军人；⑧不便分类的其他人员。

## 3. 新职业和职业的变更

为贯彻落实《国务院关于推行终身职业技能培训制度的意见》提出的"紧跟新技术、新职业发展变化，建立职业分类动态调整机制，加快职业标准开发工作"要求，加快构建与国际接轨、符合我国国情的现代职业分类体系，根据《中华人民共和国劳动法》有关规定，人力资源社会保障部办公厅、市场监管总局办公厅、统计局办公室经专家评估论证、书面征求中央和国家机关有关部门意见、面向社会公开征求意见等程序，遴选确定了集成电路工程技术人员等 18 个新职业，调整变更了 19 个职业信息。2021 年 3 月，人力资源和社会保障部等相关单位通过并公布《关于发布集成电路工程技术人员等职业信息的通知》。

具体 18 个新职业信息见"拓展阅读1"。

## (二) 职业的特点

### 1. 职业的社会属性

职业是人类在劳动过程中的分工现象，每一种职业体现的是社会分工的细化，对社会生产和社会进步有积极作用。社会成员在一定社会职业岗位上为社会整体做贡献，社会整体也以全体社会成员的劳动成果作为积累而获得持续的发展和进步。

### 2. 职业的规范属性

职业的规范性是指职业活动必须符合国家法律和社会道德规范，符合特定生产技术和技术规范的要求。职业的规范性包含三层含义：一是指不同职业在劳动内容、劳动方式、劳动手段等方面具有专业性。如医生的主要劳动为识别病因、开出病方、治病救人。设计师的主要劳动为依靠智力、软件、环境等资源来进行设计。美发师以美发、理发为主要劳动等。二是内部操作要求的规范性。不同的职业在其劳动过程中都有一定的操作规范性，这是保证职业活动的专业性要求。三是指职业道德的规范性。当不同职业在对外展现其服务时，还存在一个伦理范畴的规范性，即职业道德。后两种规范性构成了职业规范的内涵与外延。

### 3. 职业的功利属性

职业的功利属性也叫职业的经济性，是指劳动者在承担职业岗位职责并完成工作任务的过程中索取报酬，获得收入。一方面是社会企业及用人部门对劳动者付出劳动的回报和代价；另一方面也是劳动者以职业活动来维持家庭生活，保证社会稳定的基础。

职业活动既满足职业者自己的需要，同时也满足社会的需要，只有把职业的个人功利性与社会功利性结合起来，职业活动及其职业生涯才具有生命力和意义。

### 4. 职业的技术属性和时代属性

职业的技术性指不同的职业具有不同的技术要求，每一种职业往往都表现出一定相对应的技术要求。如教师、医生、设计师、工程师等职业均具有一定的准入门槛。职业的时代性指职业由于科学技术的变化和人们生活方式、习惯等因素的变化被打上那个时代的"烙印"。如餐具清洗保管员、打字员、售票员、话务员等职业正在逐步衰落甚至消失。如今，随着时代发展，新型职业不断涌现并迅速发展，如"信息通信网络运行管理员""基金发行员""信息科技咨询员""收纳整理师"等相关新型职业。

### 5. 职业的多样性和稳定性

职业存在于社会的政治、经济、文化、教育、军事、外交的一切领域，在每个领域中又有各种不同的种类，如经济师、外交官、演员、作家、军人等。随着社会的进步，社会分工越来越细，职业种类越来越多，职业差别越来越大，呈现出多样性特点。

任何一种职业从酝酿、产生、发展、完善到消亡是一个长期、相对比较稳定变化的过程。同时，职业赖以存在的社会条件变化比较缓慢，职业的生命周期具有相对稳定性。但这种稳定性是相对稳定，现代社会经济、科技和文化的快速发展，特别是科学技术的日新月异，都会促使原有职业活动发生变化。

## (三)职业演变

### 1. 职业的萌芽与产生

职业是人类社会发展到一定阶段的产物，是随着社会分工而产生的。从公元前300万—前200万年的早期猿人的出现算起，人类经历了漫长的旧石器时代、中石器时代直至新石器时代初期，这段时期人类主要处于自然分工时期。在这个漫长的历史时期内，劳动方式极为简单，每种生产劳动的专业性都不强，整个社会没有形成特定的行业，也没有明确的分工，每个群体主要按照性别、年龄随机分配生产任务。因而，这个时期并没有产生职业，只能算作职业的"沉睡期"。

从新石器时代起，人类社会相继发生了三次社会大分工。第一次社会大分工大约发生于公元前4000—前3000年，即农业与畜牧业的分工。这次的社会大分工使得一部分人专门从事农业，另一部分人专门从事畜牧业，形成人类生产劳动的两大基本行业；大约在公元前3000—前2000年，人类进入了青铜器时代。很快，人类又进入了铁器时代。在这期间相继发生了第二次和第三次社会大分工。第二次社会大分工以手工业与农业和畜牧业的初次分离为起点。这次分工对职业的形成具有里程碑式的意义。以手工业为例，手工业中分化出了专门从事制陶、纺织、冶金的人，这些人各自组成了不同的群体。

人类社会的第三次大分工形成了专门从事物品交换的行业——商业。这一次的社会大分工是人类进入文明时代特有的、具有决定意义的重要分工，它创造了一个不再从事生产而只从事产品交换的群体——商人。交换的发生与发展也反过来促进了职业的再分化。

后两次社会大分工不仅产生出了手工业和商业，更重要的是这两个行业都经过了多次的分离和细化，最终产生了多种兼具专业性、垄断性和交换性的劳动，即最初的职业。

因此，职业最初的产生是行业内部分化的结果，发生在人类社会的第二次社会大分工时期，而第三次社会大分工时期产生的商业进一步丰富了职业的内涵，使职业的轮廓更加清晰。

### 2. 职业的发展过程

社会的三次分工主要发生在原始社会，出现了人类社会最初的职业，如农夫、牧人、工匠、商人等。

进入奴隶社会，随着生产力发展，出现了大量的剩余产品，使社会上的一部分人脱离了体力劳动，依靠别人的剩余成品来生活。于是部分奴隶主和富商们完全摆脱了体力劳动，其中一部分人专门从事管理国家、组织生产等活动。这就出现了体力劳动和脑力劳动的分工，促使职业的种类进一步增加。

进入封建社会，随着农业和社会经济的繁荣，冶炼、纺织、陶瓷、造纸、印刷、造船、酿酒、制糖、制茶、漆器和武器制造等手工业得到进一步发展，商业、自然科学、文学艺术等领域也有了很大进步。除了奴隶社会已经出现的农民、手工业者、商人和生产管理者，又出现了艺术家、诗人、文学家、科学家、医生、教师等新的职业。新行业产生与兴旺的同时，一些旧的、落后的行业就逐渐消失，如冶铁技术的兴起和发展，逐渐将青铜铸造业挤出了历史舞台。

进入资本主义社会，工业革命标志着人类进入现代工业社会，科学技术的广泛运用促使生产力迅速发展，社会分工越来越细，产生了许多前所未有的职业，如织布机的出现及圈地运动使成千上万的农民离开土地，成为纺织行业的工人。

职业的变化和增多使得新旧职业更替的速度加快，人们必须不断学习、掌握专业技能，终身接受教育，才能迅速适应职业的快速变化。

### 3. 职业演变的特点

（1）职业种类更新快

职业种类的需求变化是以第一、第二产业社会职业的消亡变动和重组为主，第三产业迅猛发展，如交通运输业、邮电通信业、商业、服务业、金融保险业、信息咨询业、租赁广告业、卫生、体育、教育培训和文化艺术等，尤其是信息产业的潜力更为巨大，国外有人将其称为第四产业。这些新兴行业的出现和兴起，将为社会提供更多的就业岗位。同时，由于新技术、新成果的不断推广应用，也为第一、第二产业等传统行业提供了新的发展机遇。据有关专家估计，在新的发展时期，我国热门职业将朝着高层次计算机科技类职业、电子工程类职业、农科类职业、金融、房地产、信息咨询、政法类职业、师范和医科类职业、环境类职业、院外医疗业、美容职业、国际商务策划师等方向发展。

同时，新的职业层出不穷，一些职业因新的工作设备和条件变化，对职业内容有了新的要求。例如，行政工作人员在以前只要求具备较好的组织协调能力、分析解决问题能力、文字能力、口头表达能力等，但现在还要求具备社会交往能力及计算机辅助管理能力、办公自动化操作能力等。

（2）永久性职业减少

未来职业的发展趋势是只有少数人能拥有"永久性"的工作，而从事计时、计件或临时性职业的人会越来越多。终身依附于一个组织的固定职业会被不断削减，独立的、不依赖于任何组织的自由职业将不断产生。依附于一个组织的固定职业是工业革命时代的产物，今天这种传统的固定职业中有相当一部分正在被临时性工作、项目分包、专家咨询、交叉领域的合作团队或者自由职业者所代替。

造成这种局面的原因是知识经济的出现和发展。在知识经济的条件下，越来越多的工作包含知识的加工而不是对物质的处理。彼德·德鲁克在1993年指出，"在今天真正具有控制力和起着决定作用的生产要素不是资本，不是土地，也不是劳动力，而是知识。后资本主义时代的两大阶级是知识工人和服务工人，而不是资本家和无产者"。

美国职业指导专家威廉·布里奇斯在《创建你和你的公司》一书中预言，传统的固定职业越来越有可能被更加灵活的非固定职业所取代。

（3）专业化的职业教育越来越重要

各种就业岗位需要更多的受过良好教育、掌握最新技术的技术工人，单纯的体力劳动或机械操作职业将明显减少。在发达国家，制造业中蓝领员工的失业率高于从事管理工作的白领员工；而白领员工中从事服务性工作，如银行、广告等的失业率又明显高于从事开发和研究工作的员工。未来，白领、蓝领阶层的界限将越来越模糊，职业逐渐朝专业化方向发展。

（4）职业结构不断调整

第二次世界大战前，三大产业结构之间的比重升降并不剧烈。随着科学技术水平的提高，就业人口所占比例中，第一产业(指广义的农业，包括种植业、畜牧业、渔业、林业、养殖业等)逐年下降，第二产业(指广义的工业，包括制造业、采掘业、建筑业等)稳中有降，第三产业(指广义的服务业，包括运输业、通信业、商业贸易、金融业、旅游业、饮食业、仓储业、房地产业、文化产业等)逐年上升。随着第一、第二产业劳动的机械化、自动化程度不断提高，大量的劳动者被充实到第三产业，第三产业就业人数占全部就业人数的比例越来越大，呈直线上升趋势。

（5）职业分工精细化

职业是一个总的称谓，职业又进一步细分为多种职业，如农民这一职业，在过去指从事作物种植的农业劳动者，在现代将其进一步细分为农艺工、桑园工、茶园工、果树工、蔬菜工等。

（6）职业种类不断增加

随着社会、科技的发展，出现了很多新的职业，如汽车美容、科技咨询、经纪人等。《职业分类大典》中的职业分类结构为 8 个大类、75 个中类、434 个小类、1481 个职业。与1999 年版的相比，其维持 8 个大类、增加 9 个中类和 21 个小类，减少 357 个职业。

## 二、职业与专业

### （一）认识专业

#### 1. 专业的概念

专业是根据学科和社会需要，分门别类进行高深专门知识教和学活动的基本单位。按专业设置组织教学、进行专业训练、培养专业人才，是现代高等教育的重要特点。

专业的形成有其内在的必然规律，它与社会分工的发展、自然科学与社会科学的分化和综合以及高等教育自身发展有极其密切的联系。

根据教育部发布的《普通高等学校本科专业目录(2020 年版)》，普通高等学校本科专业分为 13 个学科门类，分别为哲学、经济学、法学、历史学、文学、教育学、管理学、理学、工学、农学、医学、艺术学、军事学，703 个专业；2021 年新增 37 个本科专业，意味着我国本科专业达到 740 个。教育部公布《普通高等学校高等职业教育(专科)专业目录》2019 年增补专业，氢能技术应用、高铁综合维修技术、集成电路技术应用、人工智能技术服务、跨境电子商务、研学旅行管理与服务、葡萄酒营销与服务、冰雪设施运维与管理、陵园服务与管理六大类 9 个专业增补进入高职专业目录，从 2020 年起执行。

高职专业设置坚持以服务发展为宗旨，以促进就业为导向，遵循职业教育规律和技术技能人才成长规律，主动适应经济社会发展，特别是技术进步和生产方式变革以及社会公共服务的需要，适应各地、各行业对技术技能人才培养的需要，适应学生全面可持续发展的需要。2021 年最新版《职业教育专业目录》，包含中职专业 358 个，高职专业 744 个，高职本科专业 247 个。其中高等职业教育专科专业分为农林牧渔大类、资源环境与安全大类、能源动力与材料大类、土木建筑大类、水利大类、装备制造大类、生物与化工大类、轻工纺织大类、食品药品与粮食大类、交通运输大类、电子信息大类、医药卫生大类、财经商贸大类、旅游大类、文化艺术大类、新闻传播大类、教育与体育大类、公安与司法大类、公共管理与服务大类 19 个大类。

艺术类高职院校一般设有文化艺术大类、新闻传播大类、教育与体育大类、公共管理与服务大类四个大类中的相关专业。其中，文化艺术大类主要包括艺术设计类、表演艺术类、民族文化类、文化服务类四类相关专业；新闻传播大类包括新闻出版类、广播影视类相关专业；教育与体育大类主要包括教育类、语言类、文秘类、体育类相关专业；公共管理与服务大类主要包括公共事业类、公共管理类、公共服务类相关专业。另外，旅游类主要包含导游、旅游管理、酒店管理相关专业，交通运输大类中主要包括航空运输类的空中乘务等专业。

伴随着文旅融合的政策背景，不少艺术类院校也会开设旅游大类、交通运输大类中相关专业。

**2. 辩证看待热门专业与冷门专业**

"三百六十行，行行出状元。"职业不分贵贱，专业不分好坏，只有适合不适合。选择专业的标准就是选择自己适合的顺应自己的职业兴趣和职业性格、能发展自己潜能的专业。

根据市场经济规律，某些时下热门专业由于需求饱和，几年后或许会出现就业困难；某些时下冷门的专业，几年后可能会出现紧俏的局面。如随着改革开放的不断深入，各行业对外向型人才需求加大，反映到高校招生的时候，就出现了国际贸易、涉外会计、英语、法学、金融学、计算机科学与技术等热门专业，但现在随着人才需求的多样化和人才培养的数量，这些专业出现就业困难。新时代下的新发展理念，过去的水利、气象、环境保护等冷门专业已出现了人才短缺，供不应求的局面。

当然，热门专业并不一定是需求量大的专业，一些急需的人才，如石油工程、边防管理学等专业，由于其专业性强，就业面相对较窄，其招生并不多，可因为它是社会急需人才，就业率高，因此仍不失为热门专业。对于我们而言，既要考虑当前专业的冷热程度，更要尊重个人兴趣、爱好，关注该专业的发展前景。

## （二）专业与职业的关系

专业与职业之间互相包容，在职业中有各专业对应的岗位，在专业中学习的知识也能为对应的职业提供专业知识。如果个人的职业发展在所学专业的领域中，专业与职业是对应的，所学知识往往能够为工作提供一定的帮助。

专业区别于一般职业，在于它们非同寻常的深奥知识和复杂技能。专业需要接受长时间的专业化训练，一般以是否接受过高等专门教育为标志，而职业主要是通过个人体验与个人的经验总结。在现代社会，一个人不经过专业系统学习，不掌握专业知识和技能，就很难在职业中长远立足，更别说实现职业理想。对于学生而言，学好专业理论和技能，以优异成绩完成学业，是其走向社会和职场的基础。

（1）扎实的专业知识和技能是就业与从业的必备条件。在就业竞争日趋激烈的形势下，具备扎实的专业知识和过硬的专业技能才能在就业竞争中占有优势，为顺利就业创造有利条件，为成功从业铺平道路，为实现职场目标做好积淀。

（2）学好专业是实现人生价值的基础。在职场舞台上，只有灵活运用专业知识，充分发挥专业特长，才能提高工作效率，出色完成工作任务，使付出的劳动得到社会承认，聪明才智得以发挥，个性才能得以展示，人生价值得以实现。

（3）专业与职业并非完全对应，一个专业可以对应若干职业，比如新闻采编专业的学生就业既可以选择记者、编导、后期制作、剪辑编辑、摄影摄像、新媒体编辑、网络运营等职业，也可以从事教师、销售、管理等相关职业；不同专业也可以对应一个职业，如经济学、新闻采编、教育学、政治学等相关专业的学生都可以从事记者相关职业。一般而言，这类职业准入门槛不高，个体只要具备相关专业基础，经过实践锻炼，都可以成为不同职业的骨干精英。从这个角度而言，大学的专业学习除了专业基础知识，更多的应该是提升专业实践能力和创新职场思维方式，在专业学习中获取的是一种学习能力和不断提升自我的品质，只有这样，不论选择什么职业、什么岗位，都能让自己有的放矢。

## 三、职业素养

职业素养包括职业道德素养、科学文化素养、专业技能素养、身心素养、综合素养等。良好的素养将贯穿于一个人职业生涯的全过程，养成于职业教育和职业实践过程中，是个体未来职业选择和职业生涯成功的关键。

### （一）职业道德素养

教师"教书育人，为人师表"，医生"救死扶伤，治病救人"，军人"英勇善战，保家卫国"，商人"文明经商，童叟无欺"，财会人员"遵纪守法，勤俭理财"，法官"铁面无私，秉公执法"，国家干部"勤政为民，廉洁奉公"，等等，都是各行各业典型职业道德素养的体现。职业素养体现在职业活动中，要把职业道德素养变成职业行为，就必须明确掌握职业道德的基本规范。

#### 1. 职业道德规范的内涵

职业道德规范是在职业道德核心原则的指导下形成的，是从事职业活动的人们应该遵守的职业行为准则。它是调节职业活动中人们之间的各种关系、解决各种矛盾的行为准则，也是评价职业活动和职业行为善恶的具体标准。

《公民道德建设实施纲要》中指出：要大力倡导以爱岗敬业、诚实守信、办事公道、服务群众、奉献社会为主要内容的职业道德，鼓励人民在工作中做一个好的建设者。因此，职业道德基本规范包含了爱岗敬业、诚实守信、办事公道、服务群众、奉献社会五个方面基本内容。

▶ 【案例】

李开复曾面试过一位求职者，他在技术、管理方面都相当出色，在谈论之余，他表示如果被录取，他甚至可以把在原来工作单位的技术人员和一项发明带过来。这一番谈话以后，李开复彻底打消了录用他的念头，这时候他的能力和工作水平都不重要了，原因是他缺乏最基本的处事准则和最起码的职业道德。做事先做人，没有好的人品最终会被社会淘汰！

调查显示：大部分公司招聘时首要考虑的条件是，应聘者的人品和工作态度。大多数雇主认为，正确的工作态度是公司在雇用员工时优先考虑的；其次是职业技能；最后是工作经验。毫无疑问，工作态度已被视为组织遴选人才时的重要标准。

（案例来源：https://www.jianshu.com/p/1244957a7dd4）

**2. 职业道德行为的养成**

要想把职业道德要求和规范变成实际行动，与大学生在校期间的职业道德行为养成训练密不可分。

（1）在日常生活中培养

职业道德行为的最大特点是自觉性和习惯性，而培养人的良好习惯的载体是日常生活。因此，要紧紧抓住这个载体，有意识地培养自己的良好习惯，久而久之，习惯就会成为一种自然，即自觉的行为。

"培养"意为按照一定的目的长期地教育和训练，在日常生活中培养职业道德行为应做到：从小事做起，严格遵守行为规范；从自我做起，自觉养成良好习惯。

（2）在专业学习中训练

专业理论知识与专业技能是形成职业信念和职业道德行为的前提和基础。职业道德行为的养成，离不开知识的学习和技能的提高。

对于大学生而言，要在专业学习中不断增强职业意识，遵守职业规范，重视技能训练，向劳动模范、先进人物学习，刻苦钻研，培养过硬的专业技能，提高自己的职业素养。

（3）在社会实践中体验

丰富的社会实践是指导人们发展、成才的基础，是实现知行统一的主要场所。职业道德行为的养成离不开社会实践，社会实践是养成职业道德行为的根本途径。通过参加社会实践，了解社会、了解职业、了解自我、熟悉职业、体验职业、陶冶职业情感，培养对职业的正义感、热爱感、义务感、主人感、荣誉感和幸福感等情感。

在社会实践中，把学和做结合起来，把学到的职业道德知识、职业道德规范运用到实践中，落实到职业道德行为中，以正确的道德观念指导自己的实践，用理论联系实际，言行一致，知行统一。

（4）在自我修养中提高

自我修养指个人在日常的学习、生活和各种实践中，按照职业道德的基本原则和规范，在职业道德品质中有目的地"自我锻炼""自我改造"和"自我提高"。自我修养应注意：体验生活，经常进行"内省"。

对于"内省"，一要严于解剖自己，善于认识自己，客观地看待自己，勇于正视自己的缺点。二要敢于自我批评、自我检讨。三要有决心改进自己的缺点，扬长避短，在实践中不断完善自己的职业道德品质。

另外，要学习榜样，努力做到"慎独"。独自一个人在没有外界监督的情况下，也能自觉遵守道德规范，不做对国家、对社会、对他人不道德的事情。大学生更要不断激励和鞭策自己，加强道德修养，自觉做到"慎独"，努力提高自身的职业道德修养。

（5）在职业活动中强化

职业活动是检验一个人职业道德品质高低的试金石。在职业活动中强化职业道德行为要做到：将道德知识内化为信念，变成个人内心坚定的职业道德信念、职业道德理想与职业道德原则、对自己履行的职业的责任和义务的准则。

同时，将职业道德信念外化为行为，把内心形成的职业道德情感、意志和信念变成个人自觉的职业道德行为，指导自己的职业活动实践。大学生要履行自己的责任和义务，做一个言行一致、表里如一、有职业道德的人。

总之，养成职业道德行为对个人的职业生涯至关重要，在学习生活中，要注重行为规范训练，养成良好的行为习惯；要加强职业道德修养，提高职业道德素质；要坚持参加各种实践，在实践中培养良好的职业道德行为，形成高尚的职业道德。

## （二）科学文化素养

### 1. 科学文化素养的内涵

科学文化素养，即个人所拥有和掌握的科学文化知识状况，包括个人所具有的自然科学知识、社会科学知识、思维科学知识等各科知识组成的知识结构，运用科学知识分析问题和解决问题的能力，以及个人在社会实践中对知识和能力的运用。换言之，科学文化素养应该是一种知识结构、科学思维、求知意识、创新素养，是个人成长的精神食粮，是个人职业成就的良好基础。

发展智力和能力，构建合理的知识智能结构，良好的科学文化素养不是满足于拥有现成知识，而是要不断注重知识的更新，知识结构的合理优化，智力潜力的不断挖掘，深层次能力的不断开发。

智力的基本要求包括观察力、注意力、记忆力、想象力、思维能力、表达力等。能力是保证个体成功完成与某种实际劳动有关的稳固心理特征的综合，是在智力发展的基础上，应用知识从事实践活动的本领。能力结构的组成要素主要包括信息获取能力、自学能力、分析判断能力、语言表达能力、写作能力、组织协调能力、动手操作能力、社会交往与社会活动能力、创造能力等。智力和能力的总称就是智能,智能是科学文化素养的重要组成部分。

提升科学文化素养,树立科学精神,掌握科学的基本方法,树立科学思想,弘扬科学精神,是加强文化修养的重要内容。科学精神的精髓是实事求是,提倡严肃认真、求真务实的科学态度和科学方法,提倡一丝不苟、精益求精、不断创新的工作作风。

### 2. 文化科学素质的养成

知识经济时代下,要想站稳脚跟,不被时代淘汰,唯有自强不息,坚韧不拔,不断学习,奋力遨游在知识的海洋。同时要端正学习态度,掌握学习方法,养成学习习惯,树立学习理念,让自己在长远且激烈的竞争中脱颖而出。

(1)学会学习

学习是有一定方法和策略的,首先要具备扎实的学风,其次要学会谦逊,并且要敢于创新,善于创新。同时,要树立终身学习意识,不断吸纳新知识、新信息、新工艺、新规范,永远站在行业企业发展的前沿。

掌握学习的途径与方法。要善于利用学习的途径,如在与人交流中学习,在课外阅读中学习,在网络平台中学习,在实践体验中学习,在自我反思中学习,在总结改革中学习。只要我们想学、愿学、乐学,就一定能成为学习的高手,为参与社会实践奠定基础。

(2)养成良好的品德

学习是一项艰苦的劳动。不同个体具有不同的学习能力,一方面,生理、心理等条件影响个体的学习能力;另一方面,是否具备良好的学习品德素质,是影响个体学习能力的重要因素。学习能力的强弱与学习态度的好坏密切相关。想学、肯学、乐学的人学习能力虽弱但能变强;不想学、不肯学、不乐学的人,其学习能力虽强但会慢慢变弱。

对于个体而言,只有拥有良好的学习品质,在学习中表现出旺盛的学习热情和不达目地不罢休的坚持精神,才能不断提高学习、工作的能力和水平;反之,则会学无目标,干无方向。

因此,青年学生一定要加强对学习品德的修养,培养自己良好的学习品德。

▶【案例】

#### 董卿:文化素养和深厚的教养,都是厚积薄发的沉淀

在第31届电视剧"飞天奖"暨第25届电视文艺"星光奖"上,董卿制作或主持的《朗读者》(第一季)、《中国诗词大会》(第二季)、《中国民歌大会》(第一季)三档节目入围电视文艺栏目大奖。其中《朗读者》(第一季)获奖,倪萍亲手将奖杯递到董卿手里。

站在"星光奖"领奖典礼的舞台上,以制作人身份出现的董卿,身着紫色上衣和黑色裹身裙,优雅美丽。相比于获奖本身,董卿的获奖感言更让人动容:我做了《朗读者》之后,很多作家遇见我会说"董卿,谢谢你,你在电视屏幕上为文学留出了一片天地"。但其实他们不知道,我在准备这个节目的过程当中,我无数次在心底说"谢谢你们,所有用命在写字的人。"这些文字给这个世界带来了光,而如何让这道光照亮在更多人的头顶,是我们的使命和责任。今天站在台上的所有的获奖者,我都熟悉和了解,做文化节目没有几个没有背

着人掉过眼泪的，但是歌德曾经说过，"没有在长夜痛哭过的人，不足以谈人生。"我想，这也是我们的一份幸运，与大家共勉。谢谢"星光奖"，谢谢大家。

简短的几句话，饱含情怀。其中，既有一路走来，对所有支持帮助自己的人的感谢，更有对文化和文字的感念、感怀，道出了节目不易，也表达了对这个自己亲手孵化出的节目的热爱和情怀。

胸藏文墨虚若谷，腹有诗书气自华。所有的成功都不是一朝一夕的，董卿表现出来的优雅、美丽、素养更是日积月累才有的收获。董卿曾说：假如我几天不读书，我会感觉像一个人几天不洗澡那样难受。

即便工作再忙，董卿每天都会保证一个小时的阅读时间。她说："读书让人学会思考，让人能够沉静下来，享受一种灵魂深处的愉悦。"

我身边也有很多人，她们每天画着精致的妆容，身上的服装动辄上万，走在人群里，总能成为大家目光的焦点。然而一张嘴却满嘴粗话，行为举止不仅不雅，还乱发脾气，这样的人或许外表是漂亮的，但绝对不是美的。

读书不仅可以给人以力量，它更能带给人快乐。"我们的努力和坚持是为了，就算最终跌入烦琐，洗尽铅华，即使是同样的工作，我们也会有不一样的心境；同样的家庭，却有不一样的情调；同样的后代，却有不一样的素养！这就是我们选择读书的意义！"

一个人是否高贵，都在细节之中。在董卿身上，我看到主持人职业之外的东西，除去强大的串词、控场、总结收尾等职业素养，更多的是她作为一个人的情怀和力量。

在接受《南方周末》采访时，董卿说：别因为节目火爆，就把人神话了。我是一个主持人，要做的是到位，而不是越位。她的教养和高情商，让我们学到的已经不是说话之道，而是始终保持一颗善良的心、谦卑的心，在通往未来的路上，成为一个更好的人。

（资料整理于网络，有删减、修改。网络链接：https://mb. yidianzixun. com/article/0IkThESr? appid = mibrowser&from = timeline&s = mb）

## （三）职业技能素养

职业技能是一个从业者最基本的职业素养，是从业者能否胜任工作的基本条件。

### 1. 职业技能的基本内涵

职业技能包括专业技术能力和专业知识能力。专业技术能力是从事职业活动所必需的知识和技能以及运用已经掌握的知识和技能解决生产实际问题的能力。专业知识是指从事某一专业工作所必须具备的知识，一般具有较为系统的内容体系和知识范围。掌握专业知识是培养专业技能的基础。

### 2. 提升职业技能的途径和方法

对于青年学生而言，掌握专业知识和专业技能同等重要，可以通过理论和实践双重驱动，提升职业技能水平。

（1）理论联系实际，积极参加实习、实验、实训和社会实践活动一方面，要认真学习专业技术理论知识，做到"应知"。另一方面，要加强专业技术技能训练，做到"应会"。手脑并用，知行合一，把学到的专业知识技术理论转化为技能技巧，通过理论联系实际，积极参加实习、实验、社会实践，多动手，勤操作，强练习，将技术理论变成自己生产和工作能力。

（2）勤学苦练，精益求精，向一专多能发展

保持谦虚好学、刻苦钻研的精神，通过艰苦劳动，勤学苦练，掌握本专业技能，精益求精，长期坚持，从易到难，努力朝一专多能型方向发展。掌握高超技术、过硬本领，是衡量一个人事业心强弱的重要尺度，也是衡量一个人职业素养高低的重要标志。

（3）取长补短，扩宽学习途径

在新工艺、新技术层出不穷的情况下，学习和掌握知识的过程是永无止境的。在刻苦学习的同时，要不断吸收国内外先进技术和经验，取长补短，不断提高和完善自己，虚心请教，互相切磋，潜心钻研，使自己成为行家里手。

## （四）身心素养

身心素养是身体和心理素养的总称，是反映个体身体素质和心理状态的重要素养之一。良好的身体素养是就业的基础，健康的心理素养是就业的保证。

### 1. 身体素养的内涵

身体素养是个体各器官的机能状态和水平，是整体素养的基础，是心理素养、社会文化素养产生、发展的载体。身体素养为形成健康的心理素养、良好的社会文化素养提供身体条件。身体素养是个体全面发展所必备的条件，也是一个人就业必备的条件。良好的身体素养表现为健康的身体、健壮的体魄、健全的技能、充沛的精力等。

### 2. 心理素养的内涵

心理素养是指在实践过程中对人的心理和行为进行调节。心理素养在人的素养结构中居于核心地位。良好的心理素养是 21 世纪对人才的基本要求，它可以帮助我们在各种处境下调整心态，最终实现职业理想。从表现而言，良好的心理素养表现为良好的心理状态、健康的心理品质、较强应对挫折的心理承受能力等。

良好的心理状态能推动人奋发向上、积极进取，而消极的心理状态使人郁闷颓废、灰心丧气。近年来，职场竞争更是激烈，要想成功更是难，此时不仅需要具备一定的能力，还需要一些成功必备的心理素质。

（1）积极的自我暗示。心理学家认为，很多时候个体内心的想法往往会给自己带来暗示。比如，心理暗示自己："我还行，还能获得更大的成绩"，工作中自然也就体现出来了更大的热情；而如果你的内心告诉你："你已经到达顶峰了"，再向上似乎超出你的能力范畴了，或许你也就没有热情和力量在工作中争取进步了。

（2）懂得灵活地看世界。同样的阅历和处境，为什么人家能游刃有余，而自己却止步不前呢？心理学家分析，有一种职场人士总认为一切事物都应该有一个标准，能够客观、直接地评定优劣。他们认为自己是在捍卫信念、坚持原则。但是对于这些原则，别人可能

完全不以为意，甚至会反对，结果往往是自己孤军奋战，常打败仗，职场中自然以失败居多。成功者则往往不被规矩限制自己的想法和行动，他们懂得灵活地看待世界和工作，遇到问题的时候积极分析原因，寻找解决的办法，甚至能从自己的这些努力中找到快乐的源泉！

（3）懂得如何处理冲突。冲突是大多数人会选择回避的，甚至于有些人为了使职场中没有冲突，会尽量避免自己和他人出现不同的意见。其实，不同的意见与冲突反而可以激发活力与创造力，同时也是竞争意识的表现。如果为了维持和平，回避与他人的冲突，反而可能会被下属或其他部门的同事看扁，从而更加严重地缺乏面对冲突、解决冲突的能力。这种心理，也容易导致职场失败。因此，要想赢得职场成功，必须学会处理冲突，懂得如何将自己的不同意见表达出来，这恰恰能使领导发现你的与众不同，为自己奠定成功的基础。

（4）行事不过于强硬。职场中经常有这样的人：在职场上言行强硬、毫不留情，对于反对者更是强硬。由于其做事强硬，横冲直撞，攻击性过强，不懂得绕道、圆融的技巧，结果很可能会导致反对者的反抗心理更为强盛，不愿意配合工作，而妨害到自己的事业，导致职场失利。其实，强硬并不是能力的体现，该灵活的时候应学会灵活，学会委婉地处理职场中的各种事情，这才是赢得职场成功的关键心态。

（5）踏实稳重，不急于获得成功。有些人在职场中过度自信，不了解自己的实际能力，工作时往往会自告奋勇，要求负责超过自己能力的工作；而在失败的时候，会希望用更高的功绩来弥补之前的承诺。这时就很容易出现连败的情况。心理学家发现，那些有所建树的职场成功人士，办事踏实而稳重，并且他们从来不急于求得成功，而是适度自信，懂得追求成功需要自己一步步地努力。

## （五）综合素养

### 1. 学会交往

交往能力其实是一个人情商的体现，良好的交往能力有助于我们获取生活的乐趣与职业生涯的成功。高质量的交往包括以诚待人、学会宽容、学会倾听、学会感恩，这四点是构建人际交往能力的基础。

在交往的基础上，青年一代要学会沟通与合作。与他人进行有效的沟通，赢得彼此信任，合作共建，是职场人应该具备的素养与素质。

在合作沟通的时候要注意尊重他人，坦率真诚，主动承担，有效倾听，不吝赞美，保持微笑，让合作沟通变得更加有效。

### 2. 适应环境的能力

在一个新工作环境中，要不断提升自己适应环境的能力，保持自己的工作激情，发挥自己的优势特长，培养自信，充分地向他人展示自己的人格魅力和工作能力。阳光自信，乐于分享与展示，是每个青年人必备的素质。

### 3. 自省能力

孔子曾经说过"吾日三省吾身"，可见自省的作用之大。自我反省有助于我们更及时地发现自己的不足，自己与别人的差距，为取长补短起到增效作用。在工作中，每天自省有利于我们工作能力的提高；在与人相处中，有利于我们对自己的剖析，及时发现自己的优缺点，使自己朝着更好的方向去发展。

### 4. 情绪控制能力

我们生活在矛盾当中，每时每刻都有可能发生一些突发状况，遇到突发事情，要学会控制自己的情绪，一方面保持情绪的稳定，另一方面不要轻易显露自己的情绪情感。

### 5. 保持意志力

要想成就一件事情，没有坚强的意志力是什么也干不成的。即使你有过人的本领，如果缺乏意志力、缺乏恒心，也不会有大作为的。成功的人之所以成功，是因为他付出比常人更多的汗水，比常人更多的心血。缺少意志力，缺少恒心和决心，见到困难就会害怕，那注定难以成功。如果你意志力坚定，你的困难就会变少；反之，你的困难就强，它使你寸步难行，身陷泥滩而无法自拔。我们要有所作为，就要克服困难，增强意志力。

### 【拓展阅读1】

#### 人力资源社会保障部办公厅 市场监管总局办公厅 统计局办公室
#### 关于发布集成电路工程技术人员等职业信息的通知
（人社厅发〔2021〕17号）

各省、自治区、直辖市及新疆生产建设兵团人力资源社会保障厅（局）、市场监管局、统计局，国务院各部委、各直属机构人事劳动保障工作机构，中央军委政治工作部兵员和文职人员局，各中央企业、有关社会组织人事劳动保障工作机构：

为贯彻落实《国务院关于推行终身职业技能培训制度的意见》提出的"紧跟新技术、新职业发展变化，建立职业分类动态调整机制，加快职业标准开发工作"要求，加快构建与国际接轨、符合我国国情的现代职业分类体系，根据《中华人民共和国劳动法》有关规定，我们面向社会持续公开征集新职业信息。经专家评估论证、书面征求中央和国家机关有关部门意见、面向社会公开征求意见等程序，此次遴选确定了集成电路工程技术人员等18个新职业信息，调整变更了19个职业信息。

#### 集成电路工程技术人员等职业信息

（一）2-02-09-06 集成电路工程技术人员

定义：从事芯片需求分析、芯片架构设计、芯片详细设计、测试验证、网表设计和版图设计的工程技术人员。

主要工作任务：

1. 对芯片设计进行规格制定、需求分析，编制设计手册，制定设计计划；

2. 对芯片进行规格定义、RTL代码编写、验证、逻辑综合、时序分析、可测性设计；

3.对芯片进行设计仿真、逻辑验证和相关原型验证及测试；

4.对芯片进行后端设计、总体布局与模拟版图设计；

5.对芯片进行后端仿真、版图物理验证、时序/噪声/功耗分析、全局完整性分析与验证；

6.根据生产工艺进行芯片生产数据签核与输出验证。

（二）2-06-06-06 企业合规师

定义：从事企业合规建设、管理和监督工作，使企业及企业内部成员行为符合法律法规、监管要求、行业规定和道德规范的人员。

主要工作任务：

1.制定企业合规管理战略规划和管理计划；

2.识别、评估合规风险与管理企业的合规义务；

3.制定并实施企业内部合规管理制度和流程；

4.开展企业合规咨询、合规调查，处理合规举报；

5.监控企业合规管理体系运行有效性，开展评价、审计、优化等工作；

6.处理与外部监管方、合作方相关的合规事务，向服务对象提供相关政策解读服务；

7.开展企业合规培训、合规考核、合规宣传及合规文化建设。

（三）2-06-09-07 公司金融顾问

定义：在银行及相关金融服务机构中，从事为企业等实体经济机构客户提供金融规划、投融资筹划、资本结构管理、金融风险防控和金融信息咨询等综合性咨询服务的专业人员。

主要工作任务：

1.研究分析宏观经济形势、产业政策及客户发展战略，指导客户制定中长期金融发展规划；

2.帮助客户拓宽投融资渠道，提高金融需求匹配效率；

3.分析客户资产、现金流特征，指导客户制定、调整现金管理方案；

4.帮助客户优化和管理资本结构；

5.指导客户识别、评估、分析风险，提供金融风险防控和处置建议；

6.提供金融信息分析、咨询服务，指导客户与银行等金融机构接洽，帮助解决信息不对称问题；

7.帮助客户建立完善的投融资决策体系，提供相关政策解读服务。

（四）4-01-03-03 易货师

定义：从事货物、服务等非货币互换，以及为上述互换提供策划、咨询和管理的人员。

主要工作任务：

1.策划客户需要的易货方案；

2.协助易货商管理易货交易账户；

3.开展易货额度跟踪服务；

4.实施易货商到期易货额度的易货交易；

5.优化配置企业产、供、销资源；

6.使用各类易货交易平台完成易货交易；

7. 评估企业易货的商品；

8. 通过易货方式为企业解债。

（五）4-01-03-04 二手车经纪人

定义：在二手车交易活动中，以收取佣金为目的，为促成交易而从事居间、行纪或者代理等经纪业务的人员。

主要工作任务：

1. 收集、分析车源信息，提供信息咨询服务；

2. 分析客户需求，维护客户关系；

3. 协助收购车源；

4. 与客户磋商、谈判并签订委托合同；

5. 协助进行车辆鉴定评估和办理过户；

6. 按约定进行结算并获取佣金；

7. 协助提供运输、保险、金融等服务。

（六）4-02-02-09 汽车救援员

定义：使用专项作业车、专业设备工具及专业技能救助车辆脱离险境或困境的现场作业人员。

主要工作任务：

1. 设置救援现场安全区；

2. 识别、分析确认车辆基本故障；

3. 紧急排除修理车辆故障；

4. 救助事故车辆被困人员；

5. 救助危险货物运输事故车辆；

6. 施救处理困境车辆；

7. 装载、运输、卸载被救拖运车辆；

8. 上传服务过程资料及其他业务管理。

（七）4-03-02-10 调饮师

定义：对茶叶、水果、奶及其制品等原辅料，通过色彩搭配、造型和营养成分配比等，完成口味多元化调制饮品的人员。

主要工作任务：

1. 采购茶叶、水果、奶制品和调饮所需食材；

2. 清洁操作吧台，消毒操作用具；

3. 装饰水吧、操作台，陈设原料；

4. 依据食材营养成分设计调饮配方；

5. 调制混合茶、奶制品、咖啡或时令饮品；

6. 展示、推介特色饮品。

（八）4-03-02-11 食品安全管理师

定义：依据国家法律和标准，采用危害分析与关键控制点等食品安全控制技术，在食品生产、餐饮服务和食品流通等活动中，从事食品安全风险控制和管理的人员。

主要工作任务：

1. 制定食品安全管理制度；

2. 从事本单位食品生产许可证或食品经营许可证办理；

3. 组织本单位从业人员食品安全知识培训，实施从业人员健康管理；

4. 从事本单位食品生产与经营环境的卫生管理；

5. 从事本单位原料、食品及相关产品的安全管理；

6. 从事本单位食品采购、生产、储运、销售、餐饮服务的过程管理；

7. 从事本单位食品安全定期自查、追溯、召回、产品留样、文件记录管理；

8. 配合食品安全行政监管部门的食品安全监督检查和食品安全事故处理。

本职业包含但不限于下列工种：

冷链食品安全管理员

（九）4-04-05-07 服务机器人应用技术员

定义：运用服务机器人（含特种机器人）相关技术及工具，负责服务机器人在家用服务、医疗服务和公共服务等应用场景的集成、实施、优化、维护和管理的人员。

主要工作任务：

1. 分析服务机器人在个人/家用服务、医疗服务和公共服务等应用场景的需求，提出应用方案；

2. 对服务机器人环境感知、运动控制、人机交互等系统进行适配、安装、调试与故障排除；

3. 负责服务机器人应用系统的参数调测和部署实施；

4. 对服务机器人的运行效果进行监测、分析、优化与维护；

5. 提供服务机器人相关技术咨询和技术服务等。

（十）4-04-05-08 电子数据取证分析师

定义：从事电子数据的收集提取、数据恢复及取证分析的人员。

主要工作任务：

1. 针对各类电子数据的现场及在线提取固定；

2. 分析基于物理修复或数据特征等的电子数据恢复技术；

3. 提取分析不同介质和智能终端电子数据；

4. 提取分析服务器、数据库及公有云电子数据；

5. 提取分析物联网、工程控制系统电子数据；

6. 设计建立电子数据取证可视化分析模型；

7. 分析计算机及其他智能终端应用程序功能。

（十一）4-07-03-05 职业培训师

定义：从事面向全社会劳动者进行专业性、技能性、实操性职业（技能）培训一体化教学及培训项目开发、教学研究、管理评价和咨询服务等相关活动的教学人员。

主要工作任务：

1. 根据经济、技术和社会就业需要，开展职业培训需求调查分析；

2. 开发职业培训项目、课程与教材；

3. 进行职业培训教学研究与教学改革，制定职业培训计划和实施方案；

4. 运用现代职业培训理念和技术方法，实施职业培训教学活动；

5.负责职业培训全过程与效果的全面管理，对学员学习情况进行考核与评价；

6.提供职业培训咨询和指导服务等。

本职业包含但不限于下列工种：

企业培训师

（十二）4-07-05-06 密码技术应用员

定义：运用密码技术，从事信息系统安全密码保障的架构设计、系统集成、检测评估、运维管理、密码咨询等相关密码服务的人员。

主要工作任务：

1.分析信息与通信系统中涉及密码技术的安全威胁和业务应用场景；

2.设计密码保障应用规划和实施方案；

3.从事信息系统的密码资源融合部署实施工作；

4.依据标准和规范，开展信息系统密码应用安全性评估工作；

5.从事密码类资产管理、安全保障和技术应用工作；

6.应急处置密码应用安全突发事件；

7.从事信息系统密码应用态势监控与运维工作；

8.提供密码应用技术咨询、密码职业技能培训、密码科普等相关服务。

（十三）4-08-08-21 建筑幕墙设计师

定义：从事建筑幕墙及类似幕墙的装饰表皮创造或创意工作，绘制幕墙或类似幕墙的装饰表皮图纸的人员。

主要工作任务：

1.根据建设单位、建筑师风格要求，研究制定设计建筑幕墙系统、风格、结构和分格方式，并明确有关设计材料、造价费用和建造时间；

2.组织有关结构、力学、材料、热工、光学、声学等技术资料，绘制建筑幕墙设计图；

3.设计幕墙构件生产和板块组装工艺及其必需的模具，设计幕墙构件生产和板块组装过程检验试验验收准则；

4.组织设计建筑幕墙的安装方法和工艺，确保施工便捷性和幕墙安全性；

5.制定建筑幕墙产品的检测方案，同时对幕墙施工进行指导和检查。

（十四）4-09-07-04 碳排放管理员 L

定义：从事企事业单位二氧化碳等温室气体排放监测、统计核算、核查、交易和咨询等工作的人员。

主要工作任务：

1.监测企事业单位碳排放现状；

2.统计核算企事业单位碳排放数据；

3.核查企事业单位碳排放情况；

4.购买、出售、抵押企事业单位碳排放权；

5.提供企事业单位碳排放咨询服务。

本职业包含但不限于下列工种：

民航碳排放管理员、碳排放监测员、碳排放核算员、碳排放核查员、碳排放交易员、碳排放咨询员

（十五）4-09-11-00 管廊运维员

定义：在电力、通信、给排水等管线集于一体的城市综合管廊运营过程中，从事项目组织管理和设备运行与维护等技术工作的人员。

主要工作任务：

1. 对给水管道、电力电缆、燃气管道、蒸汽管道、通信线缆等市政管线进行日常巡检与应急处置；

2. 监管管廊内管线施工；

3. 确保管廊内环境健康管理；

4. 管廊的构筑物及作业安全管理；

5. 检查、巡视、维护管廊构筑物，进行沉降监测、混凝土检测；

6. 管廊设备的运行与维护；

7. 管廊智慧化应用；

8. 管廊项目组织与绩效评价。

（十六）6-02-06-12 酒体设计师

定义：以消费市场为导向，应用感官鉴评技能与营养科学知识对原酒与调味酒的组合特性进行分析与综合评判，提出最优酒体配比方案并生产特定风格酒类产品的人员。

主要工作任务：

1. 对市场销售的酒类产品进行信息收集与分析；

2. 对企业自产原酒与调味酒的风格特性进行测试和分析；

3. 提出最优酒体调配方案；

4. 能够按照产品需求生产特定风格酒类产品。

（十七）6-25-04-10 智能硬件装调员

定义：能够使用示波器、信号发生器及计算机或手机等工具设备，完成智能硬件模块、组件及系统的硬件装配及调试、软件代码调试及测试、系统配置及联调等智能硬件装调工作任务的技术服务人员。

主要工作任务：

1. 操作电子产品装配设备、示波器、信号发生器等设备，完成智能硬件组件的装配、调试及故障排除，组件功能软件的测试及调试，撰写智能硬件组件的装调报告；

2. 分析研究智能硬件在家用服务、医疗服务、物流和公共服务等应用场景的具体需求，提出解决方案；

3. 负责智能硬件应用系统的参数调测、方案应用和部署实施，撰写智能硬件应用系统的装调维护报告；

4. 对智能硬件在环境感知、自动控制、人机交互等应用方面进行适配、安装、调试；

5. 测试智能硬件应用系统功能，撰写应用系统测试报告及优化报告；

6. 提供智能硬件相关技术咨询和技术服务等。

（十八）6-31-01-11 工业视觉系统运维员

定义：从事智能装备视觉系统选型、安装调试、程序编制、故障诊断与排除、日常维修与保养作业的人员。

主要工作任务：

1.对相机、镜头、读码器等视觉硬件进行选型、调试、维护；

2.进行物体采像打光；

3.进行视觉系统精度标定；

4.进行视觉系统和第三方系统坐标系统标定；

5.将视觉应用系统和主控工业软件集成嵌入通信；

6.确认和抓取采像过程中的物体特征；

7.识别和分类系统运行过程中图像优劣，并判断和解决问题；

8.设计小型样例程序，验证工艺精度；

9.进行更换视觉硬件后的系统重置、调试和验证。

调整变更职业信息

（一）将"社区事务员（3-01-01-02）"职业名称变更为"社区工作者"。

（二）在"应急救援员（3-02-03-08）"职业下增设"直升机紧急救护员"工种。

（三）在"营销员（4-01-02-01）"职业下增设"外贸营销员"工种。

（四）将"道路客运汽车驾驶员（4-02-02-01）"职业下设的"出租汽车司机"工种取消，并在该职业下增设"巡游出租车司机""网约出租车司机"2个工种。

（五）在"食品安全管理师（4-03-02-11）"职业下增设"冷链食品安全管理员"工种。

（六）在"网络与信息安全管理员（4-04-04-02）"职业下增设"数据安全管理员"工种。

（七）在"信息安全测试员（4-04-04-04）"职业下增设"渗透测试员""合规测试员"2个工种。

（八）在"职业指导员（4-07-03-01）"职业下增设"残疾人职业能力评估师"工种。

（九）将"创业指导师（4-07-03-03）"职业下设的"企业培训师"工种调整为"职业培训师（4-07-03-05）"职业下设的工种。

（十）在"安检员（4-07-05-02）"职业下增设"邮件快件安检员"工种。

（十一）在"碳排放管理员（4-09-07-04）"职业下增设"民航碳排放管理员""碳排放监测员""碳排放核算员""碳排放核查员""碳排放交易员""碳排放咨询员"6个工种。

（十二）将"保育员（4-10-01-03）"职业名称变更为"保育师"。

（十三）在"家政服务员（4-10-01-06）"职业下增设"整理收纳师"工种。

（十四）在"美容师（4-10-03-01）"职业下增设"皮肤管理师"工种。

（十五）在"保健调理师（4-10-04-01）"职业下增设"藏药调理师"工种。

（十六）在"芳香保健师（4-10-04-03）"职业下增设"植物精油调理师"工种。

（十七）在"汽车维修工（4-12-01-01）"职业下增设"二手车整备工"工种。

（十八）在"体育场馆管理员（4-13-04-02）"职业下增设"压雪车驾驶员"工种。

（十九）在"公共营养师（4-14-02-01）"职业下增设"营养指导员"工种。

【拓展阅读2】

## 职场中，工作能力与工作态度哪个更重要？

在职场中，工作能力和工作态度是相辅相成的关系，就像是可燃物想要燃烧就必须具备助燃物和火源两个条件一样，缺一不可。

工作能力和工作态度在同样重要的前提下,更重要的应该是工作态度。态度决定个人的主观能动性,而能力决定你是否能将这个主观能动性转化为工作成绩。在一定程度上,工作态度决定了工作能力能否完成一项工作。

我们很容易发现,明明是同一个起点、同一时间进入同一家公司,为什么几年之后有的人可以成为领导的心腹,有的人却碌碌无为、满腹牢骚。因为从进入公司那天开始,碌碌无为、满腹牢骚的人复杂的活不会干,简单繁杂的活不愿意干;而可以成为心腹的人却能把握住机会,仔细地完成领导交付的任务。这不是工作能力的问题,而是工作态度的问题。

不管你在什么地方工作,你的态度决定了你成就的高度。换言之,工作态度也可以算是能力的一种,只不过它会比你的工作能力更重要一些而已。

(资料整理于网络:https://www.360kuai.com/pc/9809a94d81efe2f75?cota=4&kuai_so=1&tj_url=so_rec&sign=360_57c3bbd1&refer_scene=so_1)

## 思考与实践

1. 职业与专业是什么关系?结合实际案例,说说你怎么看待这两者之间的关系。
2. 在工作中,工作态度和工作能力谁更重要?你的观点是什么?

# 探索求职信息

面对这个偶然的、不确定的人生，青年学子们首先要记住的是，要有胆魄、有勇气、要相信自己的智慧和能力。有了勇气，才有可能去抓住一个对你来说具有重要意义的机会，才有可能尝试去走出一条属于自己的精彩的路来。

——2021 年 5 月 28 日，香港中文大学(深圳)校长徐扬生院士在本科生毕业典礼上的讲话

**引导案例**

### 获取信息，未雨绸缪

探索求职信息是毕业生求职过程中的生命线。谁准备得充分，收集的信息全面、及时、有效，谁就能在就业过程中掌握主动权，走好从学校迈向社会的第一步。

张倩，环境艺术设计专业专科毕业，具有很强的专业能力和沟通组织能力。在校期间顺利通过了全国大学英语四级、计算机等级考试，且参加国内外各类比赛并获奖无数！两次获得国家励志奖学金，凭借着过硬的专业素养和诸多的荣誉证书，获得了多次面试机会，但都没有被录取。是什么原因让优秀的张倩被招聘单位拒之门外呢，难道是招聘单位不需要优秀人才？在招聘单位的面试过程中，面试人员问张倩："你是怎么知道我们单位需要招聘一名环境艺术设计专业的岗位人员？"张倩回答："通过上网输入关键字'环境艺术岗位'获悉，然后直接点击应聘。"面试人员接着问："你知道我们招聘的岗位的具体工作是什么吗？能接受我们的工作地点吗？"张倩一头雾水地问："不是就在本市吗？难道还要去其他地方工作？我的专业能力很强！艺术设计专业方面的工作我都能胜任。"面试人员发现张倩并不清楚单位的工作性质，不了解工作的地点和岗位，缺乏对岗位的分析能力，也没有对自我有正确的评估。这个案例说明了仅仅具有较强的专业和个人能力，但忽略了探索求职信息对就业的重要性是极其不利的。

2021年，全国普通高校毕业生达909万人，湖南省普通高校应届毕业生达到42.3万人，占全国高校毕业生总人数的4.65%，就业竞争的激烈程度可想而知。在没有硝烟的就业战场中，求职信息的获取和处理是决定就业成功的关键因素。谁先获取信息，并能在第一时间对信息进行分析和处理，根据用人单位需求结合自身的情况制订有针对性的就业计划，就能在激烈的就业战场上抢占有利地势。

## 一、就业信息的了解与认识

就业信息是架设在就业者和用人单位之间的一座桥梁，能帮助就业者全面了解就业的社会经济环境和发展趋势，以及企事业用人单位的文化建设、用人需求、招聘数量、工作环境和氛围岗位薪酬待遇等详细内容。了解和搜集就业信息的过程就是就业者，尤其是普通高校应届毕业生从瀚如烟海的就业信息中进行甄选、归类比较、选择和运用的基础，是求职者"兵马未动，粮草先行"的必要装备。就业信息的了解与搜集是"千里之行始于足下"，做好了这项基础性的工作才能有效开始就业决策和就业行动。

### (一) 什么是就业信息

就业信息是信息的一种。《现代汉语词典》中将信息释义为音信、消息和事物发出的消息、指令、数据、符号等所包含的内容两种。就业信息就是就业者事先所不知道，经过一定途径和方法获取后加工处理被就业者接受，且对就业者在就业方面具有一定价值的情报和资料。通俗理解就业信息，就是能够为就业者提供就业机会或就业岗位的相关信息。

就业信息一般分为宏观信息和微观信息。毕业生就业时的整体社会经济背景环境、社会各行业对人才的需求、政府和相关部门的就业政策、就业的活动开展等属于宏观信息。行业现状和发展趋势、企事业单位对用人的具体要求、用人需求数量、企事业单位的性质和企业文化、用人岗位的描述、工作环境、薪酬待遇等属于微观信息。

## （二）就业信息的重要性

在互联网+大数据时代，谁拥有的就业信息量大且准确，就能在市场经济环境中掌握就业的主动权，实现高效就业。了解就业信息，在就业过程中是一项基础且重要的工作。

### 1. 就业信息是就业过程中职业选择的前提

社会经济的市场化给用人单位提供了广泛的用人选择权，在此过程中，就业者的自主择业权也十分凸显，用人单位和就业者之间的双向选择让彼此都产生了危机感。用人单位的岗位工作环境和薪酬待遇或许招不到理想的就业者，但就业者可以在众多的用人单位中选择自己中意的用人单位。就业者如果能准确了解就业信息，就能在自主择业的过程中占据主动权，将就业理想变成现实。

### 2. 就业信息是就业决策的依据来源

了解大量、准确的就业信息是就业者，尤其是普通高校毕业生进行就业决策的前提依据。先就业再择业是毕业生就业时遵循的一条基本原则，在什么情况下都需要遵循这条原则，因此需要在了解到的大量准确的就业信息的基础上进行认真细致的分析，只有掌握真实、准确的就业信息才能开展分析，才能为正确的就业决策提供保障。

### 3. 就业信息能保证顺利就业

用人单位为较为全面地了解招聘人员的情况，确保自己所招聘的人员是自己需要的，一般都安排了面试环节。就业者想要顺利通过面试，就需要对用人单位的性质、文化、发展趋势、市场定位等有一定的了解，这其实就是就业信息中就业者需了解的一项内容。只有认真了解就业信息，就业者才能对用人单位提出的与用人单位相关的问题对答如流，才能胸有成竹地参加面试。

## （三）就业信息的内容

### 1. 就业相关政策

国家坚持深入实施创新驱动发展战略，推进大众创业、万众创新，依靠改革创新加快新动能成长和传统动能改造提升。国家相关部门从各个层面出台了系列的配套政策，积极引导"大众创业、万众创新"的双创活动的开展。普通高校毕业生在就业的过程中，必须了解国家的相关政策方针和指导思想，如在就业过程中，鼓励和支持高校毕业生到基层就业或进行自主创业，同时提供产业孵化基地、政府贴息贷款、提供税收等优惠政策等。各地为进一步落实国家的方针政策，纷纷结合各地实际出台了不同的人才引进优惠政策，如为普通高校毕业生发布的落户、购房奖励政策。在就业过程中，就业者充分了解不同地区的就业政策，有助于自己在就业区域、就业行业、就业方向的正确选择。

### 2. 用人单位基本情况

就业者在了解用人单位基本情况的前提下，能帮助自己较为顺利地就业。首先，就业者要了解用人单位的全称、地理位置、单位性质、业务经营范围、历史沿革、企业文化、发展前景、经济效益、薪酬福利等。其次，了解用人单位的需求信息，包括招聘的工作岗位、岗位数量、岗位的工作性质、岗位待遇、岗位工作环境和晋升空间等。再次，了解用人单位对应聘人员的知识、能力、性别、身高等方面的要求。最后，了解应聘的流程。如何进行报名手续的办理、考试考核的方式、面试的要求和录用程序等。

## （四）就业信息的特征

就业信息的特征主要有以下六点。

### 1. 目的性

就业信息的指向性明确，即为用人单位招聘所需的相关人才，为就业者提供就业求职择业方面的信息服务，是一座架设在用人单位和就业者之间的桥梁。

### 2. 时效性

就业信息的时效性是指其具有一定的时间期限。用人单位由于行业发展的变化、岗位人员的调整、市场业务的扩充等在某一特定时间段需要招聘相关人员。在特定时间段内，用人单位可能已经招聘到相关人员，也可能因没有招聘到相关人员而更改了招聘计划。

### 3. 共享性

在信息资源共享化的当下，用人单位为招聘到适合的人选，所发布的就业信息不是面向某一所指定高校，而是通过互联网平台、就业指导中心、新闻媒体等多种渠道公开发布，一经发布就可以被查询到，不存在资源独享的状况，为人人共享的信息。

### 4. 变化性

我们处在市场经济时代，一切的经济活动都是以市场为导向进行的。人员的招聘也随着市场的动态发展而产生变化，没有一成不变的招聘计划和用人需求，就业信息也会随经济形势和人才供需状况而不断发生变化。

**5. 传递性**

就业信息是一个开放的信息源，为人共享的同时处于不断传递的状态。就普通高等学校而言，就业信息会在同班同学、同专业的同学之间，在不同专业的校友之间，在不同学校的朋友之间一传十、十传百，广而告之。

**6. 载体性**

就业信息在传递的过程中，需要搭载新闻媒体、报纸杂志、广播电视、互联网平台等载体进行传播和传递。

## 二、就业信息的搜集

就业信息的搜集是就业者顺利实现就业的基础保证。就业信息的搜集范围决定着就业择业的视野宽度，就业信息的搜集数量决定着就业择业的广度，就业信息的质量决定着就业择业的成功概率。广泛而高质量地搜集就业信息是就业择业过程中必做的基础性功课。

### (一) 就业信息的搜集方法

就业求职者根据自己的专业、能力、就业意向等实际情况采用一种或多种以上的搜集信息的方法。

**1. 全方位搜集法**

根据自己所学的专业把与专业有关联的就业信息统一搜集起来，按照一定的标准将信息进行整理、分类和挑选。用这种方法搜集得来的信息量大，可供选择的资源多，但需花费较多的时间进行搜集、整理和分类。

**2. 定方向搜集法**

依据自己所学专业的不同方向、求职方向范围、能力倾向、兴趣爱好来搜集信息。花费的时间相对较短，易于找到适合自己专业能力、学识水平，且能较好地发挥自己的能力和专长的用人单位和岗位。但当自己的求职方向或范围比较狭窄时，用这种方法搜集到的信息会十分有限，可供自己选择的空间不大，会给自己的就业择业带来困难，导致不能顺利实现就业择业。

**3. 定区域搜集法**

按照自己喜好选定一个或几个地区，在这些地区进行就业信息搜集搜集的方法。就业信息的搜集侧重考虑地区因素，而忽略对职业方向和专业面向的关注和选择，是一种重地区、轻专业方向的搜集方法，容易导致较多的就业求职者集中涌向一个地区，如北京、上海、广州等地，加剧就业竞争的激烈强度。

## （二）就业信息的搜集渠道

科技信息化的大数据时代下，就业信息的搜集渠道多种多样，在搜集的过程中，要注重信息渠道来源的真实性、可靠性。

### 1. 学校的招生就业部门

为做好普通高校毕业生这一特殊群体的就业择业工作，各高校都设置了招生就业部门，为毕业生提供就业择业指导和服务工作。学校的招生就业部门会常年向社会上各类用人单位输送应届毕业生，与它们保持着较为紧密的联系。长期的合作过程中，不仅建立了合作伙伴关系，而且能通过它们及时了解到社会行业的发展趋势和用人单位的人才需求变化。每一所学校的招生就业部门本着为学生负责的态度，根据学校的专业设置和学生特点，每年都在通过各种渠道建立与社会各界用人单位的联系，并对其进行严格考察后才发布相关信息，期望本校的学生能及时找到理想中的工作岗位。因此，从学校的招生就业部门获取的就业需求信息可信程度高、针对性强，是在校学生获取就业信息最主要的方式。

### 2. 实习实训单位

学校会组织普通高校毕业生进行实习实训，意在通过实习实训让学生们的理论知识与实践相结合，了解企事业单位的文化氛围和运行模式，感受其工作气氛和具体要求，积累经验，缩短学习与就业间的差距。在学生进入企事业单位实习实训前，学校会根据学生所学专业联系合作的对口实习实训单位。实习实训单位在接受学生进行实习实训的同时，为满足单位的发展需求，也需要招聘相关的人员，也会选择向参加实习实训的学生发布招聘消息，这样学生们在实习实训的过程中就可以第一时间获取就业信息。

### 3. 各级政府行政主管部门和人才服务交流中心

就业是一项民生工程，党和国家高度重视就业工作。各级政府行政主管部门专门设置了就业部门，建立了人才服务交流中心，常年提供各类行业的用人信息，定期举办人才招聘会，搭建了各类用人单位与求职就业者之间的桥梁。普通高校毕业生可以关注政府行政主管的就业部门和人才交流中心发布的信息，或通过人才招聘会获取就业信息。

### 4. 各类就业信息网站

"互联网+"的时代背景下，就业信息会通过各类网站发布出来，且主要集中在就业信息网站。人力资源和社会保障部主办的大型就业培训门户网"中国就业网"、专门从事全国人力资源开发与人才流动服务的综合性人才服务机构"中国国家人才网"，由教育部举办的全国大学生就业公共服务立体化平台"新职业"，是中国高校毕业生就业服务信息网的升级和拓展。各级地方的人力资源和社会保障部也主办了相关的就业信息网站，如湖南省大中专学校学生信息咨询与就业指导中心主办的"湖南省毕业生就业信息网"，意在引导人才更多地了解就业的相关政策信息和就业宏观信息，所发布的部分企业信息也都真实可靠。通过就业信息网站可以方便快捷地获取就业信息，但现在的就业信息网站鱼龙混杂，部分非官方行政主管主办网站为了谋利，会散布一些虚假的就业信息，因此毕业生通过就业信息网获取就业信息时要注意甄别，注意网站的正规性和个人信息的安全，谨防上当受骗，造成人身安全和财物损失。

### 5. 新闻传播媒体

部分用人单位选择通过报纸、杂志、电视、广播等新闻媒体向大众传递单位的基本情况、未来发展预期和定位、人才的具体需求情况。这类信息的传播面较广，不仅仅针对普通高校毕业生，也面向全社会的就业需求者，具有较强的时效性和竞争性，相对而言，其就业成功的概率会降低。

### 6. 教师及社会关系网

教师教学需要掌握行业的发展趋势和动态，会了解和搜集到一些行业的就业需求信息，学生可以从教师处获取一些就业信息。家庭是社会的构成部分，而孩子是每个家庭的重心，在子女就业择业的关键节点，父母及家庭的亲属会很关注与其相关的就业信息，且关注的就业信息与孩子的所学专业和专长匹配度较高，就业信息的指向性也更明确，成功率也较高。除此之外，社会是一个紧密联系的社交圈，处于社会中的人可以通过不同渠道获得就业相关信息，因而就业者通过不同的社会关系网也能获取就业的相关信息。

### 7. 毛遂自荐

当就业者对社会上的某一用人单位有着强烈的向往，衡量自己的专业和学识水平可以胜任这一单位的工作岗位时，可主动地前往单位的人事管理部门推荐自己，投递资料，举荐自己能够胜任的工作岗位。用人单位会对推荐者的积极主动留下比较深刻的印象，如果有相应工作岗位需要招聘人员时，会给自我举荐者提供一次机会。但有的单位需要专业技术比较强的人员，在没有招聘用人计划时是不会给自我举荐者提供任何机会的，有的举荐者或许都接触不到用人单位的人事管理部门。因此，举荐者在进行自我推荐前，先要对准备举荐的用人单位有全面的了解，每家用人单位的人事管理制度和用人标准及观念不一样，对明确表示不欢迎自我举荐的单位就不需要前往尝试了。

▶ 【拓展阅读 1】

央视网"就业有位来"：http://www.ncss.org.cn/tbch/cctv/
中国人才热线：http://www.cjol.com/
网易人才：http://www.163.com/
中国招聘求职网：http://www.528.com.cn/
中国人力资源网：http://www.hr.com.cn/index.php3
中国人才网：http://www.chiantalent.com.cn/

### 【应用实例】

在湖南某大学宿舍，小赵在电脑前不停地查找着各种 HR 网站信息，如智联招聘、前程无忧……他根据自己的专业和兴趣选择着就业岗位。虽然现在是冬末春初，仍有大滴大滴的汗从他额头滚落。他邻床的杨阳早已胸有成竹，手中握着几个单位的就业意向书，从国企到民企。

是什么让同一个专业、同一个宿舍的他们在就业的紧要关头面临不同的情况呢？记者经过采访发现，原因在于他们对于就业信息掌握的情况不同。

小赵只是单一地将搜集就业信息定位在传统的网站搜索，杨阳则有更多的想法，他说："我觉得自己能在就业上脱颖而出，主要是因为手头有很多就业信息可以选择。从综合学校就业指导中心提供的就业信息，到我自己去心仪企业网站上搜集招聘信息，我在尽可能多地搜集和利用就业信息，我是赢在起跑线上。"

## 三、就业信息的分析和运用

就业信息的了解和搜集是就业的前期基础工作，要想充分发挥就业信息的作用，顺利实现就业，还需要在了解和搜集就业信息的基础上进一步进行分析加工，便于获取有效的信息。一般而言，就业信息获取后的分析分为甄选、归类比较、决策和运用几个阶段，这几个阶段相互衔接，共同为就业者顺利就业提供基础保障。

### （一）就业信息的甄选

将搜集到的海量就业信息根据自身的实际情况和就业意向需求进行整合，将不符合自己就业意向、与自己实际情况不相符的信息过滤筛除，选取出真实、适用、完整、时效性强的就业信息。

#### 1. 甄选就业信息的要求

（1）真实性

真实的信息才能被就业者所用，为就业者顺利就业提供帮助。在海量的信息中，对就业信息进行去伪存真，确定就业信息的真实性是排在第一位的。

从信息的来源方面进行判定，政府行政部门主管的就业部门、人才信息交流中心和学校的招生就业部门的就业信息是经过审核后才发布的，均为真实的就业信息。报纸杂志、网络平台、非政府行政部门主管负责的人才中介机构，由于经济利益和审查权限的局限，对企事业的招聘信息不能做到全面、认真地审核后才发布，难以保证信息的真实性。面对形形色色的就业信息，就业求职者需要练就一双"火眼金睛"，通过实地查看和问询，知晓企事业单位是否真实存在，通过登录税务和工商网站查询其备案信息，对企事业单位的实力、效益、管理和信用情况进行详细的查证。

从信息源的角度讲，政府和学校有关部门发布的就业信息较为可靠，而对来自报刊、网络和人才中介机构发布的就业信息，毕业生就要有双慧眼"看得清清楚楚、明明白白、真真切切"了。对真实性存在疑虑的就业信息，毕业生可以通过实地走访和问询，了解企业是否确实需要招聘人才，并详加调查企业的实力、管理、效益和信用情况。

对毕业生不知道通过何种方式途径进行真实性查询的部分就业信息，可以向学校的老师，尤其是招生就业部门的老师请求帮助，让经验丰富的老师帮忙验证就业信息的真实性。一些需要就业者面试前就需交纳服装费、培训费等费用后才能被用人单位录用的就业信息是存在问题的就业信息，不具有真实性，毕业生对这类就业信息可以直接过滤筛除掉。《中华人民共和国劳动合同法》第九条明文规定：用人单位招用劳动者，不得扣押劳动者的居民身份证和其他证件，不得要求劳动者提供担保或者以其他名义向劳动者收取财物。

(2)适用性

工作如同穿的鞋子一样，合不合脚、舒不舒适只有穿鞋的人自己知道，再好看的鞋子只有适合自己的才是最好的。就业信息如同鞋子一样，海量的就业信息琳琅满目、数不胜数，需要在其中筛选出适合自己的就业信息。每个就业者的兴趣爱好、专业能力、综合素质都是不相同的，就业者是最了解自己的实际情况，需根据自身情况筛选就业信息，挑选出符合自身情况的就业信息，提高成功就业的概率(自身情况的判定需要就业者对自身的情况有客观、公正、全面且充分的认识)，真正实现物尽其用，人尽其才。

(3)完整性

就业信息通常包括职业、应聘条件和应聘程序三个方面的内容，具体包括职业岗位名称，岗位需求数量，具体岗位内容，工作性质和特点，应聘者的知识、能力、年龄等条件要求，具体的报名联系方式、考核和面试录用等应聘程序等。完整的就业信息可以直接为毕业生所筛选利用，对于不完整的就业信息，应在认真分析其价值的基础上区别对待；对利用价值高的不完整就业信息，可通过不同的渠道进一步了解完善；对利用价值不高的不完整的就业信息，直接筛除掉。

(4)时效性

用人单位的就业信息具有很强的时效性，在什么时间段需要招聘什么样的人才，用人单位在发布招聘信息时通常就注明了有效的截止时间，过了这个时间段该就业信息就成了无效信息。在甄选就业信息时要特别注意信息的时效性，将过时的就业信息直接筛除掉。

**2. 甄选就业信息的方法**

(1)虚心请教。搜集到的就业信息数量巨大，通过多渠道虚心请教就业信息的真伪和可信度，来确定就业信息的价值。

(2)突出重点。对搜集到的海量就业信息进行初步的筛选甄别后，根据自身的专业和能力确定重点就业信息，并对其进行特别标注留存，一般就业信息作为备选。

(3)全面了解。重要就业信息要全面详细地了解其核心内容，对具体要求不能模糊不清、一知半解。

(4)适合自己。就业信息需对照自己的专业和掌握技能来甄别，不适合自己的要坚决舍去，不能眼高手低，不能寻找不适合或者自己不能胜任的就业信息。

(5)避免盲从。就业信息获取后要认真甄别，不能盲目地认为通过亲戚朋友获取的就业信息一定是真实可靠的，在采用之前需要经过自己的甄别筛选，认真思考之后再做出选择。

## （二）就业信息的归类比较

将所选取的有效信息根据政策信息、经济发展趋势和行业现状及走向信息和用人单位基本信息进行分门别类，便于直观地比较。

在政策信息方面，可以结合当地情况分为鼓励性政策和限制性政策，这对于毕业生区域性就业会产生比较重要的影响。经济发展趋势和行业现状及走向无论是宏观信息还是微观信息，都可以分为积极的经济发展趋势和行业现状及走向、消极的经济发展趋势和行业现状及走向，对于处于不同经济发展趋势区域和行业现状及走向的就业信息，就业者会做出不同的就业选择。在用人单位基本信息方面，可以根据招聘信息的有效日期进行分类，将有效期在最近同一时间段的就业信息归为一个类，便于就业者根据时间节点立即展开就业求职行动；将时间较为宽松的就业信息归为一类，以便于做好充分的应聘前期准备工作。另外，还可以根据招聘信息发布的渠道进行分类，将政府行政部门主办、主管的部门机构和学校招生就业部门发布的招聘信息归为一类，将就业信息按工作的区域进行划分归类，按自己的兴趣与专业专长归类划分就业信息，按招聘的单位性质、规模、待遇和发展走向等进行归类划分。

就业信息按不同的类别归类后进行对比，选择其中适合自己的就业信息进行积极的就业择业准备。对于一些没有进入归类对比的就业信息，可以推送给其他就业者，共享信息资源，以形成互帮互助的就业氛围。

## （三）就业信息的决策和运用

### 1. 就业信息的决策

前面所涉及的就业信息的了解搜集、分类对比要通过决策的阶段再实现最终的运用，达到就业信息为决策服务的目的。信息归类对比是一个单维度内的比较和选择，而决策环节是一个多维度的、综合性的平衡过程。根据有效信息及时与用人单位取得联系，调整就业信息的搜集利用，为顺利就业打好基础。

就业者运用"what 归纳法"来进行自我引导，通常通过五个"what"的归零思考模式来开启就业信息决策过程，从提出"我适合干什么"问题开始，一路追问下去，"我喜欢干什么？我能干什么？环境允许我干什么？最终我怎么去做？"同时结合 SWOT 分析法将与研究对象密切相关的各种主要内部优势、劣势和外部的机会和威胁，通过调查列举出来，并依照矩阵形式排列，然后用系统分析的思想把各种因素相互匹配起来加以分析，从中得出一系列相应的结论，而结论通常都带有一定的决策性。运用这种方法，可以对研究对象所处的情景进行全面、系统、准确的研究，从而根据研究结果制定相应的发展战略、计划以及对策等。

以招聘信息为例,工作地点属于就业的矛盾点,即就业者自己不能控制但可以弱化其外部消极因素,如搬到工作地点居住;优先录用条件属于优势,即就业者自己可控制并可利用的内在积极因素,优先考虑优先录用条件与自身优势相符合的职位;薪酬属于机会,即就业者自己不可控制但可以利用的外部积极因素,它虽由用人单位决定,但就业者完全可凭自己的努力多劳多得;某些特殊能力要求属于劣势,即就业者自己可控制并可努力改善的内在消极因素,暂时不具备但可以通过参加培训或者刻意培养在短时间内具备。就业者可以从这四个方面对就业信息展开 SWORT 分析并进行决策。

**2. 就业信息的运用**

就业信息的运用是最终目的,在运用就业信息的过程中需注意以下三点:

(1)积极主动。就业信息具有很强的时效性,要积极主动地在时效失效前与用人单位进行联系。就业者在搜集到就业信息时可能就业信息已经发布一段时间了,再经过就业者对就业信息的甄别、归类和比较后做出决策,其有效时间可能不是太长,因此在做出决策后要认真准备相对完整的就业求职资料,与用人单位取得联系,询问确定应聘的方式、时间和地点。

(2)查漏补缺。就业信息是一面镜子,照出就业者的不足之处。对照用人单位的要求,查找自己身上的不足与差距,尽可能地补足自己身上的缺陷,如增加自己的知识储备、提升自己的能力、提升自己的综合素养,这不是临阵磨枪,而是为顺利就业夯实基础。就业者只有根据就业信息不断调整自己,让自己变得越来越优秀,才能在激烈的就业市场竞争中占得有利地位,顺利实现高质量的就业。

(3)百炼成钢。有的就业信息发布的招聘要求较高,实际上的岗位技能要求或许与招聘的要求有一定的差距。对此,存在不少就业者达不到用人单位的高要求,或者达到用人单位招聘要求的就业者不会选择这个用人单位的情况,所以如果自己对这个用人单位感兴趣的话,也可以主动尝试应聘,不成功也能找到差距,让自己在就业过程中接受历练,如果成功了就顺利解决了自己的就业问题。

## (四)科学运用就业信息

毕业生对于搜集到的就业信息,应结合自己的实际情况加以筛选,有目的、有针对性地进行排列、整理和分析,使信息更好地为自己求职服务。在这方面,以下五个方法应予以重视。

**1. 善于对比**

通过多种途径获得的需求信息可能会杂乱无章,这就需要给予科学的排序,将过时的、不可靠的就业信息去除,将与专业有关的、自己感兴趣的和成功概率高的就业信息提取出来。

**2. 掌握重点**

如果主次不分,可能会在求职过程中多走弯路,耗费过多的精力和时间,错过重要的机会。因为就业信息不是你一人所独有的，谁赢得了时间谁就拥有更多的机遇。掌握重点是要把目光放远，根据自身的条件选择有发展潜力的中小城市和地区、行业，经过几年的经验积累和职业训练后再选择到大城市发展。

### 3. 了解透彻

对于重要的就业信息要注意寻根追底，对重点单位要多花些时间去进一步搜集详细材料，认真研究，以便面试时考官对你印象深刻，顺利入选。

### 4. 适合自己

"合适的就是最好的"，信息是否有用，其根本的标准是要看是否适合自己，因而要根据自己的专长、性格特点、志趣、地域和所存在的不足等，综合考虑。"好高骛远""随大流""要找同学里面最好的工作"等心态会让你失去自我，即使在求职中成功了，在未来的发展中也会逐渐表现出自己的弱势，发展后劲不足。

### 5. 运用信息

求职目标一旦选定，就要及时主动与用人单位联系，询问面试的时间、地点和要求，并按照要求准备好一套相应的应聘材料，使就业信息尽快变成沟通供需双方的纽带；要根据用人单位的要求衡量自身的条件，尽可能弥补不足之处。

【拓展阅读1】

1. 求职预防陷阱，需忌"三心"

第一是贪心。

看到"高薪"字眼首先要掂量一下自己，然后摸清对方的背景。

第二是急心。

急于找工作的心理会让一些人找到借机骗财的机会，这些人以各种名义收取应聘者的费用后，便人去楼空。

第三是糊涂心。

求职者要对自己的职业生涯发展脉络有个清楚的构想，只要仔细研究，还是能识破招聘中大多数欺骗求职者的幌子。

2. 求职过程要注意"5.3.5"原则

五不为：不缴不知用途的款，不购买自己不清楚的产品，不将证件及信用卡交给别人保管，不随便签署文件，不为薪资待遇不合理的公司工作。

三必问：问自己是要找一份工作还是找一份事业，问明薪资、劳保、健保、出缺勤规定等劳动条件，问明确工作性质及职务内容。

五必看：看是不是合法经营的公司，看是正常运作的公司还是皮包公司，看是否有潜在的人身安全危险或暗藏求职陷阱，看面试时是否草率、轻易就录取，看待遇是否优厚得不合乎常情。

【拓展阅读2】

# 校园宣讲会

1.认识校园宣讲会

校园宣讲会通常是由企业在校园招聘伊始针对目标高校组织的专门的讲座,通过企业高层、人力资源负责人以及在本公司工作的该校校友的现身说法来传达企业基本概况,通过情绪的感召与互动引导学生全面地了解企业。校园宣讲会一般由五个部分组成:企业介绍、职位说明、校友经验谈、招聘计划、常见问题解答。但为了吸引优秀毕业生的眼球,同时起到宣传企业文化的作用,名企在校园宣讲会的方式手段、流程设置、校园行程、信息渠道等细节上都有很多的创新,如视频宣讲会、在线宣讲、企业开放日等。

2.选择校园宣讲会

(1)区分"作秀"与宣讲

校园宣讲会对企业来讲是一个名利双收的事,通过宣讲会的形式可以让更多的学生近距离了解企业,帮助企业吸引到最优秀的人才,同时也可以吸引潜在的客户群,并提高企业的知名度。因此对企业来讲,要找准员工更要看准客户。宣讲会的目的很大部分在于宣传,这是毕业生们首先应该明确的。经常可以看到一些名企的职位需求量才十几个人,却会到全国的十几个城市、几十所著名高校中进行宣讲,平均每个学校还录用不到一个人。有些企业甚至将宣讲会做成了产品推介会,内容全是产品介绍,台上摆满新产品,甚至连互动问答环节都会被问到某产品的代言人之类,而且因为企业名气大,每一场宣讲会都是爆满,大家都满怀期待而来,但最终宣讲会却是"挂羊头,卖狗肉",浪费了毕业生们宝贵的时间、精力。因此在参加宣讲会前,应提前做些功课,通过网络了解一些该企业往年或在其他城市的招聘情况,尤其是招聘的规模、流程。从规模上来讲,招聘规模小、名气大的热门企业要量力而行。从宣讲会流程上来说,目前企业通常的做法有三种,第一种做法是宣讲会上现场接收简历,之后组织面试或笔试,这是应聘者不可错过的机会。第二种做法则是宣讲会不现场接收简历,而仅对企业进行介绍,之后应聘者必须通过网申,这就需要应聘者衡量一下自己的时间和精力,因为现场宣讲的许多信息在企业的网站上同样可以获取得到,有些企业还制作了视频宣讲文件供参考。最后一种做法是企业事先通知已通过网申审核的应聘者前来参加宣讲会,而且很少临时增加面试名额,这种情况下,如果应聘者之前没有通过网申投简历,"霸王面"的可能性就很小了。

(2)知己知彼,有的放矢

在巨大的就业压力及大企业品牌效应的双重推动下,有些毕业生抱着宁可"错杀一千,不可放过一个"的心态,只要是校园宣讲会就必然会去"赶场子",有枣没枣都要打两杆子,结果导致精力、金钱严重透支。一旦付出得不到相应的回报,则容易灰心气馁,对自己丧失信心。另一些同学则是在听了一些大公司的校园宣讲会后,被迷得神魂颠倒,抱着对该企业无限的热爱,非某某企业不去,往往忽视了自身情况是否适合该企业,甚至为此忽略了其他公司的面试机会。面对一拨又一拨的校园宣讲会,要选择合适的企业首先要有正确的认识,包括对自我的认识和对企业的认识。从自我认识的角度来说,可根据自己的专业、兴趣等确定求职的目标行业,目标行业切忌过于分散,否则难以突出自身优势和特色。

然后根据自身的能力水平寻找目标行业中相对把握大一点的目标企业，而且目标企业的范围可以大一点，以便有所选择。有一句俗话说得好，"找工作就像谈恋爱，没有最好的，只有最合适的"，不可一味迷信名企。从对企业的认识来说，还应多方位地获取目标企业的信息，如企业业务和概况介绍、企业文化、人才培养机制和发展战略、薪酬福利、校园招聘申请流程、以往应聘者的经验分享和建议等。在必要的情况下，可自制一个宣讲会日志，每天更新信息，记下对你来说很重要的宣讲会的时间、地点，以免错过或者冲突。另外，也可在日志中记下每场宣讲会你的进展情况，如网申时间、笔试重点、首轮面试情况等，以免战线一长，自己先乱了阵脚。

3. 校园宣讲会上如何获取有效信息

1小时的校园宣讲会，10分钟放宣传片，20分钟介绍公司，10分钟校友分享交流，接下来用5分钟的时间介绍一下招聘流程和岗位，最后的15分钟留给毕业生提问。这是一个宣讲会的典型"流程"，经常赶场子的毕业生在听了五六场后就会发现，对某些言词耳朵已经听出老茧了，而真正有用的信息还不到10分钟，那么，究竟该如何利用宣讲会尽可能获取更多的信息呢？

(1) 校园宣讲会上的显性信息

校园宣讲会是企业形象的集中展示，系统的介绍、精美的宣传片及校友的亲身经历，这些信息都是显性信息，是可以直接获得的。然而仅有这些信息还不足以作为抉择的支撑，需要进行进一步的挖掘，寻找自己感兴趣的信息点。企业一般都会在宣讲会的最后设置自由提问环节，这既是一个获取信息的机会，也是一个很好的展示自我的机会；少数企业可能会在现场设置提问环节，放出两个直接进入初选面试的名额，只要你的问题让企业觉得新颖。如何才能在自由提问环节提出有质量的问题呢？

最重要的一点，是要避免提"垃圾"问题，如宣讲会上被问得最多的"你们公司今年招几个人""我学某某专业的，能不能进你们公司"，在企业介绍中已经详细说明或属于企业基本情况的问题多属于垃圾问题，问这些问题表明你对企业缺乏基本的了解，而且宣讲会前没有做任何准备，这样的应聘者很难让企业相信你有强烈的加入动机。对于另外一些应聘者普遍比较感兴趣的问题，如"贵公司的面试过程如何""面试有几轮，用中文还是用英文"等，也可以转变一下提问的方式以获得更多的信息，如改为问参加交流的某校友或员工，是否能分享一下自己当年参加面试或者其在企业发展的个人经验，或者改为"作为师兄及过来人，你对于想加入某某企业的校友有些什么建议"之类，既可以套近乎，又可以深入了解企业的文化背景、员工的成长历程等参考性的信息，这样的问题容易引起招聘者的情感共鸣，也可以将宣讲会带入高潮，是企业和应聘者双赢的策略。

总之，要提出质量高的问题，还是有赖于宣讲会前所做的准备。在准备宣讲会时，可根据自己对企业的了解，将感兴趣的问题做成一个列表，排除听宣讲会时得到的有效信息。如果希望通过提问加深印象，则要准备一些能深入探讨的问题，如该企业发展的战略、对某一个目前存在问题的解决方案、某一领域的发展趋势之类，但是要记住提这类问题时一定是带着答案提问，否则企业老总来一句"那你怎么看呢"，把皮球踢了回来，你准备得好可以回答很出彩，与企业老总形成交流，反之则会搬起石头砸自己的脚。

(2) 校园宣讲会上的隐形信息

企业老总及HR都是身经百战、打太极的高手，学生问到的棘手问题诸如薪酬福利、加班情况、员工流动率之类，往往会被他们极具诱惑力但并无任何有效信息的回答四两拨千斤，因此许多关于企业文化的隐性信息，则需要靠敏锐的观察和对潜台词的破解来获得。企业文化是目前许多学生求职时考虑的一项重要因素，企业会派出最精英的组合到名校进行招聘，因此，员工的形象也就代表着企业的形象，宣讲会的组织水平可以从侧面反映企业的管理水平。一般来讲，大企业在组织招聘会以前会与学校就业部门进行多次沟通，确定日程安排，提前布置场地，反复演练宣讲会的各环节。管理水平有限、准备不充分的企业，则容易出现一些意想不到的问题，如迟到、宣传片临时出问题、环节衔接不上、介绍时前言不搭后语等。员工的言谈举止及精神状态、员工之间的合作与沟通，甚至员工的着装仪表都可以透露出一些有关企业文化的信息，这就需要应聘者细心地观察。另外，企业在介绍招聘岗位时会用一些潜台词，需要应聘者用心领会，如"能在压力下保持良好的工作效率"，可能是说该岗位经常需要加班；"适应快节奏的工作环境"，可能是经常需要出差；"关注细节"则可能是工作比较琐碎。

▶ 【拓展阅读3】

# 信息处理

当你同时面临几个单位不知道如何作出选择，因为其各有利弊而犹豫时，你需要将收集到的信息加以整理，对不同的情况进行比较。

1. 处理信息的有效系统

这个系统要求你考虑关于每个工作的五个参数：

(1)职业描述，包括一般责任、工作层次和物理环境。

(2)工作地点，包括工作所在地的地理区域和物理环境。

(3)发展机会，包括晋升机会和工作保障。

(4)雇佣条件，包括薪水、奖金、工时和着装规范等特殊要求。

(5)入门要求，包括用人单位要求具备的教育和培训经历。

2. 方法策略

利用"职业评价工作单"对就业信息进行处理和选择。你可以以此判断该工作是否符合你的理想，以及它对你的休闲娱乐、与亲朋好友的交往的影响。进行评价时根据以下标准，在该工作每个特点所对应的数字上画圈。

"5"表示该工作对你有绝对的吸引力或有非常强烈的吸引力。

"4"表示该工作对你的吸引力一般。

"3"表示该工作对你有点吸引力。

"2"表示该工作对你没有太大的吸引力。

"1"表示该工作对你没有什么吸引力。

"0"表示该工作对你完全没有吸引力。

请把画圈的数字相加，得出总分。总分反映出该工作对你总的吸引力有多大。如果有3个单位都准备让你面试，你可以按要求把这3个单位的情况分别填入3张表中见表1，根据得分的多少，对这3个单位进行取舍。

表1　职业评价工作单

| 工作特点 | 评价 | 评分 |
|---|---|---|
| 职位描述 | | 0 1 2 3 4 5 |
| 工作地点 | | 0 1 2 3 4 5 |
| 发展机会 | | 0 1 2 3 4 5 |
| 雇佣条件 | | 0 1 2 3 4 5 |
| 入门要求 | | 0 1 2 3 4 5 |

毕业生在面临就业选择的时候，可以运用"职业评价工作单"的方法对工作进行评价，哪份工作的得分高，就倾向于选择哪份工作。

### 思考与实践

1. 职业与专业是什么关系？结合实际案例，谈谈这两者之间的关系。
2. 在工作中，工作态度和工作能力谁更重要？你的观点是什么？

# 做好求职准备

模块三

不论是成就自己的人生理想，还是担当时代的神圣使命，青年都要珍惜韶华、不负青春，努力学习掌握科学知识，提高内在素质，锤炼过硬本领，使自己的思维视野、思想观念、认识水平跟上越来越快的时代发展。

——2019 年 4 月 30 日，习近平在纪念五四运动 100 周年大会上的讲话

**引导案例**

### 打有准备之仗

梁艳，外国语学院 2007 届毕业生，从当初找工作到现在，不知不觉中已经过去一年了。如今，08 届英语专业的学弟学妹们面临着择业就业的问题，她作为先一步踏入社会的师大人，在此留下些许感想，希望能有所帮助。

成为一名英语教师是当时大多数师范英语专业的毕业生择业的首选，也正因为如此，参加学校招聘面试的毕业生人数相对较多，竞争相对激烈。首先在选择学校时，要充分考虑到自身的情况。比如其他省份的私立中学招聘老师，门槛较低，待遇相对较高，但是私立中学的工作比较辛苦，保障相对要低。一些县市的中学也会来招聘，但是当地的毕业生占据优势。此外，××的中学教师需求量也比较大，因此对比这些中学的发展前景也是要提前做好的准备工作。其次，在选择好学校之后，应聘这一关要把握住。做好一份中英文的简历是第一步，简历一般应该包括毕业生个人履历（附英文版）、毕业生推荐表（上面是你大学里面每门科目的成绩以及是不是优秀毕业生的一个凭证），以及个人的获奖证书复印件，以上都是成功就业的硬性条件。

（资料来源：https://max.book118.com/html/2019/0315/8000102141002012.shtm，有删减）

## 一、求职资料

几乎每个求职者都会遇到这样的情况：当你走进熙熙攘攘的招聘会场，好不容易找到一家中意的单位，一个适合你的"空缺"，想上前去"搭讪"时，摊位前却堆满了人，你费力挤进去后，工作人员忙得焦头烂额，根本无暇听你的"唠叨"，你只好毕恭毕敬地将求职材料递上，怀着一颗期待的心离去。当你打开报纸，看到一则招聘广告所列的条件正好与你的情况吻合，且招聘的职位又对你很有吸引力，你恨不得马上与"联系人"当面谈谈时，接下来一看却有这样的字眼：有意者请寄个人资料。最后还要特别提醒：谢绝来访。在这样的情况下，求职材料是求职者与用人单位进行接触的重要的甚至是唯一的方式。诚然，任何一个用人单位都不会仅凭一份求职材料便决定是否录用某一个人，但是，他们在依据求职材料进行初选时，却必然会将那些他们认为不合适的人打入"冷宫"。从某种意义上说，求职材料既可以成为求职者的"通行证"，也可能会变成一块"止步牌"。所以，求职者重视对求职材料的准备，精心打造求职材料是非常有必要的，尤其是要保证求职材料的真实、准确、有个性、有针对性、突出重点、有创意。

### （一）求职信

求职信是毕业生确定就业目标后针对意向单位写的自荐信。

主要内容如下：简单介绍自己，简单描述你对用人单位的认识，简单说明你的能力、特长和意向，请求用人单位给予面试机会等。如果你对该单位情况较熟，对其发展也有所考虑，不妨粗略地提出一两条建议，以吸引招聘官的注意，获取面试机会。求职信要有针对性，同时要简洁明了，切忌空话、大话。

### 1. 求职信的格式

求职信顾名思义，它首先是一封信，要按书信的格式来书写。书信的格式大致包括以下几部分：

（1）称呼。称呼最好具体化。如××总经理、××处长等。称呼对方时，可以以职务或职称相称，如王校长、李教授等；也可以以领导、老师相称，如尊敬的公司领导等；或者以负责人相称，如××公司负责人等。

（2）正文。正文是求职信的核心，在这里要介绍自己的基本情况，客观表明你的经历、知识、专业技能和特长，尤其要简洁、有条理地突出自己能胜任工作的长处、优势。注意不能说大话，文字要简洁、直白。

（3）结尾。一般以"此致敬礼"结尾，也可以写其他充满人情味的话语，比如"祝您身体健康，万事如意"等。要注意"此致敬礼"的写法："此致"另起一段，"敬礼"另起一行顶格，后面不要跟"！"。

（4）落款。就是署上姓名和年月日。

### 2. 求职信正文的写法

求职信正文大致分四个部分，每一部分都有各自不同的要求。

（1）开头

开头部分要交代清楚你是谁，你的求职目标是什么以及你写这封求职信的缘由。一个典型的写法："我是××大学大四的学生，在××年××月毕业，专业是××。毕业后我想成为一名语文教师。前几天，我在网上看到了贵校的招聘公告，其中有语文教师这个岗位。对照你们的要求，我觉得自己比较合适，特写此信应聘"。

（2）自我推荐

在这一部分，要突出重点，直奔主题，列出自己与求职岗位要求相符的经历、素质、技能，使用人单位读了以后，能感觉到你是最适合该职位的人选。可以采取"总—分"的写作方式，先对你的资历来个总括，然后再加以实例逐条分说。一个典型的自我推荐可以这样写："我的专业是新闻，在中央电视台实习过，我获得过以下成绩，具有众多技能。"然后列举求职岗位需要而你又具备的成绩、技能、素质。

（3）愿望与决心

在这部分里，要对应聘企业恰如其分地赞赏一番，让他们知道你很愿意在该企业工作，你可以提一提该企业的名声、销售成绩、企业文化、管理宗旨或其他它们感到骄傲的东西。雇主们通常想知道为什么这个企业是你的目标，而不是其他企业。对不同的企业，你要有针对性地进行赞赏，以表达你对该企业有所了解。同时，再次真诚地表达希望去该企业工作的强烈愿望和做好本职工作，为应聘单位添砖加瓦的决心和信心。

（4）进一步的行动

一些人认为此部分是求职信的结尾部分，其实不然。结尾部分不仅仅是对所求职单位的负责人花时间读你的求职信表示感谢，这也是开启另一扇门的地方。在这里，你可以留下电话号码或者 E-mail，以方便用人单位跟你联络。最重要的是，别忘了在结尾认真写明自己的详细通信地址、邮政编码和联系电话。

### 3. 撰写求职信要注意的问题

求职信写起来并不难，但要写出特色，能够在众多求职信中脱颖而出却是不容易的。为此，广大毕业生在写求职信时应该注意以下几个问题。

（1）称呼要得体

一般可用职务或职称相称，也可用性别相称。不要以"考官""评委"或"老板"等相称，不要张冠李戴。

（2）内容要凝练

求职信内容要凝练，不要堆砌辞藻，不要空洞的抒情。在句式上尽量使用短语，少用长句，多用单句，少用复句；在词语运用上，少用一些形容词、副词等修饰词语。

体现在篇幅上时应注意内容不能过长，因为求职信很多，用人单位没耐心去阅读洋洋几千字的长篇大论；但又不能过短，以致表达不清楚，给人以马虎之感。一般字数以能在一张 A4 纸上打印出来为宜。

（3）针对性要强

在动笔之前要着眼于现实，对单位的情况应有所了解，以事实和成绩恰如其分地介绍自己，重要的是要有针对性地突出自己的特长。如果用计算机打印求职信，建议你最好多准备几份，根据不同单位来选择内容。如果你是给"三资"企业去信，最好用中文和英文各写一份，这样既可自荐又可表现你的英语水平，在内容上要突出自己适合于所求职业的特长和个性，不落俗套，达到吸引和打动对方的目的。如果单位是招聘去实验室工作的科研人员或者是档案管理人员，而你却在信中大讲自己多么好动，爱好音乐，生性活泼，是文体活动积极分子，过多介绍这些与专业职位不相干的特长不但不能起到好的作用，反而会适得其反。如果了解到单位需要你去从事营销、公关或者是管理工作，最好应突出写你在校期间参与过的相关社会实践活动，突出你的组织、协调能力，社会活动能力，语言表达能力和自信心，这样才能"投其所好"，赢得胜机。

（4）表述要得体

有的毕业生求职心切，在语言上不太讲究，会引起用人单位的反感，比如以下几种情况：①"我家人都在某市，故很想去贵单位就职"，本来可能是要表达去了以后能安心工作，但给人的感觉是你为和家人在一起才去的，对该单位并不感兴趣。②"请于×月×日前复信为盼"，表面上看相当客气，却限定对方时间，容易引起反感。③"本人谨以最诚挚的心情应聘于贵单位，盼望获得贵单位的尊重考虑"，这似乎在说你不聘用我就是不尊重我，让人难以接受。④"现有多家单位欲聘我，所以请您从速答复我"，单位会认为，既然有那么多单位要你，还来我这干什么，从而对你不予考虑。

（5）六要六不要

要言辞有礼，不要目中无人；要开门见山，不要拐弯抹角；

要谦虚谨慎，不要口出狂言；要有的放矢，不要泛泛而谈；

要事实说话，不要过于抒情；要情真意切，不要轻描淡写。

### 4. 求职信存在的问题

在求职信的写作过程中，容易存在以下问题。

(1) 行文不规范、不工整。

(2) 使用错别字，如：形势——形式、计划——记话、成绩——成级。

(3) 大量使用夸张性的形容词或程度副词，如：我的成绩很好，我的动手能力非常强，我的潜力巨大，我的计算机水平无人能比。

(4) 体例不正确，一是类似演讲稿，如"尊敬的考官：大家好！我叫××，来自湖南，是×××高校 2010 届毕业生。所学专业为临床医学。唯楚有材，于斯为甚，浓厚的湖南文化气息造就了我们朝气蓬勃的新一代。在许多历史伟人的熏陶下，我终于成长起来了。毛泽东说过'未来是属于我们年轻一代的'。我总梦想自己有一天能够'除人类之病毒，促健康之完美'，实现自己从小的理想。给我一片展翅高飞的天空，我将还以一份精彩的答卷。谢谢！"二是类似抒情散文，如"美丽的云南养育我，富饶的土地让我对自然产生了热爱，从小我便用世界上最美丽的语言来描述家乡的一切。我的母语是我的最爱，我时常在语言和文字的殿堂里畅游。我敢说自己饱读诗书，但自己眼光所及的也只不过是上下五千年广袤书海中的一朵浪花而已。""我酷爱文学，读着鲁迅的《阿 Q 正传》，我愤然，感到自己肩上的责任好重好重；读着老舍的《茶馆》，我的眼泪止不住盈满眼眶；读着郭沫若的《女神》，让我感到心潮激荡。"

(5) 空话、套话多，如"所谓'211 工程'指的是 21 世纪中国 100 所重点大学。足球运动号称世界第一大运动，其感染力与号召力人人皆知，对于足球这项体育运动的发展，我相信会越来越好。足球本身的魅力带来的是比赛门票、球服、足球以及电视媒体等巨大利润，同时足球运动周边产业也带来了可观的收入。作为一名足球专业的体育学生……"

### 【案例参考】

尊敬的王经理：

您好！

昨天，我在市人才服务中心了解到贵公司要招聘两名产品推销员的消息，很愿意一试，故大胆地给您写信应聘。

我所学的专业是产品设计，今年 7 月将从××学院毕业。去年暑假期间的社会实践我曾为贵公司做过一个月的产品包装设计工作，期间，贵公司的规范管理和良好的设计质量，给我留下了深刻印象，我也由于工作得力受到公司部门的好评。我希望能到贵公司工作，以自己的微薄之力为公司效劳。

我是专科生，自知自己的学识水平与贵公司要求有一定距离。但本人相貌端庄，身体健康，能吃苦耐劳，爱好广泛，谦虚好学，乐于助人，有良好的环境适应能力和人际交往能力，这都是成为一名优秀推销员必不可少的。

我出身贫寒，为人朴实、正直，在小学、中学、大学多次获奖，多次被评为优秀团员、三好学生、模范学生干部。学习成绩优良，对外语、计算机操作都具有一定的实际应用能力(附上个人简历,请参考)。

以上这些都表达了我真诚希望成为贵公司一员的愿望。如贵公司能给我一次锻炼的机会,请拨通电话139××××××××或来函预约面谈时间,我定会准时拜见。热诚地期待你们的答复。

祝您工作顺利!

　　此致

敬礼

求职人:×××

2021 年 6 月 1 日敬上

**分析**:综合上面的范例得出求职信要注意开门见山、文字优美流畅、简洁明了,字数控制在 1000 字以内;段落要短,不宜过长;不卑不亢,不能过分客气,也要力求避免无意中伤害他人的尊严,也不能写的像乞求;尽量避免用专业术语或俚语、谚语或典故、地方方言,否则在信息传递上可能会出现周折,甚至引起误会;求职信不应有错别字,不要使用涂改液或橡皮擦,纸张不要沾上污迹,以示对人的尊重;最后别忘了签上你的名字,英文信件中本人的亲笔签名应签在姓名拼音的上面。求职信万万不可复印。

### 5. 求职信七大失败原因

(1)过分自信。如"我的能力之强出乎你的意料""如被录用定能大大扩展公司业务""我的卓越表现将证明本人所言不虚"。

(2)过分谦虚。谦虚是一种美德,但在写求职信时却没有必要一再表现这种美德。

(3)称颂不当。如"我极其欣赏贵公司铺天盖地的广告轰炸策略""若贵公司愿意接收,本人当效犬马之劳,与你们共荣辱同进退""这个职位对我而言具有难以抵抗的诱惑力""如您在百忙中赐予面试良机,本人不胜感谢之至"。

(4)简写词语。如将自己毕业的学校简称为"人大""国经""中大""华工""暨大"等,并不是我们对学校的简称都能被用人单位所熟悉和了解的。

(5)主观强调。以自我感觉为主,注重强调自我感知,如"我觉得""我看""我想""我非常希望""我真的喜欢"。

(6)限定答复时间。如"本人于××月××日外出,敬请贵公司务必于×月×日前给予答复为盼""现有多家公司与本人联络,故请贵公司从速答复"。

(7)以上压下。如"贵公司的郭××董事长鼓励我直接写信给您""贵公司××部郭主任很关心我的工作问题,特让我写信给您,请多多关照"。

## (二)自荐信

### 1.什么是自荐信

自荐信是求职者自我推荐时采用的一种形式,推荐自己适合担任某项工作或从事某种活动,以便对方接受的一种专用信件。自荐信和履历表发挥的作用不同,履历表告诉别人有关你个人的经历和技能,而自荐信是告诉别人你能为雇佣者做些什么。履历表中的具体内容不在自荐信中重复提及。

## 2. 自荐信的内容

(1)说明个人的基本情况和用人消息的来源。首先,在正文中简明扼要地介绍自己(自己与应聘岗位有关的学历、经历、成绩等),让招聘单位对你产生兴趣。其中个人简历不用在信中列出,可以作为信的附录呈现出来。其次,说明用人消息的来源,是出于招聘单位的实际需要投递的。

(2)说明自己能够胜任某项工作的条件。这是自荐信的核心部分,主要向对方说明自己的知识、经验和专业技能,恰如其分地突出自己适合推荐职业的特长和个性,达到吸引对方的目的。

(3)介绍自己的潜能。向对方介绍自己曾经担任过的各种社会工作及取得的成绩,预示着自己是招聘单位值得培养的。

(4)申请具体的工作岗位。用人单位往往为多个岗位招聘人才,因此要写清楚你所要应聘的工作岗位。如果不知道对方需要什么样的人才,可以说明自己希望申请哪一类工作岗位。

(5)附上有关材料或文件。由于求职信的篇幅限制,个人的详细情况材料可随求职信一起寄给招聘单位,具体包括毕业证书、学位证书、职称证、身份证、获奖证书、户籍的复印件,学校的推荐信、个人履历表、发表的文章、科研成果等。

(6)最后写明自己的详细地址、邮政编码、联系电话等。

## 3. 自荐信的写作

(1)标题。标题要求醒目、简洁。要用较大的字体在信纸上方标注"自荐信"三个字,显得大方、美观。

(2)称呼。称呼是对主送单位或收件人的呼语。如用人单位明确,可直接写上单位名称,前用"尊敬的"加以修饰,后以领导职务或统称"领导"落笔;如果单位不明确,则用统称"尊敬的贵单位领导"领起,最好不要直接冠以最高领导职务,这样容易引起第一读者的反感,反而难以达到目的。

(3)正文。正文是自荐信的核心部分,一般包括简介、自荐目的、条件展示、愿望决心和结语五项内容。

①简介是自我概括的说明,包括自荐人姓名、性别、民族、年龄、籍贯、政治面貌、文化程度、校系专业、家庭住址、任职情况等要素,要针对自荐目的作简单说明,无须冗长烦琐。

②自荐目的要写清信息来源、求职意向、承担工作目标等项目,要写得明确具体,但要把握分寸、简明扼要,既不能要求过高又不能模棱两可,给人以自负或自卑的不良印象。

③条件展示是自荐信的关键内容,主要应写清自己的才能和特长。要针对所求工作的应知应会去写,充分展示自身的求职条件,从基本条件和特殊条件两个方面解决凭什么求职的问题。基本条件应写清政治表现和学习活动两方面内容。政治表现要从活动和绩效方面写实,如党校学习、参加活动、敬业态度、奉献精神、合作意识等方面,并佐以获奖和资格证书。学习活动要写清主、辅修专业课程和成绩状况,对于英语、计算机和普通话等

级的情况也需一一说明，对于为人处世、组织管理、社会调查、实习设计及论文答辩等方面的情况也要略加提及，要列举发表报道、文章或作品的情况，科技发明创造、小制作等也可提及，有特殊技能的也要加以强调，如操作实践、文体书画、写作口才等特长，以展示自己的能力，突出个性特征。必要时还要介绍本校、本专业的特色，自己爱家、爱校的情感，个人不足与缺点等，这样可以起到异军突起、画龙点睛之效，切忌刻板罗列，自吹自擂。

④愿望决心部分要表示加盟对方组织的热切愿望，展望单位的美好前景，期望得到认可和接纳，自然恳切，不卑不亢。

⑤结语。结语一般在正文之后按书信格式写上祝语或"此致敬礼"。

（4）落款。落款处写上"自荐人×××字样，并标规范体公元纪年和月日。随文处要说明回函的联系方式、邮政编码、地址、信箱号、电话号码及呼机号等。

自荐信写作虽有一定的自由度，但务必要注意文明礼貌，诚朴雅致，特别要注意突出自身才艺与专长的个体特征，注意展现经验、业绩和成果，精心设计装帧，讲求格式美观雅致，追求庄重秀美，使其像一只报春的轻燕，飞进千家万户，为你带来佳音。

▶ 【求职信范例】

### 求职信

尊敬的李先生：（收信人称谓）

您好！

我看到你们在××职业中心网站上的广告，招聘市场助理人员，我对这个职位非常感兴趣。我是××学院市场营销专业的三年级学生，有市场调查和客户服务的工作经验。我有信心为贵公司做出贡献。（对职位表示兴趣）

我的优势是具备市场调查和推广的工作经验。当我在大学学习市场营销专业时，就为快速食品和高科技行业向中国市场投放产品做过市场营销计划，作为安美森营销协会的公司市场代表，我负责开发公司的赞助商，主要职责就是调查和联络潜在赞助商。这项工作取得了捐款额增长 10% 的成绩。另外，由于曾经在 Bootlegger 做过零售工作，使我具有强烈的客户服务意识。（胜任特征介绍）

我相信，我的市场营销技巧和真诚渴望在高科技行业发展营销事业的态度，会使我成为贵公司一名很有价值的员工。（胜任特征介绍）

非常感谢您抽时间考虑我的申请，我期待着能与您见面。（对用人单位表示感谢）

此致

敬礼

您真诚的朋友：（亲笔签名）

年　月　日

## （三）简历

【案例】

### 简历的失误

某高校毕业生小李认为自己综合素质好，没有带任何自荐材料就去参加一个人才招聘会，结果在招聘会上，许多用人单位代表要求应聘者先提交自荐材料，否则连面谈的机会都没有。好不容易有一家单位同意先面谈，但会谈结束后用人单位代表仍要求小李交一份简历，小李只好匆匆忙忙写了一份简历交给用人单位代表。最后，小李没有被录取，因为用人单位认为小李连自荐材料都不带，说明对工作要么不重视，要么是马虎，不能录用这样的人。

**点评**：自荐即自我推荐，它是毕业生就业的基本环节。在高等教育大众化和市场经济背景下，大学毕业生求职，已逐步在市场供求规律调节下实现供需双方相互选择。毕业生求职一般都要进入就业市场，通过与用人单位的"双向选择"来确定就业方向。大学生求职择业的过程中，要让用人单位认识自己、了解自己、选择自己，就必须通过多种途径和方法正确地宣传自己、展示自己、推荐自己，即成功地自荐。自荐材料犹如一个人的名片，虽然不是决定性的因素，但在人际交往、个人求职过程中却是必不可少的。自荐材料是广大毕业生用来和单位取得联系、"投石问路"最常用的办法之一。大部分用人单位安排面试的依据是阅读有关毕业生情况的书面材料，对用人单位来说，这些书面资料就是判断和评价毕业生的学习成绩、工作潜力的依据，它的好坏直接影响着毕业生能否成功就业。

### 1. 什么是个人简历

个人简历是对自己的情况、经历的记载和陈述，一般按时间顺序或内容的重要程度系统、全面地把个人身份、学历、成绩、特长、社会实践等充分表达出来。

简历是自己设计的有关个人的信息表——简要说明你胜任某份工作的优势。简历通常会概括、总结你的工作目标、教育背景、工作经验及其他你想向招聘者和人事部门强调的相关信息。

简历应该回答一些老板想知道的问题，如"你是谁？""如何与你联系？"（在标题中回答）；"你想要什么？"（在工作目标中解释）；"你能做什么？"（在任职资格部分描述）；"你学到了什么？"（在教育背景中涉及）；"你做过些什么？"（在工作经历部分陈述）。

简历可以真实地突出你的长处而尽量避免你的不足。句子要以行为动词开头，然后用一个词或短语作宾语来补充行为动词完成句子，再使用一个副词或形容词来修饰你的行为。

简历写作的结构是由功能性、内容性和适应性技能组成的。你要确保简历中提供的信息是真实准确的，许多人事部经理告诉我们：在他们所收到的简历中，有 $1/3 \sim 1/2$ 的简历都掺杂有虚假信息，不要伪造你不具有的技能，也不要写你无法证明的成果。

**2. 为什么要写简历**

简历可以让你用自己的方式来讲述你的经历。准备简历能提醒你一些在求职过程中应该记住的个人问题，设计简历的过程能激励你列出自己的经验和能力，甚至也可以在准备简历时了解自己。

在求职时，简历可以当作商务名片，或者是详细的电话卡。将简历的副本送给你认识的人，他们可以把你的简历分发给他们认识的朋友，这样就扩大了你的求职范围。你能将简历中的资料转移到招聘单位的求职申请表中，确保简历中的信息的准确性。

**3. 简历的类型**

(1)时序型简历：按时间顺序由近及远或由远及近排序。

(2)功能型简历：按内容重要性排列。从应聘岗位的需要出发，把最符合岗位需要的技能、特长、奖项、社会实践等放在最前面。

(3)目标型简历：根据求职目标(意向)，主要呈现可以支持该目标的信息。

(4)视频简历：就是把个人基本情况(包括社会实践、获奖情况等)和才艺等特长摄录下来，制成光盘或通过网络供招聘官观看。视频简历以数码摄像机拍摄、计算机软件编辑制作，由可在互联网上发布和浏览的有关个人经历的动态影音信息及相关文字资料组成。

制作视频简历时，可在设计好的背景下，根据编辑人员的指导进行自我介绍和自我展示。相对于传统的纸质简历而言，视频简历以其便捷的传递性、延展性，能直观地展现应聘者的音容笑貌、技能特长，生动形象，给人耳目一新的感觉而日益受到广大用人单位和招聘官的关注和青睐。视频简历是近年来求职简历的一种发展趋势和潮流。

视频简历以3~5分钟为宜，至多不要超过15分钟。视频简历最好用较为标准的普通话解说，必要时可配上一些优美动听的音乐、图画等，给人以赏心悦目之感。视频简历不要过于生硬、呆板，尤其适用于那些形象气质较佳、声音甜美动听、有一定文体才艺特长的学生。

(5)简历的其他分类。简历从形式方面，还可分为下列类型：

①完全表格式简历；②半文章式简历；③小册子式简历；④提要式简历；⑤时序式简历；⑥技能式简历；⑦创造型简历；⑧复合型简历；⑨履历型简历；⑩图谱性简历。

**4. 简历的基本内容**

(1)个人基本信息。包括姓名、性别、年龄、民族、籍贯、政治面貌、毕业学校、学历、专业、照片、身高、特长、爱好、联系方式等。

注：兴趣爱好与特长写强项(两到三项即可)，兴趣爱好与特长最好与应聘岗位高度正相关。

(2)求职意向。一个即可，最多两个。不同的求职意向要相近，不能相互矛盾，包括行业意向、职业意向、地域意向等。

(3)任职资格(关键词)摘要。应聘资格部分要简要介绍你的能力、经验以及与你的职业目标相关的优势，更多的人用3~5个关键性短语来充当任职资格摘要。

(4)职业技能。与应聘岗位相关的技能，包括外语水平、计算机水平、普通话水平、相关资格证书以及其他职业能力，如驾驶技术等。

（5）教育背景。包括主要学习经历、主要公共课、专业必修课、选修课、实习等。如果你在班级中排名前1/3、前1/4或前1/10，最好写出来。简历的最大优点在于能尽量展示你的优势，可以不提及你的不足或缺陷。

（6）工作经验（社会实践）。如兼职打工、实习见习、学生干部经历等。最好与应聘岗位高度正相关。如果你的工作经验最能吸引招聘人员，就把它写在教育背景的前面，要按照相反的时间顺序写，你最近的工作需要占较大的篇幅。求职者在介绍工作经验和社会实践时，很有必要提供以下信息：工作时间（年和月份）、每个单位的名称和地址、工作名称、结果和所取得的成就、工作职责和义务、运用的技能、形成的特殊能力。刚毕业的大学生专职经验很少，需要尽量列出你的兼职工作、暑假工作以及义务工作。在工作经验部分，可以包括服兵役的信息。要用数字来支持你的观点，比如组织利润的增长百分数。另外，用一个有代表性的例子来证明你所获得的成果，招聘者会更加相信你。

（7）自我评价。客观真实，高度凝练，不啰嗦。

简历主要内容的受单位重视程度一般以社会实践和实习、兼职情况，专业，毕业院校，英语水平、计算机水平、普通话水平，性格、爱好、特长的描述，年龄、相貌等个人基本情况，在校成绩，奖惩情况，出生地等为序。

### 5. 简历的基本要求

制作简历时，我们要先明白招聘单位的需求，凸显自己的优势，思考清楚为什么要选择我？我和其他竞争者有什么不同？我为什么比别人强？我能够为企业创造什么价值？理顺思路之后再进行简历的制作。

（1）基本要求

①个人基本信息写清楚。

②求职意向（目标）清晰可行。

③针对用人单位的特点和招聘岗位的需要制作简历。

④积极表现出自己的优点、专业特长。

⑤简洁有序。

⑥表述力求突出个性、避免平庸。

⑦用事实说话，用数据说话，少用或不用夸耀性的形容词。

⑧言辞诚恳，自信而不自大，适当自谦。

⑨篇幅最好控制在一张A4纸内。

⑩版面清秀，纸张干净，无错别字。

（2）具体要求

简历既要短小精悍，又要展现自己的优势。招聘单位会从哪些方面看简历呢，下面我们就来了解招聘单位的人力资源（以下简称HR）是如何看简历的。

①基本信息

HR第一眼看到的便是照片和年龄。因为根据职位以及公司年龄架构的不同，对求职者的年龄有一定的范围要求。例如管理类的职位，年纪太小、资历不够不会得到老员工的信服；网络公司或游戏公司等新兴行业则需要较为年轻的员工为公司注入新动力，为公司的业务创新带来活力。

照片的重要性也不容忽视。它是 HR 对求职者最直观的第一印象。一张衣着整齐、精神饱满的照片能为简历增色不少,而且阅人无数的 HR 大多有着看照片就能估摸出求职者的性格的能力。不过,除了部分对相貌有一定要求的工作,只要你的照片着装整洁,精神饱满,都不会有太大的问题。

②求职意向

这里被 HR 看重的就是薪资要求。用人部门都有着自己的预算,HR 是知道职位大致薪资范围的,如果其与求职者的薪资要求相差太远,那么就没必要面试了。先了解该行业的该职位的薪资水平,不宜太高也不宜太低,如果不想错过工作机会,建议要求当面谈薪资。

③工作经验

工作经验是简历的核心。一般来说,HR 只着重看最近的一份工作经验,如果其与所应聘的当前职位比较吻合而且时间较长,那么之前的工作经验就一扫而过了;如果最近的一份经验短且不是太吻合,那么会看之前的一份工作经验;如果最近一两份工作都不能抓住 HR 的眼光,那面试的机会基本就微乎其微了。对于 HR 这种注重最近工作经验的情况,求职者应当把最近一份工作的工作内容写得详细一点,不要只针对工作本身,业绩和成果更为重要。离现在越久远的工作内容就可以写得相对简短一点。

④教育经历

所谓的大公司只要本科以上学历的这种说法是基本没有依据。大公司录用高学历的人多,主要是公司名声好,吸引来的都是高学历的人,而学历不高的人很多都不敢投,即使投了,在众多强手竞争中也会被淹没。

其实,只要你工作经历符合,即使学历稍微差一点也有机会进大公司,公司看重的是能力而不是学历。因此,HR 一般不会太注重你的学历,倒是专业是受关注的焦点。比如设计研发的职位必须要对口的理工科专业,等等。有的时候专业不对口,简历其他部分都不用看就被淘汰了。

学历绝对不能编造,不过写起来也是有技巧的。如果是高中升全日制大学,则从高中写起;其余情况下都从大学写起较好。

⑤证书奖状

根据岗位性质要求有针对性地描写培训经历、证书、语言能力、IT 技能、奖状业及其他信息,在企业职位有要求的情况下,HR 才会留意(例如招日语翻译,会看下日语证书情况及求职者对自己语言能力的描述等),否则这些信息也基本不看的。

这里不应该盲目地"晒证书""晒奖状",而应该有选择性地写与该职位相关的证书、奖状等内容。

## (四) 推荐信

### 1. 什么是推荐信

推荐信是一个人为推荐另一个人去接受某个职位或参与某项工作而写的信件,是一种应用写作文体。信件作者应该熟悉被推荐人的技能以及有关性格特征,并且自身在推荐去的领域有一定知名度。

**2. 推荐信的注意事项**

(1) 合适的推荐人

在寻找推荐人时，首先要考虑自己意向要去的领域有一定知名度和影响力的人，其次要考虑推荐人对你的熟悉程度。一方面，在推荐信中通过举例论证展示自己的能力。推荐人对自己越熟悉，自然能够在信中用具体例子肯定你的能力，不仅全面有说服力，而且感情自然流露。另一方面，推荐人对自己熟悉，说明自己平时和推荐人交流得越多，所以能得到推荐人的认可。

(2) 礼貌地请求

推荐信是自己在寻求推荐人的帮助，推荐人是可以拒绝推荐请求的。推荐人写推荐信会占用一定的时间，在请求时应该附上合适的感谢词以表达你的感激之情。

(3) 留出宽裕的时间

尊重自己的推荐人，留给推荐人充足的写推荐信的时间，减少推荐人的负担，不能在需要推荐信的前一天才向推荐人提出请求。

(4) 提供详细的说明

对自己的推荐请求做出详细的说明，告之推荐人自己具体的推荐目标是什么，有什么特殊的要求，可以在推荐信里特别强调什么方面的能力。

(5) 提供邮票信封和邮件地址

尽可能减少推荐人的工作量，可以提前为推荐人提供写好了地址、张贴好邮票的信封，提供正确的邮件地址，让推荐人感到自己的温暖贴心。

(6) 温馨提醒推荐人

推荐人由于自己的工作事务繁忙，可能会没有及时写或者忘记了要写推荐信的事情，因此温馨的提醒是有必要的。我们可以用礼貌的方式进行提醒，如"张先生您好，再次感谢您帮我写推荐信，给您添麻烦了。"如果张先生确实还没有写，这个看似再次感谢的话语已经帮助他记起了自己曾答应的事情。

最后要记得表达感谢。推荐信完成并成功邮寄发送出去后，可以通过电话、邮件、贺卡的方式对推荐人表示感谢，表明你重视他们的付出，并表达自己的礼貌和感恩之情。

▶ **【推荐信范例】**

推荐信

尊敬的××：

　　您好！

　　我是×××单位的×××。得知我单位实习员工×××想要到贵公司工作，我感到非常高兴和无比欣慰。在我看来，这样一个上进的年轻人应该到更好的工作环境来激发他的创造力。因此，我很荣幸向贵公司强烈推荐这位优秀青年。

　　×××在我单位实习期间，于闲暇时间大量阅读、参考有关业务的书籍，虚心向其他老员工与技术人员请教。渐渐地，他开始在各项业务上熟悉起来。遇到难题，他仍然虚心与员工交流讨论直到找出解决方案为止。鉴于他在我单位实习期间的出色表现，我单位强烈推荐他去贵公司工作。

虽然从某种程度上来说，如此优秀的员工即将踏上其他工作之途是我单位的损失，但是考虑到他的前途，我依然毫不犹豫地支持他远赴贵公司。真诚期望贵公司能同样支持他，给他提供一个实现梦想的机会。谢谢。

×××单位：×××

年　月　日

## 二、求职心理问题及调适

当前，双向选择是我国人才供求双方选才和求职的主要方式，在这种大背景下，对于大学毕业生来说，其求职过程中充满了不确定的因素，总会遇到这样或那样的波折。在这个过程中，毕业生会出现焦虑、抑郁、不满、攀比、嫉妒等心理问题，这其实是大学生求职过程中存在的心理表现及心理障碍。

### (一)大学生求职常见的心理表现

#### 1.盲目求高心理

盲目求高心理指脱离客观实际，奢望高职厚禄的功利思想。随着社会生活和学习环境的不断改善和优化，大学生在成长过程中成为学校、老师、家长关注的中心，一些成绩优秀的大学生自然就成了被宠爱的对象。殊不知，过度的宠爱会让大学生滋生盲目清高的心理，设定过高的期望值。在选择就业单位时只考虑自己的就业理想，对用人单位要求十全十美。在这种心理的作用下，就可能出现高不成、低不就的情况，影响就业的稳定性。另外，盲目攀高还助长了大学生对失败的无能为力(见图3-1)。

图3-1　盲目求高心理常常使大学生错失良机

主要表现：对自身的评价过高，认为自己各方面条件不错，理所当然地应该到条件好、待遇高的大城市、大机关、大公司工作，而不愿到急需人才，但条件比较艰苦的边远基层工作。过分地考虑择业的区域、职位、地位和薪水，常常使自己错失良机。个别学生过高的就业期望值驱使其一厢情愿地对用人单位提出种种不切实际的要求，并扬言"非大城市不留""非好单位不去"。

### 2. 求稳心理

求稳心理，是指从职业的稳定性出发，追求工作职位的安稳、清闲、福利待遇好等等，不愿意选择有风险、有挑战性的职业，更不敢自己创业。求稳心理主要是由于求职一次到位的传统观念造成的，受家庭传统文化的影响。

主要表现：对全额财政保障的事业单位趋之若鹜，公务员考试热度始终不减，千军万马过独木桥的现象愈演愈烈。选择企业时也首先以企业的归属和大小而论，中央直属企业和全民国有制企业是首选，似乎不太在意对企业发展前景的分析，甚至全然不顾人职匹配的客观合理性。传统观念根深蒂固，力求安稳。

### 3. 从众心理

从众心理是指个人在社会群体的压力下放弃自己的意见，转变原来的态度，采取与大多数人一致的行为。从众心理反映出大学生缺乏独立意识，在求职过程中没有考虑自己的气质、性格、特长，没有对自己进行认真而综合的分析，至于要从事哪种职业，去哪里就业，则完全"随大流"。

主要表现：求职过程中对报名人数多的热门职位盲目追逐，选择就业城市时趋向大城市，非北京、上海、广州等一线大城市不去，缺乏对自身的认识，对前途很迷茫。碍于虚荣，盲目挤向"三资企业"、中央直属企业和全民国有制企业，不问自己的发展方向，只是看到了其他人都这样做；盲目地向着沿海大城市就业市场，没有回头考虑一下到底哪里留给自己的发展空间更大(见图3-2)。

图3-2 大学生常见的一些求职心理困惑

### 4. 依赖心理

依赖心理，是指在择业中缺乏独立意识和自主承担责任的意识。凡事依托外力和他人的帮助。尽管大学生已经成年，但是中国家长的过渡干涉导致大学生产生依赖心理。在工作岗位选择上，大学生比较在意父母的选择意愿，对于很多事情的决策是父母、亲朋好友觉得行就可以了，大学生本人没有自己的思想和原则。大学生一遇到挫折，就不知道该怎么样决策，存有浓重的依赖心理。

主要表现：一味地依赖学校或他人联系工作，或希望家长亲朋为其托关系、走后门，寻求职业。在择业时，不是凭自身思考来决断，而是向千里之外的家长寻求决策帮助，对职业左顾右盼，拿不定主意，依靠父母、师长之意，师兄、师姐之言进行取舍，以致贻误择业时机。只盯着眼前的"一亩三分地"守株待兔，不愿出远门，抓住就业机遇。

## （二）大学生求职常见的心理障碍

### 1. 恐慌与急躁心理

在面临择业这样的重大问题时，不少学生既希望谋求到理想的职业，又担心被用人单位拒之门外，唯恐自己在择业上的一时失误造成终身遗憾。因此，缺乏社会经验的大学生在求职中难免会产生恐慌心理，成天精神紧张，思虑过多，彻夜难眠。在应聘考查时，大学生往往会表现得反应迟钝、答非所问、手忙脚乱、无所适从，直接影响到用人单位对其的评价。另外，部分大学生在就业时显得过于急躁，整个就业期的情绪始终处于亢奋状态，不能宁静致远、深思熟虑，而是烦躁不安，整天心急如焚，四面出击，试图抢占先机。这样往往会造成以下后果：一是不明就里，盲目签约，一旦发现事与愿违或有更好的岗位，就追悔莫及，擅自违约，给自己带来麻烦；二是不辨真假，糊涂签约，以致受骗上当，带来人、财、物方面的损失。

### 2. 挫折与失败心理

不少毕业生在求职时只想成功，一旦遭受挫折就会像泄了气的皮球，一蹶不振，陷入苦闷、焦虑、失望的情绪之中不能自拔。除了部分学生出现攻击行为，还有些学生走向另一端，出现自甘堕落的行为。他们在受到挫折后往往过度自责、懊恼不已，认为自己实在是太没用，进而封闭自己，拒绝对外交往，或者选择用酗酒、抽烟、逃课等行为来麻痹自己，逃避现实。有的甚至会对未来产生恐惧和绝望的情绪，走向自杀。

### 3. 自卑与自大心理

毕业生在求职准备阶段踌躇满志，信心十足，对自己的期望很高，很想大展身手。但当自己在竞争激烈的就业市场中多次遭受到挫折后，心理落差太大，自尊心受挫，就失去了自信，产生自卑心理，容易全盘否定自己，从而从高期望转为过低估计自己，产生愧疚心理，感到自惭形秽。在面对新的用人单位时，由于丧失了信心和勇气，严重影响自己的发挥，从而影响了就业。另外，一些专业较好、就业资本较雄厚的大学生容易从自信变为自负，给自己过高的定位，导致不能顺利就业。

## （三）大学生求职心理的自我调适

人的心理活动总是处于"不平衡—平衡—新的不平衡—新的平衡"的螺旋式发展过程中，毕业生的心理活动也是如此。产生各种心理冲突是心理运动的必然结果，毕业生应当正确对待，既不要惊慌失措，更不要被动消极。人生的道路就是一个不断发现和变迁的过程，为了更好地适应环境，个体必须在各个方面不断地调节自己，提高自己，不断增强自己对环境的心理适应能力。在求职的过程中，提高自我调适的自觉性，做好择业的心理准备，才能以良好的心态面对择业。为了能更好地调节自己的求职心态，大学生们应该掌握几种常见方法适当发泄受挫后的痛苦和不满，舒缓不良情绪。

### 1. 积极认知法

认知是人们看待事物的方式，包括一个人的思想观点、对事务的思维方式、评价是非的标准、对人对事的基本信念等。积极健康的认知可以使个体的认识与客观事实相符，不歪曲事实。一般来说，消极情绪是由消极的思想决定的，当大学毕业生用否定的、悲观的思想看问题时，就会感到非常沮丧、失意与消沉。伊壁鲁曾经说过，人类不是被问题本身所困扰，而是被他们对问题的看法所困扰。对此，通过改变认知可以改变他们的消极情绪。可以注意到，生活中拥有积极健康认知的人总是在看到事物不利方面的同时，更能看到有利的方面，从而精神饱满，信心十足。持消极认知的人看到问题的不利方面更多些，强调困难更多些，而把这种不良情绪带到就业中，势必会影响就业的效果。要想拥有健康的认知，就应该正确认识自己、接受自己、维护自己、提高自己，并在此基础上形成积极正确的自我观念，摆正位置，扬长避短，不好高骛远，不给自己提出不现实的目标的同时，正确认识别人，经常进行换位思考，站在别人的立场上考虑问题，多想别人的长处和优点，避免产生认知偏差。

### 2. 主动宣泄法

（1）倾诉。宣泄法中的最佳方法是倾诉。对于就业与择业的压力，必须学会自我宣泄、自我释放、自我调节，学会辩证地看待问题，及时让郁积在心里的不快得到排遣，这是保证心理健康的一种有效方法。倾诉时，可以找一个值得信赖的人（父母、老师、朋友等）将心中的想法、内心的苦闷甚至是难以启齿的秘密统统讲出来，在与亲友的沟通中缓解精神压力。与此同时，来自家人、朋友的理解和关怀会成为一种情感上的支持，让人倍感欣慰，从而看到生活中的积极面，以积极的态度面对人生。

（2）运动。在压抑、郁闷等负面情绪增多时，可以通过跑步、做操、瑜伽、游泳等运动健身来渲泄。在运动中享受肢体动作的和谐美感，转移对不良情绪的过分关注。

（3）旅行。在感到就业压力大、焦虑、烦闷时，可以设计一个短途旅行，通过亲近自然，呼吸大自然的新鲜空气，欣赏大自然的山水风景，缓解压力。行走于自然美景中，感受世界万物生长，开拓眼界，豁达心胸。

### 3. 情绪放纵法

大学毕业生产生的心理问题，大多是紧张、焦虑等情绪造成的，而这都是由找不到适合自己工作的压力引起的。当紧张与焦虑对大学毕业生产生不良效应甚至影响其正常学习和生活时，可采用以下方法进行调适。

(1)调息放松法。调息放松法也称深呼吸放松法，此法的关键是将胸呼吸(由于紧张，使吸入的新鲜空气最多只到达胸部便被呼出)变成腹式慢呼吸(尽量向内更多地吸入空气，再轻轻地、慢慢地将气呼出)。此法可促进血液循环，让紧张心理得以缓解，降低个体对焦虑的易感度。

(2)想象放松法。想象放松是通过想象一些安宁、舒缓、愉悦的情景，达到身心放松的目的。此法要求尽量运用各种感官，观其形、听其声、嗅其味，恰如身临其境。运用此法一般应在饭后或睡前，先使身体或坐或卧，保持一种舒适的状态，然后集中注意力尽可能逼真地去想象一些舒适松弛的场景。

(3)肌肉放松法。肌肉放松是一种深度放松，此法的要点是先紧张后放松，在感受紧张之后再充分地体验放松的效果。从操作上来说，肌肉放松法一般是从头到脚，依次分别进行，如做面部整体放松，把眉毛往上拉，眼睛尽量睁大，嘴角尽量后拉，牙齿尽量咬紧，保持10秒钟，然后放松。保证每一部分的肌肉都能充分体会到紧张之后再放松的舒适感觉。

### 4. 注意力转移法

注意力转移法就是采取迂回的办法把自己的注意力、情感和精力转移到其他活动上去，使消极的情绪在蔓延之前就被一些因素所干扰，不再恶化，从而使情绪朝着良性方向发展。过于强烈的消极刺激都与当时的情境密切相关，只要善于观察对自己不利的情境，对于情绪的控制就变得相对容易。比如，当大学毕业生产生心理问题时，自己应先冷静下来，转移注意力，做一些自己感兴趣或是有待解决的事情，等平静之后再考虑就业的问题。注意力转移法的特点是能让矛盾暂时得到缓解，直到自己冷静后再做处理，这样不容易激化矛盾，有利于解决心理问题。

### 5. 补偿法

"人无完人"，个人在生活或心理上难免有某些缺陷。这时，我们要采取方法补偿这一缺陷，以减轻、消除心理上的困扰。这在心理学上称为补偿作用，一种补偿是以另一个目标来代替原来尝试失败的目标。如日本著名指挥家小泽征尔原是专攻钢琴的，他在手指受伤、十指的灵敏度受到影响后，一度十分苦恼。后来他毫不犹豫改学指挥，一举成名，从而摆脱了心理困境。另一种补偿是凭新的努力，以期某一弱点得到补救，转弱为强，实现原来的目标。希腊政治家德摩斯提尼因发音微弱和轻度口吃不能演讲，他下决心练习口才，把小卵石放在嘴里练习讲话，并面对海滨高声呼喊。最终，他的语言劣势得到补救，成为闻名的大演说家，他内心的紧张焦虑也就自然消除了。面对自身的某些弱点缺陷，我们不必唉声叹气，怨天尤人，积极的对策是另寻一条路，以真正走出心理困境，"失之东隅，收之桑榆"。

自我心理调适的方法还有很多，在此仅列举以上这些。最主要的还是要树立远大的理想，树立正确的人生观和价值观，同时注意培养良好的品质，磨炼坚强的意志，培养乐观的生活态度。只有这样，才能在就业择业的重要关头始终保持积极向上的精神状态和健康的心理，使自己的才能水平得到充分的发挥。大学毕业生应提高自我调适的自觉性，学习掌握自我调适的方法与技巧，不断完善自己的人格和心理状态，立足于自身的努力使自己以积极乐观的心态看待择业、看待人生，在广阔的人才市场中早日找到属于自己的位置。

# 三、职业核心能力

## （一）专业技能

### 1. 概念及分类

艺术类高职学生专业技能一般是指学生按照教学大纲和课程要求应该学会的基本理论知识和实践能力，是学生进入工作单位开展工作的知识基础和基本素养，是学生就业能力素质的最基本部分。

（1）专业技能概念

将专业理论知识综合运用于实践的能力。专业技能指专业化、专门性的技能，是指掌握和运用专门技术的能力，是大学生职业能力的核心，具体包括专业理论知识及相关知识的掌握，以及运用这些知识解决实际问题的技能。专业技能的核心是实践能力、操作能力。

（2）专业技能分类

专业技能主要分为三个层次：一是专业方面的一般技能，包括阅读、资料查阅、写作、社会调查、观察、运算、实验等方面。它是每个大学毕业生从事工作应具备的最基本技能。二是运用专业知识的技能，即用所学知识分析并解决生产实践中所遇到的问题，使科学技术从知识形态转化为生产力的现实形态，从而形成新的生产力的技能。三是一定的科学研究技能和创造技能运用科学研究的正确方法，加工客观信息，敏锐地捕捉和发现新的课题，通过创造性思维和创造性设想，不断解决问题，发现、发明和创造。

### 2. 艺术类学生专业技能要求

根据国家对艺术类学生的相关能力要求，结合我院对学生开展的能力素质课题研究成果，总结分析出不同的艺术类专业的专业技能要求有所不同。

（1）舞蹈表演专业的专业能力：具有一定的舞蹈表演能力，系统掌握舞蹈表演方面的基本理论和基础知识、舞蹈教育的基本规律，了解舞蹈表演发展的动向；具有较强的舞蹈综合素养、阅读一般性舞蹈艺术资料和简单口头传授的能力。

（2）音乐表演专业的专业能力：具有演唱相关音乐艺术作品的能力，具有一定的舞台表演能力,具有辨析不同时期各流派、风格、音乐作品的能力,具有把专业理论知识熟练运用于艺术实践当中的能力。

(3)传媒类的艺术毕业生专业能力:阅读一般性摄影摄像、节目制作技术和艺术资料的能力;计算机操作和应用能力;系统掌握摄影摄像技术方面、节目制作方面的基本理论和知识;具有影视后期编辑制作能力、静态图片拍摄和动态视频拍摄能力等专业能力。具体到各个不同的专业,这些专业能力的构成又有所不同。

(4)艺术设计类专业毕业生的专业能力:艺术设计专业必需的基本理论、基本知识和基本技能,熟悉艺术设计所需软件的基本操作,具有较全面的草图设计、构思、CAD制图、效果图制作、模型制作能力,熟悉艺术设计产业运作规则及艺术设计产品市场发展的趋势等。

## (二)通用技能

### 1. 通用技能概念

通用技能也被称为可雇佣性技能或软技能,指对于个人就业、人生发展、社区生活以及履行公民权利和义务等活动必备的能力,是独立于艺术类专业技能以外的基础技能、人际能力以及个人品质的集合体。

不同艺术专业学生的通用技能有所侧重。如舞蹈表演专业要求培养学生的沟通能力及团队协作精神,培养学生分析问题、解决问题的能力,培养学生的组织能力,培养学生勇于创新、敬业乐业的工作作风;而音乐剧表演专业对这一能力的要求是学生要拥护中国共产党的领导,热爱社会主义祖国,遵纪守法,爱岗敬业,诚实守信,团结协作,职业道德良好,务实勤奋,富有艺术开拓创新精神,善于博采众长,并通过自学不断获取本专业新的信息,心灵美好,体魄健壮,具有较高的艺术审美能力。传媒类艺术专业毕业生的社会能力包括沟通能力及团队协作精神;分析问题、解决问题的能力;组织能力;勇于创新、敬业乐业的工作作风。艺术设计类专业毕业生的社会能力主要有树立正确的世界观和人生观,树立社会主义法治观念;热爱本专业,具有良好的职业道德、敬业精神、实干精神、团结协作精神、创业精神及沟通能力;分析问题、解决问题的能力等。

### 2. 通用技能分类

通用技能一般包括表达沟通、人际交往、分析判断、问题解决、创新创造、团队合作、组织管理等方面。

(1)表达沟通

表达沟通能力即通过听、说、读、写等思维载体,利用演讲、会见、对话、讨论、信件等方式将个人思想、观点、意见或建议顺畅地用语言或文字准确、恰当地表达出来,促使对方理解自己的能力。人类社会离不开交际,而作为口语表达的说话是人类社会最直接、最便利、最频繁的交际形式,也是人们沟通思想、交流感情、传递信息的一种最基本、最常用的表达形式。要把话说得好、说得巧、话出人服、言到事成,并不是一件容易的事。作为艺术类专业学生,更需要掌握说话艺术的要求和规律,掌握一定的表达技巧,以使说出的话具有强烈的感染力和说服力。

(2)人际交往

人际交往指人们为了相互传递信息、交换意见、表达情感和需要，运用语言、行为等方式进行人际联系和人际接触的过程，即通常所说的人际关系。人际关系指人们在生产或生活活动过程中所建立的一种社会关系，人际交往能力指人们处理人际关系的活动能力与行为方式，包括与周围人群建立广泛联系和吸收、转化外界信息的能力，以及正确处理各种人际关系的能力。人际交往在个人的职业发展过程中起着非常重要的作用，艺术类专业学生培养良好的人际关系交往能力，不仅能使自己心情愉快，而且在自己需要帮助时也会得到别人的帮助，从而解决许多困难，使自己顺利地度过大学生活，更好地适应新的职业生活和促进职业的发展。

(3)分析判断

分析判断是为实现一定的目标或解决一定的问题而制定行动方案并优化选择的过程。一个独立处理问题的过程其实就是一个决策的过程。分析判断能力是指人对事物进行剖析、分辨、单独观察和研究的能力，分析判断能力较强的人，往往学术有专攻，技能有专长，在自己擅长的领域里有着独到的成就和见解，并进入常人所难以达到的境界。一个看似复杂的问题经过理性思维的梳理后，会变得简单化、规律化，从而轻松、顺畅地被解答出来，这就是分析判断能力的魅力。

(4)问题解决

问题解决指通过发现问题，对问题进行分析，最后运用一定的方法和技能化解矛盾，实现工作目标的过程。问题解决能力包括换位思考能力、总结能力、逆向思维能力、方案制定能力等。问题解决能力是指个体通过认知过程去面对和解决真实的、跨学科的问题情境的能力，且问题求解路径并不明显，所应用的内容范围或课程领域不仅仅局限于数学、科学或阅读中的单一主题领域。这些能力包括但不限于主动探索和研究的精神、反思能力、规划能力、组织与实践能力、科学技术能力、数学能力等。

(5)创新创造

创新创造指在前人发现或者发明的基础上，通过自身努力，创造性地提出新的发现、发明或者改进革新方案。创新创造是人们除旧布新、创造新事物的能力，包括发现问题、分析问题和解决问题以及在解决问题的过程中进一步发现问题，从而不断推动事物发展变化的能力。创新创造是人们根据一定的目标和任务，运用一切已知的条件，产生出新颖、有价值的想法，并将其转化为具体成果的行为模式。创新创造能力是指提出设想、解决问题的能力，是运用所有已知信息产生出某种新颖、独特、有社会或个人价值产品的能力。处于伟大变革时代的艺术类专业学生特别需要创新精神和创新能力，充分发挥自身潜能，培养自己的艺术创新能力。

(6)团队合作

团队是由两个或两个以上的成员组合而成，相互影响、相互依靠，以实现共同目标为目的，在心理、行动上形成协调统一的有机整体。团队合作能力是指一群人在完成共同任务的过程中所需要的各种能力的集合，这些能力包括但不限于承担责任的能力、分享的能力、领导能力、解决冲突的能力、组织与决定能力等。培养合作能力的基础是团队成员在心理上相互联系、利益互存、相互宽容，在生活上关心彼此，工作上相互协调。团队合作能力是现代企业发展壮大的重要力量，能提高企业凝聚力，增强竞争力，也是艺术类专业学生就业能力的重要组成部分。

（7）组织管理

组织管理能力是指在团队工作中，能充分调动、发挥每个团队成员的积极性、主动性，协调团队各个部门进行工作，迅速、高质量地完成预期目标的能力。组织管理能力包括确定目标、制订计划、组织实施、指挥决断、综合分析、反馈控制、协调配合、总结经验、提前预判等各方面的能力。组织管理能力强的人往往在工作上有主动性，对他人有吸引力，有发展潜力，有培养价值。艺术类专业学生在校期间可通过积极参加社团活动、担任社会职务、参加准职业实践等形式主动地锻炼和提高自己的组织管理能力，为毕业求职做好准备。

## （三）个人素质

### 1. 概念及分类

（1）概念

一般来说，艺术类专业学生能否顺利就业并取得成就，在很大程度上取决于本人的综合素质。素质一般指的是一个人的综合素质，即一个人知识积累、心理水平、个性品德、生活技能及工作能力等多方面的综合表现。

（2）分类

素质包括先天素质和后天素质，先天素质是通过父母遗传因素而获得的素质，主要包括感觉器官、神经系统和身体其他方面的一些生理特点；后天素质是通过环境影响和教育而获得的。因此，素质是在人的先天生理基础上，受后天的教育训练和社会环境的影响，通过自身的认识和社会实践逐步养成的比较稳定的身心发展的基本条件。

### 2. 影响职业发展的六大品质

从狭义上讲，个人素质特指一个人的基本品质与品行，如诚信、主动、自觉、自律等。个人的品质对其职业发展和为人处世有非常重要的影响，艺术类专业学生是一个特殊群体，学生年龄结构差异大，层次参差不齐，文化知识比较薄弱，思想单纯，是非观念、法制观念淡薄，行为欠规范，但可塑性大。因此在入职前要特别加强对以下六大个人品质的培养。

（1）诚信

诚信的基本含义就是守诺、履约、无欺。诚信是一切道德的基础和根本，是一个社会赖以生存和发展的基石，是社会主义社会调节个人与社会、个人与个人之间相互关系的基本道德规范，也是社会公德和职业道德的基本准则。诚信作为中华民族的传统美德，历史悠久，而且在历史发展中不断丰富着自己的底蕴和内涵。"诚"一般指个体的内心，指一种真实、诚恳的内心态度和内在品质。"信"指个人外在的言行以及处理与他人的关系时要遵守诺言，讲究信义。诚信是人与人和谐共处、互爱互助的基础，也是团队稳定和发展的基础。现代社会的诚信是建立在市场经济发展的基础之上的，是市场经济正常发展必需的社会伦理和道德规范，其基础是法律和契约。各个职业领域都要讲诚信，但表现最为突出的是商界的诚信观。大学生的诚信品质表现在学习、人际、求职等多个方面，是用人单位特别注重的个人品质。

（2）主动

一个人想要在职业生活中获得成功，就应该努力培养自己的主动意识，在工作中勇于承担责任，主动为自己设定工作目标，并不断改进工作方式和方法。主动是指个体不需要过度依赖外力的推动而行动，积极营造有利局面，使事情按照计划有序地进行。主动完成学习和工作上的任务表明人们能主动地设定目标，利用多种方式和渠道，依靠多次主动行为最终实现目标。人际交往上的主动则指人们与其他人交往中的主动性，包括主动与人交流，发表自己的观点，对别人的观点进行分析评说，最终使别人理解、接受自己的观点。完成任务的主动性和人际交往的主动性是不能完全分开的。在人际交往中，也要完成一定的目标；在完成目标的过程中，也有一定的人际交往。

（3）自律

自律指的是自我控制和自我调节的能力。自我控制不安定的情绪或者冲动，在压力面前保持清醒的头脑，以诚实赢得信任，并随时都清晰地明白自己的行为将影响他人。要自律，当然要有具体的要求。在配合现在正在实行的素质教育方面，我们要提高自身素质，树立自尊、自爱、自强的自律意识，对学校、班级和个人都要有强烈的责任感，并且能够正确处理日常学习生活中的人际关系和矛盾冲突。在学习方面，我们要独立，独立思考、独立解题、独立完成作业；自觉做好自己该做的事情，包括做好预习复习功课、上课专心听讲和按时完成作业。在行为方面，我们应该以《大学生日常行为规范》来规范自己的言行举止，做到文明礼貌、爱护公物。在外表方面，我们应该通过简单大方、干净整洁的衣着表现出学生朴素的本质。

（4）责任心

责任心是指个人对自己的义务和责任的自觉意识及积极履行的行为倾向。它意味着个人对待工作、家庭、自我、他人、社会乃至所有人类的负责态度和奉献精神，总是体现在人们的社会生活和工作行为中。责任心是一种重要的人格特质，是一个人对其所属群体的共同活动、行为规范以及他所承担责任和义务的自觉态度，是由责任认知、责任感、责任意志与责任行为四个因素有机结合而构成的一种个性品质。责任心强的人不但能积极主动地履行自己的职责，还能主动承担群体工作，遇到困难时能挺身而出，出现失误时不会推卸责任，处处维护团队利益。

（5）自信

自信是自我意识中重要的组成部分，是心理健康的一种表现，是学习、职业成功的有利心理条件。自信的人能根据自己的实际能力接受来自心理和社会的压力和挑战，并展现出沉着、冷静的心态。自信在社会学理论中被称为自我效能感，指个体对自身成功应对特定情境的能力的评价。积极的评价自我能力称之为自信，反之则称之为自卑。自信的人关注自己所拥有的知识技能能够做些什么，自卑的人关注自己不拥有什么和不能够做什么。自信是一种积极的心理暗示，个体对自己有正确的认识和评价，并在此基础上自知、自信、自尊、自爱，能悦纳自己，在自己心中有一个良好的自我形象，使自己充满信心和力量，表现出活泼、开朗、幽默、果断等特点。自信是大学生心理健康的重要标志之一，也是大学生成功就业必须具备的一项心理特质。

（6）勤奋

勤奋就是不辞辛劳、不知疲倦地做事，这种勤奋是自觉自愿的，不受外部力量驱使的。在中国传统道德中，勤劳勇敢是形成最早、普及最广、传播最久、最受欢迎的美德之一，有着永恒的意义。勤奋是一种人们对待学习、劳动的态度及其行为品质，反映了人们为了自身的生存和发展而努力学习、辛勤工作的精神状态，要求人们热爱劳动，不怕苦，不怕累，主动工作。现代社会物质财富空前丰富，人们的生活水平不断提高，大学生进入职业生涯后不能安于现状、贪图享受，而要积极进取、勤奋工作，为社会创造更多的物质财富和精神财富，提升单位效益的同时也为自己积累更多的财富。

### 思考与实践

1.大学生求职心理的自我调适方法有（　　　）。

A.补偿法　　　　B.主动宣泄法　　　　C.情绪放纵法　　　　D.积极认知法

2.大学生入职前要特别加强个人哪一种品质的修炼？（　　　）

A.勤奋　　　　B.自信　　　　C.主动　　　　D.自律

# 掌握面试技巧

青年人正处于学习的黄金时期，应该把学习作为首要任务，作为一种责任、一种精神追求、一种生活方式，树立梦想从学习开始、事业靠本领成就的观念，让勤奋学习成为青春远航的动力，让增长本领成为青春搏击的能量。

——2013年5月4日，习近平同各界优秀青年代表座谈时的讲话。

## 引导案例

一家大公司需要招聘办公室副主任，在各大媒体上发布了"高薪诚聘"的广告信息。一时间应聘者如云，有近百人报名参加初试，其中不乏研究生和许多有相关工作经验的人。

初试之后，又经过了三轮面试，最后确定由三人参加最后一轮面试。一个硕士毕业生、一个应届本科毕业生和另外一个有着五年相关工作经验的年轻人。

最后的面试由总经理亲自把关：跟三位应考者逐个进行交谈。面试的房子是临时腾出来的，设在人事部的一间小办公室里。等谈话要开始了，才发现室内恰好少了一把供应考者坐下来跟总经理交谈的椅子。办事人员正要到隔壁办公室去借一把椅子的，总经理挥手制止了他："别去了，就这样吧！"

第一位进来的是那位硕士生。总经理对他说的第一句话是："你好，请坐。"他看着自己周围，发现并没有椅子，充满笑意的脸上立即现出了些许茫然和尴尬。

"请坐下来谈。"总经理又微笑着对他说。他脸上的尴尬显得更浓了，有些不知所措，略作思索，他谦卑地笑着说："没关系，我就站着吧！"

接下来轮到一位年轻人，他环顾左右，发现并没有可供自己坐的椅子，也是一脸谦卑地笑："不用了，我就站着吧！"

总经理微笑着说："还是坐下来谈吧！"

年轻人很茫然，回头看了看身后，说："可是……"

总经理似乎恍然大悟，说："啊，请原谅我们工作上的疏忽。那好，您就委屈一下，我们站着谈吧！不用很久。"

几分钟后，一位应届毕业生进来了。总经理的第一句话仍然是："你好，请坐。"

大学生看看周围没有椅子，愣了一下，立即微笑着请示总经理："您好，我可以把外面的椅子搬一把进来吗？"

总经理脸上的笑容舒展开来，温和地说："为什么不可以？"

于是大学生就到外面搬来了一把椅子坐下来，和总经理有礼有节地完成了后面的谈话。

最后一轮面试结束后，总经理留用了这位应届的大学毕业生。总经理给的理由很简单：我们需要的是有思想、有主见的人，没有自己的思想和主见，一切的学识和经验都毫无价值。

事实也证明总经理的判断准确无误。仅仅半年之后，应届毕业生就做到了总经理助理的位置上，成为公司中最年轻的高层管理人员。

（资料来源：http://www.lizhigushi.com/lizhixiaogushi/a17364.html）

# 一、面试的艺术

当你调整好自己的面试风格准备参加面试时,无论是第一次还是第 N 次,都需要问问自己"我准备好了吗"? 对此,许多人会发出面试还需要准备的疑问,答案是肯定的,面试需要准备,准备,再准备。我们需要准备:通过关系拓展和信息访谈等方式对未来用人单位进行调研,以获取用人单位的基本信息;我们需要准备:向未来的用人单位证明自己能够胜任这个工作岗位,自己是这个岗位的最佳人选;我们需要再准备:如何激发自己的潜能,将自己的专长和用人单位的需求结合起来,面对用人单位的现状,如何帮用人单位出谋划策应对挑战,寻求和创设好的发展平台。

## (一) 面试是什么

面试是一种精心策划和组织的招聘活动,是用人单位面试考官与应考者之间进行双向交流的方式,可以在较短的时间内让用人单位和应考者之间相互了解和熟悉。通过面试,用人单位和应考者可以进行双向选择,做出是否聘用、是否应聘的决定。

面试是用人单位重要的选人、用人方法,通过现场面对面、线上(视频、电话)、书面的形式对应考者进行专业技能、工作能力、团队协作能力、心理素质和综合素养方面的考查。面试可通过特定场景和工作环境中的测评,为用人单位挑选合适的聘用人选。

## (二) 面试的特点

### 1. 综合性

面试是在一个有压力的环境中,重点考查应考者在这种环境中呈现出来的个人能力和综合素质,不特别强调以对应考者某一方面的能力考查为全部内容。在压力环境中,应考者的观察能力、分析问题能力、人际交往能力、临场应变能力、自我情绪控制和管理能力、团队协作意识、组织沟通能力等都是面试考官的考查范畴。

### 2. 启发性

面试考官与应考者之间进行谈话是面试过程中采用的一种手段。在面试过程中,用人单位的面试考官主要向应考者提出各种不同的问题,应考者围绕考官提出的问题进行有针对性的回答,也可以适时向考官提出自己的思考和疑问。在面试过程中,考官运用自己的感官,特别是视觉和听觉,观察应考者的反应,且适度把握问题的技巧,不仅能有针对性地了解应考者某方面的情况和素质,而且可以把控面试的进程,营造良好的面试心理氛围。为挖掘应考者的擅长之处,所提出的问题应具有启发性,开启应考者的思考之门,展示其才华。有应考者的回答脱离面试主题时,考官通过短暂的沉思或补充性的追问,为应考者提供一个"缓冲"，使其意识到自己的问题，以回归主题。

### 3. 互动性

面试中，面试考官与应考者基本处于一问一答的互动状态，考官可以通过观察和谈话来对应考者进行综合评价，应考者也可以通过考官的提问、表情、举止等各种表现来判断考官对自己面试表现的满意度，还可借此机会获取一些用人单位的相关信息和职位需求详情。

### 4. 主观性

面试考官现场提问的题目具有一定的主观性，这类题目通常没有确定的标准答案，考查的是应考者的临场发挥、临场应变能力和综合素质。应考者在回答问题的过程中，先不要着急回答问题，让自己思考一下考官的提问，如提这个问题是要了解什么，可以从面试前期了解到的用人单位选择人员的偏好入手进行研判后回答。考官在面试时的主观题评分过程中也具有较强的主观性，分数在一定范围内可以自由评定，可能会出现相同的问题但相似的回答分数有差距的情况，这是面试过程中考官在根据既定测评要素、测评标准进行标准化打分的过程中，难以避免地会受到主观性的影响。

### 5. 公正性

同一类用人单位面试采用大致相同的程序和规则，题目的风格也大同小异，在面试试题的结构、风格、难易程度方面会出现循环反复，这是为了保证面试的公平。以公务员考试为例，在面试环节，从下发面试通知、政审、抽签候考、入场面试、考官评分、公布成绩、考生退场，都是按照预先设定的流程进行，这对于每一个进入面试的应考者而言都是相同的，都是公平的，应考者可以提前按照面试流程进行准备、复习和实践演练。

### 6. 灵活性

用人单位的岗位需求不同，对应考者的要求也不同；应考者的教育工作背景不同，决定了面试过程中的内容不是固定不变的，是根据实际情况相对灵活变化的。一是面试内容因人而异，应考者教育背景、工作经历不同，则不能在面试过程中对同一内容进行提问和测试。如两位应考者同时应聘办公室主任助理岗位，一位有着三年的办公室工作经历，另一位是行政管理专业硕士研究生应届毕业生。在面试时，对有工作经历的应考者侧重于了解其几年的办公室工作的实践经验及对办公室工作的合理化建议有哪些，对应届毕业生则侧重了解他所具备的办公室工作能力，在校学习期期间的学习和社会实践情况。二是面试内容因工作岗位不同而不同。不同的工作岗位，工作内容、专业技能、职业资格、职责范围等都是不相同的，面试时需要针对岗位特征进行面试题目的选定。三是根据应考者的表现进行面试题目的调整。面试的题目通常都会预先拟定，在面试时供考官参考和使用。但这也不意味着考官需要完全根据拟定的题目进行到底，可以根据应考者的现场表现来调整问题，灵活设置问题，以挖掘应考者的潜能。

# 二、面试的方式

面试实操中存在多种不同的面试形式，较为典型和比较广泛使用的是结构化面试、无领导小组讨论面试、情景模拟面试、演讲法面试。不同的用人单位会根据自身的招聘需求选用面试形式，不是所有的用人单位都会固定选用其中一种，比如这次选用结构化面试，下次采用无领导小组讨论面试，还有的用人单位会选用这四种典型的面试形式之外的其他形式。应考者为提高面试的成功率，不应停留在某种面试形式的学习研究中，而应结合自身的知识累积和能力水平，对典型的面试形式有一定程度上的熟悉和了解，有能力的还可以多了解一些除此之外的面试形式，做好充分准备，提高自己的临场发挥水平，保证顺利通过面试。

## (一) 结构化面试

结构化面试是指针对要测评的内容进行精心设计，遵循固定的程序，系统全面地列好拟提问题的清单(采用专门的题库、评价标准和评价方法)，面试时严格按照事先准备好的问题提问，并根据应考者与考官之间的问答适当性地进行评价，评价应考者是否符合设定招聘岗位的要求。简单地说就是测评要素、面试试题、实施程序、评分标准、考官组成等都事先进行规范性设计的一种面试测评方法。公务员录用考试、公开选拔党政领导干部面试、竞争上岗等都把结构化面试作为一种主要面试方法。

### 1. 结构化面试的系统结构性

结构化面试从形式到内容都突出了系统结构的特点，以确保这种面试方法的有效、公平、客观、科学。结构化面试对报考相同职位的考生测试相同的面试题目是其中的一项主要要求，其系统结构性主要表现以下几方面。

(1)考官组成的结构化

结构化面试的考官不是随意的，而是依据选人岗位的需要按专业、职务以及年龄、性别以一定比例科学配置的(一般为 5~7 名)，其中主考官一名，一般由主考官负责向考生提问并把握整个面试的总过程。

(2)测评要素的结构化

首先，根据测试前所做的工作来分析确定测什么、用什么题目来测试，并按一定的顺序及不同分值比重进行结构设计。其次，在测评要素下面明确测评要点(观察要点)。最后，在测评要点下面形成测试题目，每个测试题目都有出题思路或答题参考要点，为考官评分时提供参考依据。

(3)测评标准的结构化

测评标准的结构化表现在要素评分的权重系数的结构层级上，每一测评要素内的评分等级有对应结构(通常在评分表中分为优、良、中、差四个等级)，应考者最后的面试成绩经过科学方法统计后得出(考官评分去掉要素评分中的最高分和最低分,剩余的分数进行算术平均分的计算,再根据权重合成总分)。同时,为保证测评的公平、公正,也作为对考官评分科学性的评估以及对考官打分公正性的监督,可以设标准分一项,看每一位考官打分与标准分的离散度。

(4)面试程序及时间安排的结构化

结构化面试是严格遵循规定的程序(考官的选定、考场的选择、监督机制、计分程序的设立等)进行的,一般每个考生的面试时间在30分钟左右。

从近年的面试实践经验来看,结构化面试具有内容确定、程序严谨、评分统一、形式灵活等特点,其测评的效度、信度较高,比较适合规模较大,组织、规范性较强的录用、选拔考试,成为目前录用面试的常用基本方法。

**2.结构化面试的组织实施程序**

结构化面试的组织实施程序有四个环节,分别是建立考官、考务及监督队伍,命制试题,选择和布置面试考场,进行面试具体操作。

结构化面试一般由5~7名考官组成,从性别、年龄、专业结构、职务进行适当搭配,并选定其中1名为主考官。为保证结构化面试的公正、公平,根据面试的实际需要一般选择2名监督员(由纪检监察或公证部门同事担任),全程参与和监督整个面试过程。结构化面试根据工作量大小,还要配备一定数量的记分员、监考人员等考务工作人员。

结构化面试命题前,会对选人用人岗位做深入分析,重点明确该岗位(职位)需要什么样的素质,怎样通过结构化面试考评出这一素质,同时还会一同制订出《结构化面试评分表》《测评要素操作定义或观察要点》《结构化面试成绩汇总表》等。

**3.结构化面试的操作流程**

(1)对参加面试的应考者宣讲本次面试的计划安排、注意事项和考场纪律。

(2)以抽签的方式确定应考者的面试顺序。

(3)面试开始,由监考人员或考务人员依次指引应考者进入考场,并通知下一名候考人准备面试。

(4)按事先的分工情况,由主考官或其他考官依据面试题本向应考者提问,考官根据应考者的答题情况进行评分、登记和公布成绩。

▷【范例】

### 你对要报考的单位有什么了解吗? 是通过什么渠道知道的?

此题所测的要素为语言表达能力,并为深入了解被试人的求职动机、工作能力等信息,题型是背景性题目。这类题目的目的一是让被试人心理放松,能够自然进入面试情境;二是作为面试的最初探查,了解被试人是否有备而来;三是收集话题,为深入面试提供引导;四是核实被试人的某些背景信息。被试人回答言语清晰、流畅,表达内容层次分明,富有逻辑性,可评为上等;被试人回答言语通顺,表达内容条理基本分明,评为中等;被试人回答结巴,言语表达不清、累赘,表达内容没有条理,缺乏逻辑性,评为下等。

（资料来源：https://wenku.baidu.com/view/382ea41e9a6648d7c1c708a1284ac850ac020428.html）

## （二）无领导小组讨论面试

无领导小组讨论面试是经常使用的一种测评技术，采用情景模拟的方式对应考者进行集体面试的一种方式。无领导小组由一定数量的应考者组成一个临时工作小组（一般为6~9人），在规定的时间内（一般为1个小时），讨论给定的问题并做出决策。临时工作小组不指定谁是具体负责人，不指定应考者的座位，让小组的人自行组织安排，评价者在旁边进行认真仔细的观察，观测应考者的组织能力、表达能力、沟通能力、协调能力、辩驳能力、合作能力等，观察谁会在小组讨论中脱颖而出，表现出众，达到拟聘任岗位的能力要求，对应考者小组讨论中的差异化表现进行综合评价。

### 1. 无领导小组讨论面试的阶段

无领导小组讨论面试按易于讨论的方式进行布置，一般采用圆桌会议的方式，面试考官席设在考场四边（也可集中于一边，以方便观察的角度为宜）。该面试方式分为三个阶段。第一个阶段：应考者了解试题，独立思考，列出发言提纲（时间5~10分钟）。第二个阶段：应考者依顺序阐述自己的思考观点（每人约5分钟）。第三个阶段：应考者相互辩论，继续阐明自己的观点，也可对别人的观点提出不同的意见建议，最终形成小组的讨论意见。面试考官不参与讨论或给予任何形式的诱导，只在旁观察并依据评分标准为每位应考者打分。

### 2. 无领导小组讨论面试的特点

无领导小组讨论面试对测试题目和考官的要求较高，而且在无领导小组讨论过程中应考者容易受其他应考者的影响。但同时无领导小组讨论给了每位应考者平等表现和发挥的机会，能在较短的时间内展示每个人的个体差异，对同一工作岗位的表现。在同一水平面进行横向对比，直观地观测到应考者之间的相互影响，个人综合素质的高低。

### 3. 无领导小组讨论面试的功能

（1）区分功能。能在一定程度上区分出应考者的个人能力和综合素质的相对差异，能检测出笔试和单一面试法所不能检测出的能力或者素质。

（2）评定功能。能在一定程度上评价、鉴别应考者某些方面的能力、素质和水平是否达到了岗位要求规定的某一标准，依据应考者的行为、言论来对其进行更加全面、合理的评价。

（3）预测功能。能使应考者在相对无意中显示自己各个方面的优势，在一定程度上预测应考者的能力倾向和发展潜力，预测应考者在未来岗位上的表现、成功的可能性和取得的成就。

### 4. 无领导小组讨论试题的类型

无领导小组讨论面试的试题多种多样，从形式上可以分为以下六种。

（1）开放式问题

这类问题主要考查应考者的思路是否清晰，逻辑思维能力是否强，考虑问题时是否全面、客观、冷静，是否有新的见解和观点。该问题的答案很广泛，不聚焦，不容易引起应考者之间的辩论，但能考查的应考者的能力素质也较为有限。如单位中什么样的领导是你喜欢和所想成为的好领导？对于这个问题的回答，应考者可以从领导者应具备的个人能力、个人品质、人格魅力、组织协调能力、做事魄力、亲和力、管理能力等多个维度进行回答。这类问题容易出，也容易回答，从哪个角度回答都是可以的，不太容易引起应考者之间的争论，难以对应考者的综合能力素质进行测评。

（2）两难问题

两难问题是让应考者在两种互有利弊的答案中进行选择，主要考查应考者的语言表达能力、分析能力、说服能力等。如你会选择一位以工作为取向的领导，还是会选择一位以人为取向的领导，简单明了却可以引发充分的讨论。这类问题在编制过程中容易操作，也利于考官对应考者进行综合评价。两种备选答案都具有同等程度利弊的两难问题，选择性优势不明显，不存在其中一个答案比另一个答案更有优势的情况。

（3）多项选择问题

多项选择问题是让应考者在多种备选答案中选择比较有效的几种或对备选选项的重要性进行排序。这类问题主要考查应考者分析问题、抓住问题本质等各方面的能力。如列出七位代表提出的需要为百姓办的实事，选出其中三件认为最重要的上报市长，并请陈述选择他的理由：

①某教授提出延长供暖时间。

②某代表提出上班时间交通拥挤。

③某研究机构研究员提出支持科技创新的重要性，为科技项目提供贴息贷款。

④某街道办主任提出在小区设信息板，防止广告等乱贴。

⑤文史馆参事提出救护和维修1909年修建的大马路。

⑥高校校长提出为大学生提供各种就业信息，支持其到西部地区锻炼。

⑦建设文化广场。

此类型的题目对于评价者来说，出题比较具有难度，但可以较好地考查应考者各个方面的能力。

（4）操作性问题

为应考者提供材料、工具或者道具，让他们利用所给的材料、工具和道具制造出一个或一些考官指定的物体来。在这种情况下，主要考查应考者的动手能力、合作能力、专业技能，以及在一项实际操作任务中所充当的角色特点。这类问题考查考生的操作行为比其他类型的问题要多一些，偏向于情景模拟，相对于应考者语言方面的能力考查得较少。设置此类问题，需要事前准备好操作需要的所有材料。

（5）资源争夺问题

资源争夺问题适用于指定角色（将小组分配成若干平等角色）的无领导小组讨论，是让处于同等地位的应考者就有限的资源进行分配，从中考查应考者的语言表达能力、归纳和总结能力、发言的主动性和反应的敏捷性等。如让应考者担当各个分部门的经理并就一定数量的资金进行分配。因为要想获得更多的资源，自己必须有理有据，必须能说服他人，所以此类问题能引发考生的充分辩论，也有利于考官对考生的评价，只是对试题的要求较高。

(6)材料分析问题

应考者对给定材料进行分析，要求归纳要点、分析原因，或者给出对策。这类问题主要考查应考者的分析能力、语言表达能力、应变能力等。

材料一：继"番茄花园事件"后，微软又行动了！这次针对软件个人最终用户，引起一片惊恐。微软自20日起投放新一轮正版增值计划。如果WindowsXP用户没有通过正版验证，将被每小时"黑屏"一次，并在屏幕右下方出现一个永久通知和持续提醒的对话框；如果Office用户没有通过正版验证，30天后将被添加"不是正版"标记。微软称此举"只是为了帮助用户识别自己电脑中的软件是不是正版"，是"善意的提醒"。

材料二：有专家说，微软维权手段涉嫌"私刑"，太过霸道。有律师认定微软"构成破坏计算机信息系统罪和非法侵入计算机信息系统罪""要求公安部展开侦查并追究微软公司的刑事责任"，也有网友认为黑屏其实就是一系黑客行动！

材料三：10月20日起，微软在中国启动提醒、警告、黑屏等较之以前更加严厉的反盗版措施，如果你使用了盗版软件，你的电脑每隔一小时就会自动"黑屏"一次。此消息一公布，立即引起了网民的极大关注。网民还将讨论引向深入：国产软件应该提高竞争力，艰辛的反盗版之路有无治本良策……

材料四：使用盗版软件本身是违法的，微软在采取黑屏之前对电脑用户进行了选择和确认程序，尽到了告知义务。

答题要求：请每个人针对以上材料发表自己的观点，每人3分钟；小组进行讨论，给出支持此观点的三条理由，并按重要性排序；最后由一名代表总结，时间共计60分钟。

**5. 无领导小组讨论的评分标准**

(1)应考者是否主动发言，参与有效发言的次数。说的多却没有有效发言，分数不会高；说的少但有效发言多，分数高；不说话则分数会很低，甚至没有分数。

(2)应考者是否具有调解争议、缓解紧张的气氛，让不发言的人也发表自己意见的能力，是否具有说服别人，让大家达成一致意见的能力。

(3)应考者是否具有自己独特新颖的观点，在大家基本已经形成一致意见时敢于发表不同的观点。

(4)应考者是否相互尊重，注重倾听别人的意见和观点。

(5)应考者是否反应灵敏。有的应考者所讲述的观点不一定是恰当的，但在讨论过程中所表现出来的组织、协调、应变等能力是考官所在意的。应考者在这个过程中，是否主动记录他人的观点意见，是否主动参与到讨论的过程中，对别人所发表观点意见的赞扬和肯定与否，能否打破讨论陷入僵局的尴尬，等等，都是考官的评分点。无领导小组讨论面试不重对错，重分析与决策能力；不重经验，重在对知识框架的应用；不重传授，重考生与考生之间的互动；不重强弱，重团队间的合作意识；不重年龄，重管理潜质的探寻。

(6)应考者是否具有分析、概括不同意见和总结的能力。可以对别人发表的意见观点进行概括总结，而不是简单的"我同意这个观点"。

## 【范例】

题目：现在发生了海难，但是直升飞机每次只能够救一个人。游艇已坏，不停漏水。寒冷的冬天，刺骨的海水。

游客情况：

1. 将军，男，69岁，身经百战；

2. 外科医生，女，41岁，医术高明，医德高尚；

3. 大学生，男，19岁，家境贫寒，参加国际奥数获奖；

4. 大学教授，50岁，正主持一个科学领域的研究项目；

5. 运动员，女，23岁，奥运会金牌获得者；

6. 经理人，35岁，擅长管理，曾将一大型企业扭亏为盈；

7. 小学校长，男，53岁，劳动模范，五一劳动奖章获得者；

8. 中学教师，女，47岁，桃李满天下，教学经验丰富。

请将这八名游客按照营救的先后顺序排序。(3分钟的阅题时间，1分钟的自我观点陈述时间，15分钟的小组讨论时间，1分钟的总结陈词时间)

在考官提示还有1分钟的时候，组员A只决定先救大学教授、经理人、校长和中学教师，同时肯定地让运动员垫后，而对医生、大学生、将军始终难以抉择。在最后的收官阶段，组员A脑海中的概念还是比较模糊。因此当组员B询问有谁想先讲的时候，A犹豫了。机会落在了C身上，C在第一次的小组讨论中就展现出非凡的实力和经验，在这样的情况下，C很好地抓住了表现的机会。

排序需要标准，C的标准有两个：一是对社会的贡献，二是自救能力。在这样的标准下，教授、大学生、教师等排得较前。当A听完C的陈述之后就觉得，这样的排序跟自己的答案有许多相似的地方，而前两个标准，也是不谋而合。因此，为了表示和C的不同，A加上了年龄以及性别的第三个衡量标准。但A自我感觉在陈述的时候十分紧张，排序是排出来了，理由也稍微有点到位，但无法较好地表现展示其姿态。

D的结论几乎跟A、C相反，大学生排在最前，运动员第三，教师最后。当然，D也有自己的标准，也是对社会的贡献。可见，标准相同的时候，由于细节方面的不同，结论也会大相径庭。

以下是该小组大概的讨论过程：C一开始就提出利用前3分钟进行标准的重新确定，这是最重要的，而且也是必需的。在订立标准的时候，其实难度不算大，基于问题背景，"对社会的贡献"是A、C的首选，而"自救能力"也毫无意外紧跟在后面，最后考虑的是年龄以及性别等因素。E提出可以将里面的人进行分类。这也是接下来应该做的步骤。他们讨论的结果如下：教授和大学生属于"科技类"，经理人归入"经济类"，医生当属"医学类"，而"教育类"的则有校长、教师。最后，将军和运动员并入"无人认领领域"，当作例外进行考虑。在对社会的贡献的大前提下，再将分类结果进行排序：科技、经济、教育、医学例外。(原因阐述：科学技术是第一生产力；经济基础决定上层建筑，发展才是硬道理；建国军民，教育为先，国家要发展，还靠新一代；医学例外屈后)科技类：教授和大学生。教授先救，原因：(1)他老(讨论中忘记提及年龄)；(2)他正主持一个研究项目(也许是解决全球变暖的严峻问题)，对人类有较大贡献。大学生虽有潜力，但他正值壮年，自救能力应该较强。经济类：经理人。无人相争，毫无意外地当选。教育类：先救女教师再救男校长。原因：优秀的教师对教育的良性促进作用来得更直接些，况且是女教师，应当先救。医学类：就救医生。例外：将军，运动员。因为拿过奥运金牌的年轻运动员身体素质应该会比正常人强，生存能力和自救能力方面都会比已经69岁的将军更有优势，因此运动员最后才救。综上，排序为大学教授、大学生、经理人、中学教师、小学校长、外科医生、将军、运动员。

在小组讨论中，由于人数少，而且都比较熟悉，在讨论过程中跟第一次的讨论一样无重大分歧，很和谐地解决问题并得出答案。在标准的订立方面比较清晰而且迅速，因此在得出结论并反复检查之后，提前5分钟完成了任务。

从以上的答案小组发现了一个问题：69岁的将军，居然放在了倒数第二的位置，在伦理方面是不合逻辑的。你说他身经百战，自救能力应该比较高似乎有些牵强，毕竟已是69岁高龄。对社会的贡献方面，你是考察他过去的贡献，还是现在抑或将来可能作出的贡献？因此，把将军放在第七位，纯属无奈之举。如果把他放在最前面，又不符合第一标准，难以自圆其说。同时也出现了一些毛病，譬如之前所说的年龄以及性别的标准，在讨论过程中几乎没有被再次提及，而对社会的贡献这个最重要的标准似乎也没能够让面试官印象深刻。

由于小组提前得出结论，都分别做了总结陈词。在这个过程中出现了一些必须解决的问题：(1)总结的时候，由于紧张或者是对讨论资料的不够熟悉，在总结的时候死死盯着材料照念，动作机械，缺少与面试官的眼神交流。这一点较为致命。(2)词汇单调，总结不出彩。一个劲地"然后，然后，最后"，说者心虚，闻者心烦。(3)陈述或者总结的时候只强调自己的观点，忽略了他人的一些合理意见。当已经不再坚持自己观点的时候，没有用较好的语言进行过渡，让人觉得转变太快，直接毫无原则地同意他人。

**结论：**

1. 小组讨论没有固定答案，考官主要是要考查小组在讨论时所展现的思维方式、应变能力、沟通能力等各方面的素质。因此，在讨论前，事先必须知道目标公司是什么类型的单位，有怎样的文化(我们在接到题目时一起问考官这是什么单位，可以看出单位的文化对讨论时标准的确定有较大的影响)。陈述观点时要给出相应的理由，有根有据。

2. 陈述观点时，如果害怕自己的观点被人讲完自己没话说，那就争取第一个讲，有意识地训练脱稿表现的能力。可以偶尔看稿，但要有眼神交流，总结时必须提醒自己注意这一点。如果没办法第一陈述，则需要仔细聆听，记下他人一些较合理的观点以示尊重，并在自己陈述时有意识地提及(最好不要照搬别人的原话，虽是旧酒，但用新瓶)。

3. 讨论的结果可能出现跟你之前的观点完全不同的情况。一味追求不同、逆众人观点的做法，有些单位也许会比较欣赏，但一般来讲，固执地坚持己见对自己是无益的。当你决定追随大队的时候，你又不可以让面试官觉得你特像墙头草，而需要用一些过渡性句子巧妙地与别人的观点连接起来，借此说明你是在衡量了自己和别人的观点，经过缜密的思考之后才舍弃自己观点的。

4. 可以自己写个模板，在总结的时候用上。

下面再根据刚才的题目所做出的结论，重新进行一次总结陈词：

考官您好(面带微笑)，下面将由我代表我们的组员，向您陈述我们小组的最终意见。

在讨论之后，我们的排序依次是大学教授、大学生、经理人、中学教师、小学校长、外科医生、将军，最后是运动员。根据您给的时间，我们进行了以下的安排：4分钟的标准订立，10分钟的分类讨论，最后是1分钟的确定答案。在标准订立方面，小组成员的意见中没有太大的分歧，我们将"对社会的贡献程度"作为最重要的标准。生命无轻重之分，能够对营救次序起决定作用的，是被救人员可以提供给整个社会的贡献有多少。仅仅确定这个标准是不全面的，因此我们还考虑了被救人员的自救能力，其自救能力的高低，对营救次序的决定也起着关键的作用。根据所给的资料，我们在最后也把年龄以及性别归为考虑的因素，以求合理。

标准订立之后，我们有10分钟的分类讨论时间。我们先把八名游客大致地分成五类，分别是科技、经济、教育、医学、例外。基于上述的标准，我们把科技放在第一位，因为"科学技术是第一生产力"。从宏观上讲，发展先进的科技有助于我们发展经济、教育等社会的各个方面。随后是经济，经济基础决定上层建筑，搞好经济方能发展社会；接着是教育，国家要发展，还需要培养新一代的接班人；第四位是医学，提高医学水平有助于促进社会和谐发展；最后，我们把不能明显分成一类的归在例外部分。

在分类解决之后，我们根据所给的人物进行排序。科技类里面有教授和大学生。我们选择先救教授，第一是他正主持一个科学研究项目，对人类有较大贡献，第二是他的年纪比较大，自救能力相对较差；而大学生虽有潜力，但他正值壮年，自救能力应该较强。经济类只有经理人，他擅长管理而且有成功的经验，这是我们社会经济发展所需要的人才。教育方面，有小学校长和中学教师，必须先救女教师，因为优秀的教师比校长对教育有着更为直接的良性促进作用，况且中学教师是女性，自救能力较差，应当先救。由于医生属于医学类，在我们的大标准下，她是第六个被救的人。最后还剩下将军和运动员。将军年老，而拿过奥运会金牌的运动员在身体素质方面具有较明显的优势，自救能力强，因此将军第七，运动员第八。

最后，我再次重复我们的排序，依次是大学教授、大学生、经理人、中学教师、小学校长、外科医生、将军，最后是运动员。以上就是我们小组分析之后得出的结论，谢谢。

（资料来源：https://wenku.baidu.com/view/7e2cd001192e45361066f52a.html，有删减）

## （三）情景模拟面试

情景模拟面试是设置一定的模拟环境，要求应考者在"真实"环境中扮演某一角色，处理各种事务及各种问题和矛盾。考官通过对应考者在环境中所表现出来的行为进行观察和记录，以测评其素质潜能，评判其是否具备工作岗位所要求的能力。

### 1.情景模拟面试的特点

（1）针对性

情景模拟面试设置的环境是模拟招聘岗位或与其相近岗位的环境，测试内容是拟招岗位的一项具体工作，整个的面试具有较强的针对性。如单位计划召开一个全国性的会议，但财政部门认为费用超标，领导让你去沟通，想办法让方案通过，你应该如何沟通？（假如主考官就是财务审批负责人)上述模拟测试是根据单位实际工作开展中遇到的现实问题设计的。回答这类问题时,先简要阐述方案的意义并表明自己的态度进行铺垫,然后说明此次会议的重要性,表明单位充分尊重财务审批负责人的意见。答题时不能太过于世俗化,避免出现"请您帮忙通融,改天再感谢"的回答(有找关系、走后门的嫌疑),引起考官的误解和反感。

(2)直接性

情景模拟面试测试的内容与拟招聘岗位工作有直接关系,应考者的工作状态一目了然,可以让考官直接观察应考者的处理工作情况,将应考者的基本素质和基本能力直接展示在考官面前。如酒店招聘茶艺师,要求应考者现场进行茶艺表演并向顾客介绍所提供的茶。

(3)真实性

情景模拟面试测试的真实性表现为应考者在测试中所有的行为,从说、做到写的不同阶段,与拟任工作岗位的业务有直接联系,还原了一个真实的工作场景,在手段多样的测试中,应考者的回答自由度高、伸缩性强,是一个可以灵活自主甚至即兴发挥的广阔天地。

(4)可信性

情景模拟面试的测试接近真实的工作状态,考查的是应考者在实际工作中分析问题和解决问题的能力,是否具有胜任拟招聘岗位的能力,而且应考者在这个过程中呈现出的真实状态,相比起笔试和其他形式的面试,可信度更高。

## 2. 情景模拟面试的优势

情景模拟面试的特点决定了它在选人、用人中发挥着较大作用,和其他面试形式相比,有着其他面试形式不具有的优势。

为考查应考者的业务能力提供依据。情景模拟面试的内容和方式,都与拟招聘工作岗位的实际工作相接近,考查应考者业务能力方面的真实水平。如某电视台在招聘编辑、记者时,在模拟测试时设置了采访提问、采访笔录、新闻综述、工作通讯写作等几个环节,综合考查了应考者的新闻敏感性、采访能力和写作能力,为较为全面地了解应考者的业务能力和综合素质提供了可靠依据。

避免了应考者的低分高能。模拟测试的题目和标准是根据实际工作要求制定的,考官一般为该领域的专家骨干。这些为有着丰富的实践经验、实战能力强、可以胜任拟招聘工作岗位工作的应考者提供了展示的平台,避免了一些不是"考试型"但实际操作能力强的应考者因为笔试成绩低而不能进入录用队伍,给需要招聘实际操作能力强的用人单位解决实际问题,应考者被录用后即能投入工作,产生工作效益。

为用人单位安排具体岗位提供依据。大量的实践表明,应考者在情景模拟面试中体现的个体能力差异,与他们的实际工作能力关联度很高。模拟测试中的成绩和表现给用人单位安排录用人员的具体工作岗位提供了参考依据。用人单位结合模拟测试的表现成绩安排的工作岗位,尽可能地发挥了通过情景模拟面试被录用的应考者的专长,避免了他们的短板和弱项,为他们快速成长为用人单位的业务骨干铺平了道路。

## 3. 情景模拟面试的方式

(1)通用文件处理的模拟

通用文件处理可以作为通用情景模拟面试的一种方式,是根据日常的文件处理内容编制15~20个待处理文件(会议通知、请示或批复、电话记录、备忘录等),让应考者以指定的角色对文件进行相关处理,并在2~3个小时内处理完毕。

待处理文件的编制可分为三类:第一类是便于对应考者处理结果的有效性进行评价的文件。这类文件工作中已有结论,需要在文书档案调查的基础上对某些文件略作加工提炼。第二类是便于评价应考者是否善于提出问题,获取有关信息能力的文件。提供某些条件和信息尚不完全的文件,处理起来有一定的难度,这可以较好地考查应考者观察力的细致性和深刻性,思维力的敏感性、逻辑性和周密性。第三类是便于评价应考者在综合分析能力基础上的决策能力的文件。这类文件处理的条件已具备,要求应考者在综合分析文件存在问题的基础上作出决策,这类文件有难有易,应考者在处理过程中可以和其他人拉开差距。

(2)工作活动的模拟

工作活动的模拟一般分为上下级对话和布置工作的形式。在上下级对话形式中,模拟接待基层工作人员的情景,由应考者扮演上级,考官扮演下级,或向上级领导汇报和请示工作。在测试中,通常是按照由其中一名考官与应考者对话,其他考官观察打分的方式进行。在正式进行测试前,要让应考者阅读有关材料,了解角色的背景和要求。在布置工作的测试中,要求应考者在阅读一份上级文件或会议纪要后,以指定的身份结合部门实际对工作进行分工布置和安排。这个测试中,考官一般为招考部门的领导或负责人,测试过程中可向应考者提问以对其进行深入的了解和整体测评。

(3)现场作业法

给应考者提供一定的数据和资料,在规定的时间内,要求应考者编制计划、设计图表、起草公文和计算结果等。目前,被普遍应用的计算机操作、账目整理文件筐作业都属于此类面试形式。

(4)角色扮演法

正式进入模拟测试前,给应考者提供一定的背景材料,进行情况和扮演角色的说明,模拟时要求应考者以角色身份完成主持会议、汇报工作和接待来访等一定的活动和任务。

(5)模拟会议法

将应考者分为若干人一组(10人左右),就某一需要研讨的问题、需要布置的活动或需要决策的议题,由应考者相互切磋探讨,自由发表议论。具体形式有会议的模拟组织、主持、记录及无领导小组讨论等。

其中,文件筐测验面试在近年来借鉴国外先进测评技术的基础上开发的情景模拟面试中,是通用于管理人员选拔,考查应考者授权、计划、组织等能力素质的测评方式。

## 【范例】

面试的时间安排在早上上班的9:00,办公室的同事们基本上都在8:50左右到达。根据设计,办公室的四个人,一个人在整理近期报纸,一个人在打扫自己的个人物品,王女士在看近期文件,另一个人待在隔壁的办公室。9:00,打电话给王女士,说老总要求尽快把报告整理出来,9:10必须给总经理。

首先是赴约时间:三个面试者,通知的时间都是9:00面试,分别要求在8:55、9:02、9:10到达办公室,且记着A君、B君、C君。

A君到达后，大家都忙着，进来后说自己是来应聘的，办公室小王让他在沙发上等等，就忙于整理报纸了，并告诉他，他可以自己去倒杯水、看会儿报纸。A君说谢谢后，就规规矩矩地待在那里。

B君来了，进来后首先抱歉自己迟到，并解释说走错楼梯了，小王一边整理报纸一边解释，因为王女士有急事，需要他等等，面试9：20开始。同样，告诉他可以自己倒杯水、看会儿报纸。B君说谢谢后，倒了两杯水，一杯给了A君，另一杯留给了自己。看到小王把报纸搞得乱糟糟的，他问，反正现在也是等，我来帮你一块儿整理吧。小王说不必不必，B君说，你负责日期，我帮你按版面进行整理，这样会快些。然后就干开了。

A君有些不自在，就拿了报夹上的报纸翻起来。

C君9：10到达，C君是通过某一关系介绍过来的，进来后，冲着办公室里面的人点点头，就自己找位置坐下来，带了一瓶矿泉水。沙发边上有些杂志，乱糟糟的，他胡乱地翻了一下，抽出其中一本，跷着腿，看了起来。

9：12左右，隔壁打电话的小李过来招呼打扫自己卫生的小张，要把办公室的一张桌子搬出去。

A君站起来，看到桌子必须从沙发边搬出去，知道碍事，就把报纸放在边上；B君又一副我是男的，我可以帮忙的架势；C君仍然翘着自己的腿。

要知道，这是第二轮面试。

最后，你猜，该单位选择了谁？

——三个人都入选了，A君是因为公司需要一个库房管理；B君被办公室录用了；C君被领导安排在销售部门。

你知道三个人后来的发展吗？情景模拟面试的一年后，这几个人不出所料，收获了不同的命运：

A君规规矩矩，B君得到了晋升，C君离职了。（资料来源：http://www.xuzhoujob.com/News/202012827153024.html）

## （四）演讲法面试

### 1. 演讲法的内涵

演讲又称演说或者讲演，是演讲者在特定的场合，主要运用有声语言，辅之以姿态、动作、表情、手势等体态语言，向听众系统阐述和宣传自己的观点和主张，以感染启发听众或者促使其行动的一种现实的信息交流活动。演讲法面试是指应考者在面试演讲中根据考官的提问导向，结合自身的情况和观点，运用语言、动作、表情、姿态等向考官表达自己的意愿、观点，以让考官认为自己满足拟招聘工作岗位要求为目的的一种现实信息交流活动。这是面试中应考者与用人单位考官之间面对面交流信息的一种手段，兼具一般演讲和答辩的特点，有问有答，且又有较长时间表达自己的观点。

演讲法中，应考者的演讲既可以是有所准备的（准备时间可以较长），也可以是即兴的（知道题目后有几十秒到几分钟不等的准备时间），考官在应考者演讲的同时还可以进行提问。

### 2. 演讲法的特点

（1）目的明确

演讲法中，应考者进行面试演讲的目的明确，试图让考官认同自己的观点、接受自己的建议主张。面试演讲中，应考者以争取拟应聘岗位为中心而采用与之相关的材料和话题进行演讲，其性质倾向于交易和谈判，基础是双方各从对方身上得到某种利益的同时又付出某种利益。

（2）精心准备

面试演讲在展开之前需要进行精心的准备，在材料的具体选取、逻辑结构、语言表达、神态体态等方面，借鉴一般演讲、答辩的形式，结合自己的思想表达意图进行准备。

（3）直观性

演讲法可以让用人单位的考官比较直接地观察了解应考者的口头表达能力、思维逻辑能力、素材处理能力和应急能力等。从应考者的演讲中，从大量的信息中，多角度地观察应考者的综合能力。

### 3. 演讲法的评价要素

演讲法中，考官的主要评价要素包含演讲者的形象、素质、能力和内容。

（1）演讲者的形象礼仪

演讲者的形象礼仪是演讲者思想道德、情操学识及个性的外在体现，是演讲者仪表、礼貌、举止、谈吐、表情的综合反映。作为演讲者的应考者，一上场就把自己的形象诉诸于考官的视觉，直接影响考官的评价和审美（见图4-1）。

男生

不烫发、不卷发。如果戴有眼镜，应擦干净眼镜片，剃去胡须

深色套装，浅色衬衫，通常搭配颜色较深的领带，最好是与套装同色系

衬衫：白色系和蓝色系。白色是不变的时尚，蓝色与众不同又不会显得不正规的只有浅蓝色。夏季多建议男性穿白色短袖衬衫搭蓝、黑色西裤，衬衫的下摆不可过长，而且下摆要塞到裤子里

袖口：衣袖一定不能太长，平端起来露出1.5厘米腕骨最合适，平端时露出外套1~2厘米

西服：男生的常规装束是西服套装，西服的颜色只有藏青色或深蓝色两种选择

袜子：一般为褐色、深蓝色或藏青色，切忌穿白色袜子

女生

头发：短发梳好，长头发最好扎起来，最常见的就是扎马尾，也可以简单地绑起一部分来。会盘发的话把长发盘起来，额头的头发尽量不要遮往眼睛

套装：深蓝色、藏青色、米色、驼色，都可以选择，颜色上不特别刺目即可，款式的选择也很自由，不一定要清一色的职业套装，身上的主色是前面所说的四类中的一种，总体颜色不超过三种。
夏季时候推荐套裙配普通黑色皮鞋或者白色短袖衬衫搭西裤和普通黑皮鞋，而冬季则套裙或者女士正装配上普通黑皮鞋为最佳选择

图4-1 应考者形象礼仪

（2）演讲者的素质

①高尚的思想道德品质。

②丰富的知识素质。

③良好的心理素质。

（3）演讲者的能力

①敏锐的洞察力。

②敏捷的思维能力。

③较强的信息搜集能力。

④较好的口语表达能力。

（4）演讲的内容

①内容的熟悉性。

演讲的内容是否涉及专业知识领域，能否熟悉并结合现实情况灵活使用专业知识。

②内容的充实性。

演讲的内容在框架的基础上是否有理有据，通过举例证明自己的思想观点，结合专业知识进行透彻的说理与分析论证。

### 【范例】

下面是在某次面试中主考官向面试者提出的一个演讲题目，准备时间是 3 分钟：国家行政机关工作人员的薪酬与企业同等级别的人相比要低一些，请以"我这样看待薪酬差异"为题，进行一场时间约为 5 分钟的演讲，说明你自己对这一问题的看法。

下面是某位面试者的演讲记录要点，提供给大家做参考。

各位考官：

上午好！

其实我认为做行政人员与打球在某种程度上异曲同工。打球需要讲究战略战术才能取胜；行政领导处理问题时同样要讲究策略。国家行政机关工作人员与企业人士的薪酬存在差异，这是事实。对国家行政机关人员来说这是一个敏感问题，大多行政领导都避而不谈；而我坦率地认为：存在薪酬差异是显而易见的。存在差异确实容易使人感到心理不平衡。为什么做同样的职位，而且比别人的工作量大，薪水却和企业人士差很多？我认为这个问题要从以下几个角度来理解：

首先，我认为高薪是先进经验的价值。

在工作中，我们可以看到有些企业人士的素质和工作能力不及行政机关工作人员，但我们要认识到拿高薪并不一定是完全因为他自身的价值很高。事实上，给他的高薪体现了企业、公司先进管理经验的价值。目前，有些企业中的确有许多优于行政机关的管理技术和经验，而且这些对于大多数行政机关人员来说，是需要继续学习的。

其次，行政机关和企业的性质以及社会分工不同。

企业在国民经济环境中运用资金以及人力资源创造价值，越是先进的管理越能为他们带来更高的利润。与企业相比，国家行政机关依靠的是财政拨款，而承担的是国家上层建筑的管理工作。显然二者在性质上以及社会分工上是明显不同的，因此也会导致国家行政机关工作人员与企业人士的薪酬存在差异。

再次，企业人士在某种程度上承担了比我们更大的风险。

在高收益的背后，一定有高风险在做支撑。从经济学的角度来看待这个问题就更能发现其合理性。就目前而言，国家机关工作人员的收入以及社会地位、工作较企业人士来说是比较稳定的。企业人员为获取高利润则必须承担高风险，这也是导致他们的薪酬比国家行政机关工作人员高的原因。

最后，我总结一下，虽然现在人们普遍将财富作为实力的一个评价标准，但并非对一切事物好坏的衡量都可以用金钱来作标准。作为行政机关的工作人员，我们承担了与企业工作人员不同的社会工作职责。我们的任务是做好各项工作，同他人一起维持社会的良性运转。我们深信，当中国的社会主义市场经济运行机制完全成熟的时候，社会中的每一个人都会得到与自己的付出相对应的回报。

谢谢各位考官！

演讲成功的标准：

(1)上场镇静。

(2)思路清晰，层次分明。

(3)语言流畅，逻辑性强。

(4)声音响亮，抑扬顿挫。

(5)观点明确。

(6)动作自然。

(7)内容吸引人。

(8)口头语少。

(9)能用具体可信的事例说服人。

(10)目光交流到位。

评分要点：

(1)思想清晰严谨。

(2)观点明确。

(3)说理透彻，有说服力。

(4)语言表达能力强。

(5)举止仪表得当。

(6)心理素质良好。

(7)知识应用灵活。

(资料来源：https://wenku.baidu.com/view/1b9e22b5ab8271fe910ef12d2af90242a995ab23.html)

# 三、面试的步骤

面试总体上有确定面试标准、确定面试人员等步骤，熟悉这些步骤和流程可以帮助我们提高求职面试的成功率。

## (一) 面试标准的确定

用人单位拥有一批优秀员工的方法之一就是岗位能力匹配，将合适的人安排到适合的工作岗位上，使其能够充分挖掘自己的潜能，充分发挥自己的专业知识和能力。有效的面试可以帮助用人单位实现这一目标。用人单位人力资源部的负责人，会提供确定面试的标准，描述拟招聘工作岗位的工作职责和技能要求，提出胜任该项工作所具有的和必须具备的专业背景和技能。

## (二) 面试人员的确定

确定面试标准，明确工作岗位的条件和要求后，面试考官会根据条件和要求对收到的简历进行快速浏览，筛选出明显不合乎要求的简历，留下看似合乎要求及部分满足条件和要求的简历。然后对简历进行工作经验、教育与培训经历、职业稳定性、职位提升、领导力、取得的成绩等细致的分析与比照。

## (三) 电话筛选

一般情况下，面试考官会在正式面试合乎要求或部分必备条件的候选人前，进行一次小型的电话测试。目前，不少用人单位都是采用电话通知的方式对候选人进行再次筛选，作为投递简历应聘的我们对此不能轻视，应做好相应的记录工作，不要邮寄或网上发送完个人简历之后，还对自己投递简历的用人单位名称、性质、工作性质和工作岗位都不清楚，以免当接到用人单位的电话时，茫然不知所云，给用人单位留下不好的印象。

随着新媒体技术的发展，运用可视电话的视频面试正逐步普及。用人单位通过视频进行面试，不仅可以直观地看到对方的表现，还可以避免对方的车马劳顿，节约时间成本，降低招聘的开支。因此，很多用人单位在进行电话通知的同时希望和对方进行视频面试。通过视频面试，用人单位可以较快地淘汰不理想的人选，为满意的视频面试人员提供面谈机会。

## (四) 正式面试

面试是一个求证的过程，考官通过各种不同的提问和测试考查应考者的能力和综合素质，证明应考者符合拟招聘工作岗位必须具备的要求，且是在众多应考者中最为适合的人选。考官对每位应考者或采用按相同的顺序问相同的问题，以便记录与权衡、比较，或采用一些封闭型的问题来验证简历或电话试探中的信息，也会用一些开放型或基于应考者表现的问题来检验应考者面对将来工作中一些情况的可能反应。考官经常会问：如果是你会怎么办？告诉我你曾经面临的工作挑战以及你是如何解决它的？说说你曾经历的最困难的谈判及最后的结果？此时，建议应考者用描述性的方法来解答考官的问题，这可以让考官了解你的思考和行为模式。

有经验的考官在面试过程中会以朋友聊天的方式让应考者放松，使其表现出真实的能力，考官则在这时候像老鹰般，用犀利的目光关注应考者的言谈举止，研判应考者的能力。因此，作为应考者的我们，不能被考官慈祥的外表所迷惑，自始至终提醒自己保持面试时应有的状态。

## （五）工作邀请

基于应考者面试的表现，考官一般会将工作机会留给符合工作岗位要求的应考者，向他们发出工作邀请。此时，考官会了解他们前一份工作的薪酬待遇，并进一步询问他们的薪资期望值，想要获得什么样的职业发展前景。应考者在面对这样的问题时，一定要基于自己所具有的能力水平和独特优势，了解市场同类工作岗位的薪酬水平，提出自己的期望值。在谈及具体的薪酬待遇时，可以主动了解用人企业的薪酬制度及构成，如底薪、补贴、福利、年底分红等，并表示：大多数企业都有一套自己完整的薪酬体系，不会为某个人而特例，我愿意遵循公司的制度。当然，最后你可逐一分解前一份工作的薪水构成（或期望的薪资）。

# 四、面试技巧

"君子以仁存心，以礼存心；仁者爱人，有礼者敬人。爱人者人恒爱之，敬人者人恒敬之。"中华民族自古以来就是礼仪之邦。文明礼仪不仅是当代公民必备的基本素质，而且是做人做事的基本要求，是个人思想、道德、文化、艺术等修养的外在表现，涉及人的仪容、仪表、言谈、举止等。席勒在《审美教育书简》中称：文明的最重要任务之一，是使人在他纯粹的物质生活中也受形式的支配，使人在美的王国能够达到的范围内成为审美的人。在面试的过程中，文明礼仪作为一个重要的测评要素，考官通过对应考者仪容、言行举止等外在表现的观察，判断应考者是否符合用人单位岗位工作的要求。注重面试礼仪在彰显应考者个人修养的同时，能表现出应考官对面试和考官的尊重和重视。

## （一）行为举止

《弟子规》对衣着方面作出了"冠必正，纽必结，袜与履，俱紧切"的要求，在行为方面则有"站如松，坐如钟，行如风，卧如弓"的标准。

### 1. 站姿

站立是人们生活、工作和交往中最基本的行为举止之一。优美的站姿是站得正、稳重、自然优美，给人以挺拔、舒展，线条优美，精神焕发的感觉。一是身正：身躯正，重心垂直，不弓腰驼背，不含胸挺肚，不扭腰垮肩，双肩平行，双臂自然下垂。二是脚稳：立脚平稳，两脚跟并拢，两脚尖张开50°左右。三是头平颈正：不垂头歪脖，颈正直，双目向前平视，嘴角微闭，下颚微收，动作平和自然。

### 2. 走姿

自然不做作，从容、平稳，展现出动态的美，体现人的气韵、风度。女士要头部端正，目光平和，挺胸、收腹、挺直腰背，两手前后自然摆动，步态轻盈自如、匀称，落落大方。男士要两眼平视，挺胸收腹直腰，两肩不随意摇动，步态稳健，活力满满。

### 3. 坐姿

上身挺直，收腹，下颌微收，两下肢并拢。

### 4. 手势

手势能体现出一个人是否处于从容不迫的状态，如人紧张时会出现两手紧握、拉衣服、玩饰物、不停看表等手势动作。面试时，应考者要让自己克服紧张感，手势动作自然、大方。

### 5. 眼神

眼睛是心灵的窗户，眼神是传递内心自信的通道。自信的神情是自我鼓励的第一步，也是与考官建立交流感的关键，应考者要注意与各位考官的眼神交流，不仅注重与主考官的眼神交流，也要环视其他考官进行眼神交流。

### 6. 表情

笑容是一种令人感觉愉快的面部表情，它可以缩短人与人之间的心理距离，为深入沟通与交往创造温馨和谐的氛围。笑容是人际交往中的润滑剂，让彼此相处温馨温暖。在面试中，应考者保持微笑，不仅可以表现出良好的心境，对考官产生吸引的魅力，还可以展现自己充足的自信。面带微笑的应考者是对自己能力有信心的表现，以谦和的态度与人交谈交往，让考官产生信任感，同时也传递出自己的真心诚意，营造一种和谐融洽的氛围。

## (二) 出入考场

面试时，出入考场的表现也是面试的一部分，在候场、入场、出场等过程中，都是有一定讲究的。

### 1. 候场

候场期间要安静地等待，认真听从面试工作人员宣布的面试组织纪律，以及身份核验、候场注意事宜等事项。不大声喧哗，不随意走动影响他人的候场，注意保持自己的仪表仪容，温习自己搜集准备的相关材料。

### 2. 敲门

应考者进入考场前，应有礼貌地敲门，让考官知晓自己的到来。因此，无论进入面试考场的门是开着、关着还是虚掩着，都应礼貌地敲三下门，敲门力度大小适中，每敲一下的间隔时间为 0.3~0.5 秒。敲四下以上则是一种很不礼貌的行为。

### 3. 鞠躬

应考者进入考场后，走到距离应考者座位 3~5 步的位置站定，稍事平静自己的情绪后，沉着冷静地环视在场的考官，随后立正站好，并拢双脚，保持身体端正行鞠躬礼。行礼时，男士的双手自然下垂，贴放于身体两侧裤线处，女士的双手下垂或搭放在腹前，均伸直腰，以腰部为轴，整个肩部向前倾 15°~30°，弯腰速度适中，眼神随身体自然下看，在鞠躬时抬眼看向考官是不礼貌的行为。

### 4. 问好

应考者站定之后向考官热情而友好、主动而礼貌地问好，问好语言直接简单为"各位考官好!""各位考官，上午(下午)好!"等。

### 5. 离场

面试结束后，再次微笑鞠躬，道声"谢谢各位考官"后自然关门离场，期间不要因为自己面试过程的顺利与否而不注意离场时的言行举止。

## (三)应试心态

### 1. 积极乐观的备考心态

应考者的备考心态十分重要，很多人在求职面试前心理素质不稳定，如同大敌当前、忧虑不已。一方面，担心自己实力不够，面试时不能妥当地处理考官提出的问题；另一方面，担心竞争对手实力太强，自己没有出彩表现的空间。尤其是面试前有笔试的，应考者面对自己的笔试成绩会呈现出不同的心态：一是笔试成绩比较理想，排名比较靠前。二是笔试成绩虽然已经入围面试，但成绩与第一名差距较大。对于第一种情况，应考者有的盲目自信，认为自己的笔试成绩排名第一，面试就是个小问题，优秀的自己可以轻松应对面试，从而忽视了面试前的准备和练习。其实在公务员考试中，笔试成绩一般相差不大，分数折合后的差距就变小了，"第一"的优势并不明显。有的会担忧自己面对未知的面试，如果表现不理想而被其他表现突出的应考者反超、逆袭。有这种心态的应考者，在面试前一定要及时调整自己的心态，相信自己的实力、肯定自己的优势，树立充足的自信心，认真做好面试准备。对于第二种情况，有的应考者会因为自己的笔试成绩排名不理想，认为自己进入面试纯粹是偶然，与优秀的竞争者一起竞争完全没有优势，对自己毫无信心，认为即使面试发挥得好也难以扭转最终的排名结果。还有一部分应考者会怀疑自己的能力，不相信自己能够做到最好，产生不知所措的惊慌。其实这种自卑心理源于平时工作生活中接触的人比较少，很少受到正面的激励，因而找不到自己合适的定位。

自卑者可以通过一点一滴的进步来激励自己，每天进步一点点，离成功就又近了一步，其实自己没有想象中那么差，既然能进面试，基础肯定不错，所以要好好把握此次机会，相信自己肯定没问题。参加面试就是给自己一次难得的实战机会，熟悉面试的流程和形式，不成功也可以给自己积累面试经验。因此，不管结果如何，都要用心准备，"阳光"应考。

**2. 平静的候考心态**

应考者在候考室里会遇到自己的竞争对手。初次见面的双方都不知道彼此的真实实力，在候考过程的交谈中会不自觉地预判对方的实力水平，影响自己的心态，从而影响自己的发挥。面试的抽签顺序有前有后，抽签顺序靠后的等待时间更长，也容易让人心浮气躁，影响面试时的发挥。因此，候考过程中，最重要的是让自己心态平和、平静，不受外在因素的干扰。如果遇到其他应考者跟自己交谈时，简单回复一下即可，如果等待时间较长，可以闭目养神，保持旺盛的精力，为即将到来的面试做准备。这不仅是遵守考场纪律的需要，而且是做好自己，心平气和地等待面试发挥自己应有水平的需要。应考者要调整好心态，安心候考，不焦虑、不浮躁，保证以正常状态参加面试。应考者还可以通过适当走动、适量喝水、深呼吸等方式调节心情。

**3. "临危不惧"的考场心态**

面试的题目千千万，应考者在面试时遇到自己不熟悉的题目是很正常的事情，面试的题目不可能都是自己提前复习准备好的。其中的某道题没有答好也不要感到灰心沮丧，要保持良好的精神状态把后面的题目回答好。同时，在面试考场的高压环境下，应考者的镇定自若可以给考官留下深刻的印象，获得考官的青睐，为最终的成功打下良好的基础。

**【拓展阅读1】**

### 面试官最看重求职者的几点

从理论上讲，面试可以测评求职者的任何素质，但由于人员甄选方法都有其长处和短处，扬长避短综合运用则事半功倍，否则就很可能事倍功半。因此，在人员甄选实践中，我们并不是以面试去测评一个人的所有素质，而是有选择地用面试去测评它最能测评的内容。

1. 仪表风度是指求职者的体型、外貌、气色、衣着举止、精神状态等。像国家公务员、教师、公关人员、企业经理人员等职位，对仪表风度的要求较高。研究表明，仪表端庄、衣着整洁、举止文明的人，一般做事有规律、注意自我约束、责任心强。

2. 专业知识。了解求职者掌握专业知识的深度和广度，其专业知识是否符合所要录用职位的要求，作为对专业知识笔试的补充，面试对专业知识的考查更具灵活性和深度，所提问题也更接近空缺岗位对专业知识的需求。

3. 工作实践经验。一般根据求职者的个人简历或求职登记表，提些相关的问题。查询求职者有关背景及过去工作的情况，以补充、证实其所具有的实践经验，通过对工作经历与实践经验的了解，还可以考查求职者的责任感、主动性、思维力、口头表达能力及遇事的理智状况等。

4. 口头表达能力。面试中求职者是否能够将自己的思想、观点、意见或建议顺畅地用语言表达出来。考查的具体内容包括表达的逻辑性和准确性、感染力、音质、音色、音量、音调等。

5. 综合分析能力。面试中，求职者是否能对主考官所提出的问题，通过分析抓住本质，并且说理透彻、分析全面、条理清晰。

6. 反应能力与应变能力。主要看求职者对主考官所提问题的理解是否准确，回答问题的迅速性、准确性等。对于突发问题的反应是否机智敏捷、回答恰当。对于意外事情的处理是否得当、妥当等。

7. 人际交往能力。面试中，通过询问求职者经常参与哪些社团活动面试，着重考查求职者的内涵，喜欢同哪种类型的人打交道，以及在各种社交场合所扮演的角色，了解求职者的人际交往倾向和与人相处的技巧。

8. 自我控制能力与情绪稳定性。自我控制能力对于国家公务员及许多其他类型的工作人员(如企业的管理人员)显得尤为重要。一方面，在遇到上级批评指责、工作有压力或是个人利益受到冲击时，面试着重考查求职者的内涵，能够克制、容忍、理智地对待，不致因情绪波动而影响工作；另一方面，工作时要有耐心和韧劲。

9. 工作态度。一是了解求职者对过去学习、工作的态度；二是了解其对现报考职位的态度。

在过去学习或工作中态度不认真，做什么都做好做坏者无所谓的人，在新的工作岗位也很难说能勤勤恳恳、认真负责。

10. 上进心、进取心。上进心、进取心强烈的人，一般都确立有事业上的奋斗目标，并为之而积极努力，表现在努力把现有工作做好，且不安于现状，工作中常有创新。上进心不强的人，一般都是安于现状，无所事事，不求有功，但求无过，对什么事都不热心。

11. 求职动机。求职动机是了解求职者为何希望来本单位工作，对哪类工作最感兴趣，在工作中追求什么，判断本单位所能提供的职位或工作条件等能否满足其工作要求和期望。

12. 业余兴趣与爱好。求职者休闲时喜欢从事哪些运动，喜欢阅读哪些书籍，喜欢什么样的电视节目，有什么样的嗜好，等等。可以了解一个人的兴趣与爱好，这对录用后的工作安排常有好处。

13. 面试时主考官还会向求职者介绍本单位及拟聘职位的情况与要求，讨论有关工薪、福利等求职者关心的问题，以及回答求职者可能问到的其他一些问题等。

(资料来源：https://wenku.baidu.com/view/a87cb174c67da26925c52cc58bd63186bdeb92d6.html? fr=search-4-X-income11&fixfr=6mHTIirSpURmzV0iGM0olg%3D%3D)

【拓展阅读2】

## 面试问题集锦

1.求学以及工作经历

· 在原来单位,你担任过什么职务?职责是什么?

· 请谈谈你以前的职务升迁和工资变化情况。

· 是什么原因促使你离开了原来的工作岗位?

· 你对工作的期望是什么?

· 你认为自己原来的工作令人喜爱和有价值的方面是什么?

· 你工作中最不感兴趣的是什么?

· 你在原单位遇到过什么困难?你是怎样处理和应对的?

· 你学过哪些课程(一般的,技术性的或者大学先修班)?

· 在学校,你都参加过什么活动?

· 你的学习成绩如何?在班上所处的位置如何?你有哪些学习习惯?

· 有哪些人或事件对你的职业选择产生了影响?

· 你担任过什么职位?受到哪些奖励?(或获得过什么荣誉?取得过什么成就?)

· 读大学时你从事过什么社会工作?假期是怎么过的?

· 大学结束时你的职业考虑是什么?

2.个性特征、人际交往

(1)激励

· 什么能激励你?

对这个问题的回答不能着眼于工作能给你带来的较高的待遇、较好的物质条件,当然这些问题也不是不可以涉及,这毕竟是满足基本所必需的,但更多的应着眼于一些满足更高层次的需要。比如,可以在工作中实现自身价值;这项工作有助于他人、有助于整个社会的发展等。

· 谁对你的职业生涯有重要影响?为什么?

(2)组织能力

· 你怎样描述你的工作习惯?

· 你的组织能力怎样?你怎样去组织?如有可能,你觉得你会把哪些事组织得更好?

· 你参加过何种组织活动,何种职务?为什么?

(3)独立性

· 你喜欢别人干涉你作出决定吗?

· 你作出决定的时候容易受到其他人的影响或暗示吗?

· 在处理一件棘手的事情时,你首先想到的是自己尽力去干,还是让别人来帮助你?

· 你父母对你的事情干涉多吗?

(4)情绪稳定性

· 你如何在重负与压力下调节自己?

· 描述一种你平生最生气的情形。

· 你曾最难接受的批评是什么？

· 单位工作非常艰苦，你将如何对待？

· 你怎么连这样的问题也不懂？

· 你好像不太适合在本单位工作。

（最后三道题，主考官要看的不是应考者回答的具体内容，而是看应考者对这些明显具有"不友好""挑衅性"的问题做何反应，进而测定应考者的情绪稳定性如何。）

（5）适应性

· 近年来你的生活变动情况怎样？

· 你改进哪些方面才会更适应下一种工作？

· 如果你被录用，你将在第一周采取什么行动？怎样开展工作？

（6）自知力

· 你的朋友如何看待你？

· 你认为你的长处在哪里？

· 你认为你个性上的优点是什么？

· 你认为你的缺点是什么？

· 你准备如何改正自己的缺点？

· 你认为你在多大程度上适于担任本职务？

· 你认为你的专业学识是否符合工作要求？

· 你认为你的独立性如何？

（对这些问题的回答一定要实事求是，客观地分析评价自己。比如，对第八个问题，如果应考者一味地描述自己的独立性有多强，好像是独立性越强越好，但太强的独立性反而会给主考官留下一个"不好领导"的印象，这样则于应考者不利。）

（7）兴趣爱好

· 你喜欢什么运动？

· 你怎样消磨闲暇时间？

· 你经常参加体育锻炼吗？

· 你喜欢读什么书？

· 你最喜欢的课程是什么？

· 你有什么特长？

（8）性格

· 你认为自己的性格属于内向型还是外向型？

· 你对琐碎的工作是讨厌还是喜欢？

· 你喜欢接触一些新奇事物吗？

· 闲暇时你是喜欢一个人待着还是喜欢和大家一块儿玩？

· 你容易和陌生人相处吗？

（9）品质

· 你认为现在的社会中一个人最重要的是什么？

· "受人之托忠人之事"，你怎么看待这句话？

· 你最不能容忍的个人品质是什么？

· 你最喜欢的个人品质是什么?
· 你认为自己的品质中有哪些好的方面?

(10)工作态度、责任心、纪律性、工作风格

· 委任的任务完成不了时你会怎样来处理?
· 你对公司的规章制度有何看法?
· 你目前所在的单位管得严吗? 若在工作中看到别人违反制度和规定,你会怎么办?
· 你经常向领导提合理化建议吗?
· 你在处理各类问题时经常向领导汇报吗?
· 你喜欢自己的上司是何种领导风格?

(11)人生观、职业观

· 你觉得自己在原工作岗位干得最出色的一件事是什么?
· 你最崇拜的历史人物是谁? 为什么?

(12)人际交往

· 你的朋友和一般人相比是多还是少?
· 你的朋友如何看待你?
· 你在交友时最注重什么?
· 你喜欢和哪些人交往?
· 你参加社交集会是由于喜欢,还是由于万不得已?
· 你希望在什么样的领导手下工作?
· 你认为自己的社交能力如何?
· 请说出一种你不得不与你讨厌的人相处的情况。

(资料来源: https://wenku.baidu.com/view/6f40e4a43069a45177232f60ddccda38376be1fe.html? fr = search-1-X-income1&fixfr=Mr9tFwCJKXVu7T6GT2L2PQ%3D%3D, 有删减)

### 思考与实践

1. 下列哪一项不是面试的特点? (　　　)
A. 启发　　　　　　B. 被动　　　　　　C. 灵活　　　　　　　　D. 综合
2. 典型和比较广泛使用的面试方式是(　　　)。
A. 结构化面试　　　B. 演讲法面试　　　C. 无领导小组讨论面试　　D. 情景模拟面试

# 就业政策及权益保护

模块五

就业是最大的民生。要坚持就业优先战略和积极就业政策，实现更高质量和更充分就业。大规模开展职业技能培训，注重解决结构性就业矛盾，鼓励创业带动就业。

——2017 年 10 月 18 日，习近平在中国共产党第十九次全国代表大会上的报告

引导案例

## 痛彻心扉的小赵

小赵是某高校影视多媒体技术专业应届毕业生，毕业后想到深圳工作。大学三年，小赵的专业成绩在班上名列前茅，年年荣获奖学金，并担任系学生会学习部部长。凭着漂亮的简历和过硬的专业功底，小赵的求职过程非常顺利，深圳一家国内著名的影视公司于当年 6 月向他发出了录用通知函。

小赵到公司报到后，老总对他非常器重，答应让他先实习，工资每月 5000 元，实习期满后，工资每月 14000 元。当年 9 月，小赵与公司签订了正式的就业合同，老总还让他参加了多个国内外合作的重要拍摄制作项目，他出色地完成了公司交给的任务。这样一忙，他就把落户深圳的事情给忘了。

两年后，准备在深圳购房结婚的小赵，突然发现自己还尚未获得深圳户口，一个他没有料到的情况发生了。

小赵从同学那得知外地毕业生在深圳就业需要填写《普通高校应届毕业生接收申请表》。他这才模模糊糊地想起，由于忙于公司的项目，学校那还有一些手续一直拖延未办。于是，他向公司请了假，急急忙忙赶回学校办理相关手续，学校老师告诉他，按照政策规定，高校毕业生进深圳需要将《报到证》开往深圳负责接收的对应人社局、人才市场等人力资源部门，且需要在毕业后的两年择业期内办理，而以后若想解决深圳户口，就只能通过复杂的人才引进或积分落户手续来办理了。听老师这么一说，小赵后悔不已，痛彻心扉！

点评分析：这位小赵同学品学兼优，找到一个好的工作岗位也是理所当然。他对工作很珍惜，一心扑在工作上，全力以赴，也难能可贵。但他犯了一个不该犯的错误，那就是他对相关的就业政策和就业程序不够重视，以为只要把工作做好就行，结果错过了办理落户深圳审批手续的时间，付出了昂贵的代价。因为按高校毕业生落户深圳手续去办理，简单快捷，学校基本上已将大部分工作做好，毕业生省力、省时；而按人才引进的手续去办理，对学历不高、没有职称、缺乏工作经验的应届毕业生来说根本没有优势可言。

在此提醒各位，进入社会后，学生的身份会发生转变，你要拥有一个独立户口了，必须做好准备，独立考虑自己的事了！

# 一、与毕业生就业相关的"关键词"

## (一)毕业生、结业生与肄业生

毕业生、结业生与肄业生相关事宜一般由学校教务处或者专门的学籍管理部门统筹负责,依据学校章程和相关规定执行。

### 1.毕业生

毕业生是指在学校规定的年限内,修完相应专业人才培养方案所规定的内容,完成毕业论文(设计或作品),德、智、体、美、劳达到毕业要求,被学校批准毕业并颁发毕业证书的学生。

国家和湖南省相关政策中提到的"毕业生"一词,一般特指列入国家统一招生计划的普通高等学校、科研机构和中等职业学校的毕业生。

### 2.结业生

结业生是指在学校规定的年限内,修完相应专业人才培养方案中所规定的内容,但未达到毕业要求的,仅被准予结业的学生。结业后学生的重修、补考、毕业论文(设计或作品)以及是否颁发毕业证书(图5-1),由学校按照相关管理规定执行。

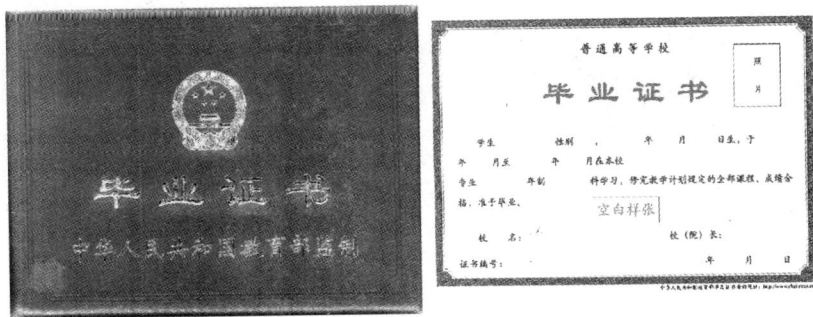

图5-1　普通高等学校毕业生证书空白样张

### 3.肄业生

肄业生是指在学校规定的年限内,学满一学年以上然后退学的学生。

## (二)试用期、实习期与见习期

很多高校应届毕业生对试用期、实习期和见习期的概念并不了解,有的甚至觉得没什么不一样。其实试用期、实习期和见习期的区别很大，在上岗前弄清这三者之间的区别，才能避免自己落入求职陷阱，更好地维护自己的合法权益。

### 1. 试用期

试用期是指用人单位与毕业生在劳动合同中约定的相互适应的时间阶段。《中华人民共和国劳动合同法》(以下简称《劳动合同法》)对于"试用期"有着详细的规定。

▶【相关规定】

《劳动合同法》第十九条规定：劳动合同期限三个月以上不满一年的，试用期不得超过一个月；劳动合同期限一年以上不满三年的，试用期不得超过二个月；三年以上固定期限和无固定期限的劳动合同，试用期不得超过六个月。同一用人单位与同一劳动者只能约定一次试用期。以完成一定工作任务为期限的劳动合同或者劳动合同期限不满三个月的，不得约定试用期。试用期包含在劳动合同期限内。劳动合同仅约定试用期的，试用期不成立，该期限为劳动合同期限。

《劳动合同法》第二十条规定：劳动者在试用期的工资不得低于本单位相同岗位最低档工资或者劳动合同约定工资的百分之八十，并不得低于用人单位所在地的最低工资标准。

图片来源：http://www.moe.gov.cn/jyb_zwfw/zwfw_fwxx/zhfu_jy/201508/t20150805_197898.html

图片来源：http://www.moe.gov.cn/jyb_zwfw/zwfw_fwxx/zhfu_jy/201508/t20150805_197898.html

### 2.实习期

实习期与试用期是两个完全不同的概念，实习期通常分为两种，一种是指在校学生结合自己的理论知识参加社会实践工作，以充分提高自身综合素质和工作适应能力的一段时期。它有助于学生将来找到一份适合自己的职业；或是提前熟悉即将就职单位的基本情况（有的学校也将在校期间进行的实习称为"顶岗实习"），给本人和聘用单位提供相互熟悉、了解的机会。另一种指在校学生想达到某种实战效果或技能，但是还不太熟练，需通过实践和学习达成预期的目的的一段时期。

### 3.见习期

见习期与法律上明确规定的"试用期"不同，并不是一个法律层面的概念。见习期一般是指行政、事业单位在人事制度的框架下对应届毕业生进行业务适应及考核的一种制度。从性质上看，见习期也是一种试用期，只不过它并不是《中华人民共和国劳动法》（以下简称《劳动法》）意义上的企业与员工之间的"试用期"。见习期与干部身份有关。毕业派遣后的大学生见习期满1年，转正定级后，可以获得真正的干部身份。有《报到证》的毕业生才有资格见习，因为《报到证》是干部身份的资格证明。

## (三)《全国普通高等学校毕业生就业协议书》与劳动合同

### 1.《全国普通高等学校毕业生就业协议书》

《全国普通高等学校毕业生就业协议书》（以下简称《就业协议书》）（图5-2）是由教育部制定样式，各省级毕业生就业主管部门印制，在签署劳动合同之前，高校毕业生与用人单位订立的确立劳动关系的协议。

湖南省内高校毕业生使用的是由湖南省教育厅毕业生就业办公室印制，涉及高校、毕业生、用人单位三方主体，是为明确毕业生、用人单位、毕业生所在学校三方在毕业生就业工作中的权利和义务，经协商签订的协议，也称"三方协议"。每位毕业生有唯一编号的《就业协议书》（一式四份），实行编号管理。

### 2.劳动合同

劳动合同是指依据《劳动合同法》的规定，明确劳动者与用人单位之间劳动关系、双方权利和义务制定的双方合同，只涉及毕业生和用人单位。

备注：

| 毕业生意见 | 签名：_____ 年 月 日 | |
|---|---|---|
| 用人单位意见 | 用人单位人事部门意见：<br><br>负责人：_____（公章）<br>年 月 日 | 用人单位上级主管部门意见：<br>（有用人自主权的单位此栏可略、无人事权的单位请加盖上级主管部门人事公章及人事代理机构公章）<br><br>负责人：_____（公章）<br>年 月 日 |
| 学校意见 | 毕业生所在院(系)意见：<br><br>负责人：_____（公章）<br>年 月 日 | 学校毕业生就业管理部门意见：<br><br>负责人：_____（公章）<br>年 月 日 |

编号： 1 ☐ ☐ 1 3 0 3 2 ☐ ☐ ☐ ☐

# 普通高等学校毕业生就业协议书

毕业生 _____

用人单位 _____

学  校  湖南艺术职业学院

**注意事项：**

1、本协议书限国家计划内统招非定向毕业生（含高职<高专>毕业生、本科毕业生、毕业研究生）使用，定向生、委培生按定向委培协议就业。

2、毕业生因参加国家或地方就业项目、应征入伍、升学（留学）等无法履行本协议应与用人单位事先约定。

3、毕业生与用人单位双方签署意见后，应在一个月内交送学校就业管理部门签署意见，逾期所产生的后果由责任方承担。

4、本协议书由湖南省教育厅毕业生就业办公室和湖南省大中专学校学生信息咨询与就业指导中心按国家教育部高校学生司有关规定统一格式印制。

5、毕业生与用人单位应当根据《劳动合同法》规定，自用工之日起一个月内订立书面劳动合同。

6、本协议书全省统一编号，号码或填写号码的小方框均为红色套印。

7、查询、了解湖南省高等院校毕业生有关情况，可登录"湖南省毕业生就业网"，网址为：http://www.hunbys.com

湖南省教育厅毕业生就业办公室
湖南省大中专学校学生信息咨询与就业指导中心    制表

---

说明：

为维护毕业生就业市场秩序、规范市场行为，特明确毕业生、用人单位、学校三方在毕业生就业工作中的权力和义务：

一、毕业生应如实介绍自己的情况，了解单位的意图，表明自己的就业意愿。在规定的时间内到用人单位报到，若遇特殊情况不能按时报到，需征得用人单位同意。

二、用人单位应如实介绍本单位的情况，明确对毕业生的要求及使用意图，做好各项接收工作。

三、学校应如实介绍毕业生的情况，做好推荐等服务工作，本协议签定后，列入建议就业方案，报毕业生就业主管部门批准后，办理就业报到等手续。

四、毕业生、用人单位、学校三方如有其他约定，应在备注栏明确，并视为协议书的一部分。

五、本协议一式四份，经各方签字、盖章后生效，毕业生、用人单位、学校和省毕业生就业主管部门各执一份，复印无效。三方都应严格履行本协议条约，若有一方变更协议，须征得另两方同意。毕业生与用人单位如有违约，按双方约定执行。

| 毕业生情况（由毕业生填写） | 姓 名 | | 性 别 | | 年 龄 | | 民 族 | |
|---|---|---|---|---|---|---|---|---|
| | 身份证号 | | | 毕业时间 | 年 月 | 婚姻状况 | | |
| | 政治面貌 | | 培养方式 | 非定向 | 健康状况 | | | |
| | 专 业 | | | | 学制 | 年 | 学历 专科 | |
| | 联系方式 | 移动电话： | | QQ: | | | | |
| | 家庭地址 | | | | | 家庭联系电话 | | |
| 用人单位情况及人事关系办理（由单位填写） | 单位名称 | | | 单位隶属 | | | | |
| | 联系人 | | | 联系电话 | | 邮政编码 | | |
| | 通讯地址 | | | | | | | |
| | 统一社会信用代码 | | | | | 聘用岗位 | | |
| | 单位性质 | 机关、科研设计单位、高等学校、其他教学单位、医疗卫生单位、其他事业单位、国有企业、三资企业、其他企业、部队、农村建制村、城镇社区（用"√"表示） | | | | | | |
| | 人事关系办理 | 《报到证》开具单位名称 | | | | | | |
| | | 档案接收单位名称 | | | 邮政编码 | | | |
| | | 档案接收详细地址 | | | | | | |
| | | 户口迁入地址 | | | | | | |
| | | 其他事宜 | | | | | | |
| 学校情况 | 学校就业管理部门名称 | 招生就业处 | 联系电话 | 0731-88632002 | | | | |
| | 学校详细通讯地址 | 湖南省长沙市星沙街道特立东路719号 | 邮政编码 | 410100 | | | | |
| 双方约定其他事宜：（主要包括工作地点、工作岗位、违约责任、协议自动失效条款及协议终止条款等） | | | | | | | | |

图5-2 《全国普通高等学校毕业生就业协议书》空白样张

**【相关规定】**

《劳动合同法》第十条规定：建立劳动关系，应当订立书面劳动合同。已建立劳动关系，未同时订立书面劳动合同的，应当自用工之日起一个月内订立书面劳动合同。用人单位与劳动者在用工前订立劳动合同的，劳动关系自用工之日起建立。

《劳动合同法》第十七条规定：劳动合同应当具备用人单位的名称、住所和法定代表人或者主要负责人；劳动者的姓名、住址和居民身份证或者其他有效身份证件号码；劳动合同期限；工作内容和工作地点；工作时间和休息休假；劳动报酬；社会保险；劳动保护、劳动条件和职业危害防护；法律、法规规定应当纳入劳动合同的其他事项。

《中华人民共和国劳动合同法实施条例》（以下简称《劳动合同法实施条例》）第二章第六条规定：用人单位自用工之日起超过一个月不满一年未与劳动者订立书面劳动合同的，应当依照《劳动合同法》第八十二条的规定向劳动者每月支付两倍的工资，并与劳动者补订书面劳动合同；劳动者不与用人单位订立书面劳动合同的，用人单位应当书面通知劳动者终止劳动关系，并依照《劳动合同法》第四十七条的规定支付经济补偿。前款规定的用人单位向劳动者每月支付两倍工资的起算时间为用工之日起满一个月的次日，截止时间为补订书面劳动合同的前一日。

《劳动合同法实施条例》第二章第七条规定：用人单位自用工之日起满一年未与劳动者订立书面劳动合同的，自用工之日起满一个月的次日至满一年的前一日应当依照《劳动合同法》第八十二条的规定向劳动者每月支付两倍的工资，并视为自用工之日起满一年的当日已经与劳动者订立无固定期限劳动合同，应当立即与劳动者补订书面劳动合同。

### 3.《就业协议书》与劳动合同的区别

《就业协议书》是毕业生与用人单位正式确立劳动人事关系前，经双向选择，在规定期限内就确定就业关系、明确双方权利和义务达成的书面协议，是民事合同的一种。劳动合同则更进一步明确了双方的权利和义务，内容涉及劳动报酬、劳动纪律、期限和责任等。

需要注意的是，《就业协议书》的签订一般先于劳动合同。《就业协议书》的期限自签订之日起至毕业生到单位报到、单位正式接收后自行终止，此时毕业生与用人单位应依据《就业协议书》签订劳动合同，具体内容由双方协商确定。

## （四）自由职业与自主创业

2021年5月发布的《关于进一步做好普通高校毕业生就业统计与核查工作的通知》文件，明确了高校毕业生毕业去向的界定标准。

### 1. 自由职业

自由职业是指摆脱了企业与公司的制辖，自己管理自己，以个体劳动为主、薪酬需高于当地最低工资标准的一类职业，如作家、自由撰稿人、翻译工作者、中介服务工作者、某些艺术工作者、互联网营销工作者、全媒体运营工作者、电子竞技工作者等。

### 2. 自主创业

自主创业是指创立企业(包括参与创立企业)，或是企业的所有者、管理者，包括个体经营和合伙经营两种类型，包含创立公司(含个体工商户)、在孵化机构中创业、电子商务创业三种情况。

**【相关规定】**

《就业促进法》第七条提出:“国家倡导劳动者树立正确的择业观念，提高就业能力和创业能力；鼓励劳动者自主创业、自谋职业。”

## (五)《毕业生就业推荐表》

《毕业生就业推荐表》(以下简称《就业推荐表》)是指学校就业主管部门为应届毕业生求职择业出具的证明材料，由毕业生所在学校的就业工作主管部门统一制定样式，经由学校就业主管部门盖章后生效。主要包括毕业生姓名、性别、毕业学校、专业、学历、学制、培养方式、毕业时间、奖惩情况等内容，一般情况下是毕业生向用人单位自荐时使用的(图5-3)。

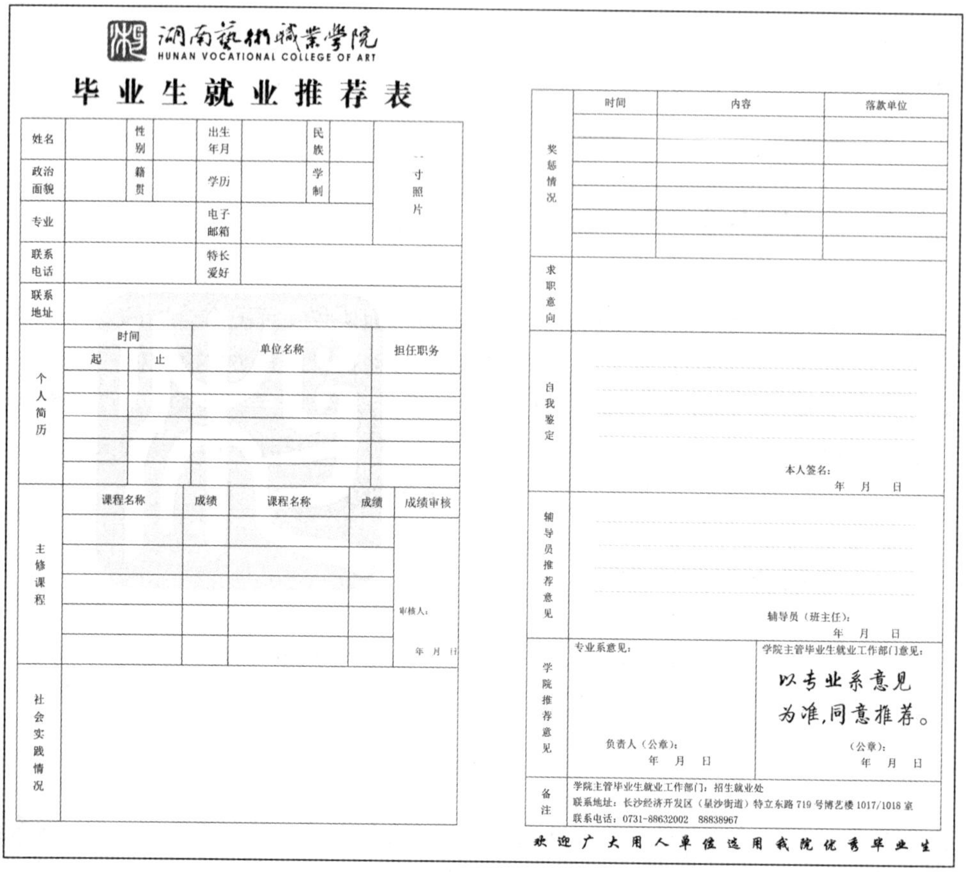
湖南藝術職業學院
HUNAN VOCATIONAL COLLEGE OF ART
毕业生就业推荐表
姓名 性别 出生年月 民族
政治面貌 籍贯 学历 学制
专业 电子邮箱
联系电话 特长爱好
联系地址
一寸照片
个人简历：时间（起、止） 单位名称 担任职务
主修课程：课程名称 成绩 课程名称 成绩 成绩审核
审核人：
年 月 日
社会实践情况
奖惩情况：时间 内容 落款单位
求职意向
自我鉴定
本人签名：
年 月 日
辅导员推荐意见
辅导员（班主任）：
年 月 日
学院推荐意见
专业系意见：
负责人（公章）：
年 月 日
学院主管毕业生就业工作部门意见：
以专业系意见为准，同意推荐。
（公章）：
年 月 日
备注
学院主管毕业生就业工作部门：招生就业处
联系地址：长沙经济开发区（星沙街道）特立东路719号博艺楼1017/1018室
联系电话：0731-88632002 88838967
欢迎广大用人单位选用我院优秀毕业生

图5-3 湖南艺术职业学院《毕业生就业推荐表》空白样张

## (六)《全国普通高等学校本专科毕业生就业报到证》

《全国普通高等学校本专科毕业生就业报到证》(以下简称《报到证》)是列入国家统一招生计划的普通高校毕业生到单位报到的证明,曾有《全国高等学校毕业生统一分配工作报到证》《派遣证》等名称。湖南省的《报到证》由教育部统一制定样式,湖南省教育厅毕业生就业办公室签发,学校档案管理部门依据《报到证》为毕业生办理档案转递、组织关系转接、户口迁移等手续。

《报到证》分上下两联,上联(蓝联)写有"报到证"字样,交毕业生本人报到使用,下联(白联)写有"通知书"字样,由学校装入毕业生档案(图5-4)。

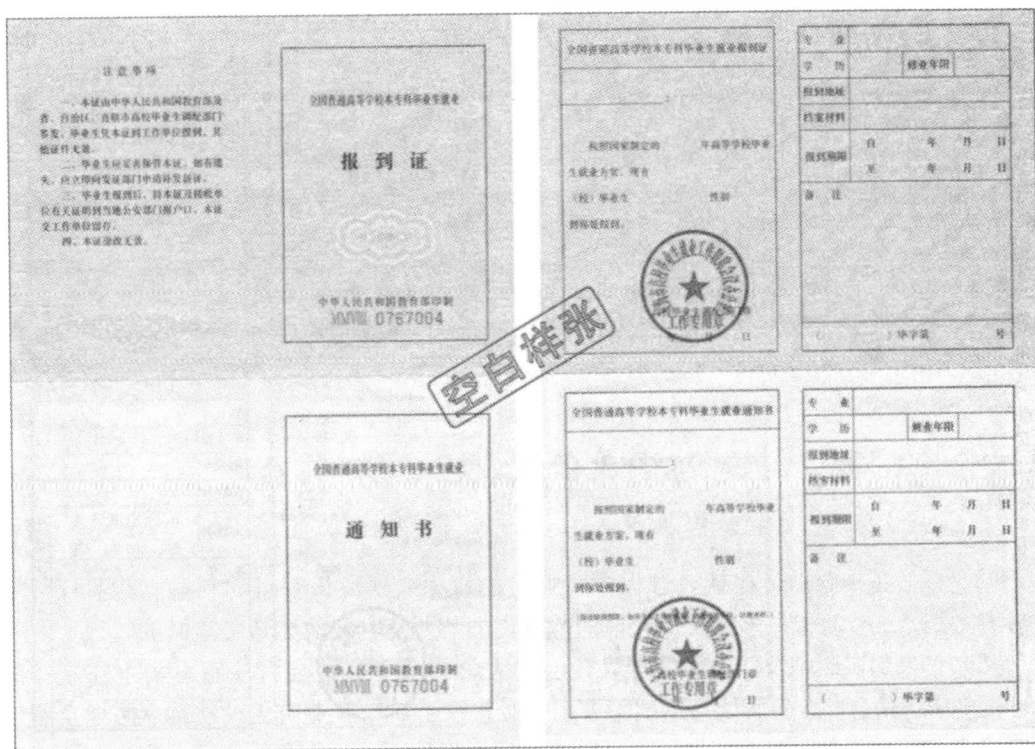

图5-4 《全国普通高等学校本专科毕业生就业报到证》空白样张

## (七)高校毕业生人事档案

高校毕业生的人事档案主要包括普通高中(中等职业学校)阶段的学籍材料、高考材料、高中以上学习阶段材料(如高等学校入学登记表、阶段性考核材料、毕业生登记表、党团组织材料、就业通知书、奖惩材料等)(图5-5)。

人事档案记录着一个人的经历和社会实践活动等方面的情况,在我国现行人事制度下,其是单位进行人事管理和个人调动时的参考依据。人事档案的保管和转接受到《中华人民共和国档案法》的保护。

图 5-5　湖南艺术职业学院学籍档案袋样例

## 二、与毕业生就业相关的"权益"

就业权益是指劳动者在就业过程中所拥有的权力和所应该获得的利益。就业权益是一种合法权益，劳动者在国家法律允许的范围内的就业及其权益受到法律保护。

从多年来的实际情况看，即将步入社会的大学毕业生往往会将注意力集中在制作简历、收集招聘信息、准备面试与笔试等方面，而忽视了对与就业有关的法律、法规及制度的学习和了解。再加上社会经验不足、自我保护意识较差、就业竞争激烈、就业市场不够规范等多种原因，致使一部分毕业生在求职择业的道路上遭遇了各种各样的陷阱。

因此，毕业生在就业过程中，一定要积极主动了解和掌握国家有关就业方面的法律、法规以及政策、制度，时刻保持清醒头脑，学会运用法律武器维护自己的合法权益，使其免受侵害。

### （一）大学生就业的基本权益

大学生作为一个特殊群体，在就业过程中除享有普通劳动者所享有的劳动报酬权、休息休假权、劳动保护权等一般权利外，还享有许多其他权利。

### 1. 就业信息知情权

就业信息知情权是指大学毕业生拥有及时全面地获取应该公开的各种就业信息的权利，任何团体、组织和个人都不得隐瞒、截留用人信息。向毕业生公布的就业信息应当是全面完整的，部分的、残缺不全的信息将影响毕业生对用人单位的全面了解和准确判断，从而影响毕业生对职业的选择。

### 2. 接受就业指导权

接受来自国家、社会和学校及时、有效的就业指导与服务，是大学毕业生的一项重要权益。接受就业指导对毕业生来说意义重大，它会直接影响毕业生的职业生涯规划、就业意识、就业方向及求职择业的技巧。

为做好毕业生就业指导工作，学校设立专门机构、开设专门课程、安排专门人员对毕业生进行就业指导与服务，向毕业生宣传国家关于毕业生就业的方针、政策，帮助毕业生做好职业规划，对毕业生进行择业技巧的指导，引导毕业生准确定位，合理择业。除了学校，毕业生还可以从社会上合法的就业指导机构获得帮助。

▶【相关规定】

《中华人民共和国高等教育法》第五十九条规定：高等学校应当为毕业生、结业生提供就业指导和服务。

### 3. 被推荐权

学校推荐毕业生时应做到如实推荐，对毕业生的在校表现不夸大、不贬低，实事求是；择优推荐，在公开、公正的基础上择优推荐毕业生，使人尽其才；公正推荐，根据个人的表现及能力，公平、公开、公正地推荐每一位毕业生，使毕业生们都能够享受到被推荐的权利。

### 4. 平等就业权

毕业生在就业过程中享有平等的就业权利，有平等的机会去竞争工作岗位，反对就业中的各种歧视行为，这是一项基本的劳动权和人权。用人单位在录用毕业生时要做到公平、公正及一视同仁。目前，社会上确实存在着种种就业歧视，包括性别歧视、地域歧视、学历歧视、经验歧视、身体条件歧视等，毕业生在遭遇这些歧视时，应该勇敢地拿起法律武器维护自己的权利。

▶【相关规定】

《中华人民共和国就业促进法》(以下简称《就业促进法》)第三条规定：劳动者依法享有平等就业和自主择业的权利。劳动者就业，不因民族、种族、性别、宗教信仰等不同而受歧视。

《就业促进法》第二十六条规定：用人单位招用人员、职业中介机构从事职业中介活动，应当向劳动者提供平等的就业机会和公平的就业条件，不得实施就业歧视。

《就业促进法》第六十二条规定：违反本法规定，实施就业歧视的，劳动者可以向人民法院提起诉讼。

### 5. 就业选择自主权

根据国家规定，毕业生在国家就业方针、政策指导下自主择业。毕业生可按照自己的意愿就业，有权决定自己是否就业、何时就业、何地就业、从事何种职业，学校、其他单位和个人均不得干涉。任何强加给毕业生的就业行为都是侵犯毕业生就业自主权的行为。

### 6. 择业知情权

毕业生在与用人单位签订就业协议、劳动合同前，有权了解用人单位的主体资格、劳动岗位、劳动条件、劳动报酬以及规章制度等情况。用人单位应当如实说明和介绍，不能回避或故意隐瞒某些职业危害，也不能夸大单位规模和提供给毕业生的待遇。

### 7. 违约求偿权

用人单位无故解除协议，或不按照协议内容履行时，毕业生有权要求用人单位依法承担违约责任，包括支付违约金。

在实际就业过程中，毕业生出于谋求更好的就业机会等原因，向用人单位主动提出解除协议的情况较多，毕业生大多也都承担了自己的违约责任。但也有用人单位一方出于单位改制、经营情况不好等原因，主动向毕业生提出解除协议的情况；甚至个别单位在招聘时提供了虚假信息，在毕业生到单位就业后不能履行对毕业生的承诺。对于这些情况，毕业生有权向用人单位提出赔偿要求。

## (二) 就业相关法律法规

▶ 【案例】

湖南某高校毕业生在实习期间与用人单位签订了《实习协议》和《就业协议书》。

在实习结束前，该毕业生对于公司的安排不满意，希望离开用人单位另寻工作，但用人单位却将《就业协议书》作为凭证，指出该毕业生违反了协议约定，要求该毕业生赔偿用人单位的损失(实习期间，公司对该毕业生进行了培训，并签订了《培训协议》。现在该毕业生想毁约，公司要按照《培训协议》向该毕业生收取违约金5000元和住宿费1100元。实际上，在实习培训期间，公司只提供了住宿，其他都未提供)。

在这种情况下，法律保护的是毕业生还是用人单位？

**分析：**《就业协议书》并不违反法律规定且是当事人的真实意思，受法律的保护，合同双方当事人应当严格按照合同的约定履行。如有某一方出现违约行为，应当按照合同约定的违约条款追究违约方的违约责任。本案例两者都保护，但违约方要按照合同约定承担违约责任。

毕业生要熟悉和掌握国家有关就业的法律、法规，强化自己的维权意识。一旦在求职应聘、签订就业协议和劳动合同的过程中，发现有权益受到侵害，要能够积极运用法律武器，争取和维护自己的合法权益。

1.《中华人民共和国劳动法》

《劳动法》根据《中华人民共和国宪法》制定，目的是保护劳动者的合法权益，调整劳动关系，建立和维护适应社会主义市场经济的劳动制度，促进经济发展和社会进步。

适用的范围：在中华人民共和国境内的企业、个体经济组织（以下统称用人单位）和与之形成劳动关系的劳动者，国家机关、事业组织、社会团体和与之建立劳动合同关系的劳动者，依照本法执行。

内容包括劳动者的基本权利和义务、促进就业、劳动合同和集体合同、工作时间和休息休假、工资、劳动安全卫生、女职工和未成年工特殊保护、职业培训、社会保险和福利、劳动争议、监督检查、法律责任。

毕业生应着重了解《劳动法》中关于劳动者应享有的各项权利，如平等就业和选择职业的权利、取得劳动报酬的权利、休息休假的权利、获得劳动安全卫生保护的权利、接受职业技能培训的权利、享受社会保险和福利的权利、提请劳动争议处理的权利以及法律规定的其他权利。毕业生还应当明确劳动者应当完成劳动任务，提高职业技能，执行劳动安全卫生规程，遵守劳动纪律和职业道德的劳动义务。用人单位应当依法建立和完善规章制度，保障劳动者享有劳动权利和履行劳动义务。

2.《中华人民共和国劳动合同法》

《劳动合同法》从劳动合同的订立、履行、变更、解除到终止，明确了劳动合同双方当事人的权利和义务，重在对劳动者合法权益的保护，被誉为劳动者的保护伞，为构建与发展和谐稳定的劳动关系提供法律保障。《劳动合同法》是《劳动法》的特别法，在关于劳动合同的问题上，优先适用《劳动合同法》。

《劳动合同法》重点突出了三方面内容：一是立法宗旨非常明确，就是为了保护劳动者的合法权益，强化劳动关系，构建和发展和谐稳定的劳动关系；二是解决目前比较突出的用人单位与劳动者不订立劳动合同的问题；三是解决合同短期化的问题。

3.《中华人民共和国就业促进法》

制定《就业促进法》的目的是促进就业，促进经济发展与扩大就业相协调，促进社会和谐稳定。人们普遍关心的禁止就业歧视、扶助困难群体、规范就业服务和管理等就业问题在这部法律中都有体现。

目前，社会上的就业歧视现象仍屡见不鲜，毕业生在就业中常常遭遇就业不平等、就业歧视等问题，《就业促进法》对于就业歧视等相关问题进行了明确规定，用人单位违反《就业促进法》实施就业歧视的，毕业生可以向人民法院提起诉讼，以维护自己平等就业的权利。

4.《中华人民共和国劳动争议调解仲裁法》

劳动争议的处理依据《中华人民共和国劳动争议调解仲裁法》（以下简称《劳动争议调解仲裁法》）开展，适应范围为中华人民共和国境内的用人单位与劳动者发生：因确认劳动关系发生的争议；因订立、履行、变更、解除和终止劳动合同发生的争议；因除名、辞退和辞职、离职发生的争议；因工作时间、休息休假、社会保险、福利、培训以及劳动保护发生的争议；因劳动报酬、工伤医疗费、经济补偿或者赔偿金等发生的争议；法律、法规规定的其他劳动争议。

劳动争议处理流程一般分为"协商""调解""仲裁""诉讼"四个程序。发生劳动争议时，劳动者可以与用人单位协商，也可以请工会或者第三方共同与用人单位协商，达成和解协议。当事人不愿协商、协商不成或者达成和解协议后不履行的，可以向调解组织申请调解；不愿调解、调解不成或者达成调解协议后不履行的，可以向劳动争议仲裁委员会申请仲裁；对仲裁裁决不服的，除本法另有规定的外，可以向人民法院提起诉讼。《劳动争议调解仲裁法》在第二章和第三章对"调解"和"仲裁"作了详细规定。

## （三）就业陷阱防范与自我保护

**【案例】**

### 切勿"慌不择路"

小赵，22岁，今年刚从某高校毕业，看着周围的同学都已找到了满意的工作，自己几个月来却一直处于失业的状态，心中十分着急。他应聘了多家单位，均以没有工作经验为由被婉拒了。他总觉得刚毕业的大学生在劳动力市场中"矮人一截"。

6月初，他看到某公司在招聘管培生岗位，并在介绍中说明"无经验也可"，小赵不假思索就到这家公司填写了登记表，对招聘公司的背景一概不问，面试人员跟他说什么都答应。面试人员在面试过程中提出要收取报名费、培训费等一系列费用，小赵由于迫切想得到这份工作，便毫不犹豫交了钱，也没留下任何票据凭证，然后听从面试人员的话语，回家等消息。

等了一个月，该公司仍然没有给他任何回音，于是他来到该公司要求退钱，但由于拿不出任何凭据，只能无奈走人。最后小赵工作没找到，连钱也被骗去了不少。

在应届毕业生求职旺季，不少学生求职心切，疯狂"海投"简历，对于所应聘单位的背景资料也不了解，就盲目前往；甚至有不少学生为了表示自己的诚意，对企业提出的一些近乎苛刻的要求也照单全收。一些不法企业正是利用了应届毕业生的这种心理，设下种种圈套。

大学生就业竞争日趋激烈，就业压力日渐加大。一些招聘单位、中介机构或个人利用大学生社会经验不足、自我保护意识差、求职心切等弱点，以提供就业机会为诱饵，采用违背道德、违反法律等手段，与大学生达成权利与义务不对等的就业意向或协议，使大学生受骗上当，自身合法权益也受到侵害。因此，广大毕业生在求职过程中应当学会识别和规避各种就业陷阱，增强自我保护意识。

**1. 识别和规避就业陷阱**

（1）费用陷阱

一些用人单位在招聘中向毕业生收取各种名目繁多的费用，不但加重了毕业生的负担，有些根本就是骗取钱财。这些费用有风险抵押金、报名费、培训费、考试费、资料费、登记费、服装费等。有些毕业生不想错过就业机会，尝试着先把费用交了，但结果却是受骗上当。

**【相关规定】**

《就业服务与就业管理规定》第十四条规定：用人单位招用人员不得提供虚假招聘信息，发布虚假招聘广告；扣押被录用人员的居民身份证和其他证件；以担保或者其他名义向劳动者收取财物；招用未满 16 周岁的未成年人以及国家法律、行政法规规定不得招用的其他人员；招用无合法身份证件的人员；以招用人员为名谋取不正当利益或进行其他违法活动等行为。

（2）高薪陷阱

求职中，毕业生往往容易被优厚的待遇、高额的工资所吸引。等到正式开始工作时才发现，用人单位以各种各样的理由和借口不予兑现招聘时所作出的承诺，或是用人单位对薪水中的不确定收入部分给予的是虚假或模糊的承诺，最终不能真正兑现。针对这些情况，毕业生一定要在求职时对用人单位进行深入了解，重在预防，不要盲目签约。

（3）试用期陷阱

试用期陷阱主要有以下六种形式：

①试用期间只试用不录用，毕业生辛辛苦苦熬到试用期满时，用人单位随意找个理由就把毕业生辞退了；

②试用期不签订劳动合同，试用合格后才签劳动合同。法律规定，劳动合同可以约定试用期，试用期应当包含在劳动合同期限内。因此，毕业生被用人单位录用后就应该订立劳动合同，双方在法律、法规允许的范围内约定试用期；

③随意延长试用期，《劳动合同法》对试用期限有明确规定，有些单位却拒不执行；

④故意混淆试用期与实习期、见习期的概念，以达到侵犯毕业生合法权益的目的，其具体区别在前面"与毕业生就业相关的'关键词'"一节中有详细说明；

⑤以试用为借口，榨取廉价劳动力，支付低工资甚至不支付工资；

⑥单独签订试用期合同，试用期结束时，用人单位将毕业生辞退，同时又以劳动合同没有生效为由，逃避责任。

（4）合同陷阱

现实生活中，有些用人单位在与毕业生签订劳动合同时采用欺诈、胁迫等手段设置陷阱，严重侵害了毕业生的合法权益。合同陷阱一般有以下六种形式。

①口头合同，用人单位与毕业生就责、权、利达成口头约定，不签订书面正式文本；

②单方合同，用人单位在劳动合同里只约定毕业生的义务和用人单位的权利，而对毕业生的权利和用人单位的义务很少甚至是根本不提；

③生死合同，一些高危行业的用人单位会要求毕业生接受合同中的生死协议，即一旦发生意外，企业不承担任何责任。签订这类合同的往往是从事高度危险作业的单位，这些单位的劳动保护条件差、安全隐患多、设施不安全，生产中极易发生安全事故；

④真假两份合同，假合同内容按照劳动部门的要求签订，以应付有关部门的检查，真合同往往是从维护用人单位利益出发的违法合同；

⑤格式合同，用人单位采用的是根据劳动部门制定的合同示范文本打印的聘用合同，

从表面上好像看不出有什么问题，但具体文字却表述不清，甚至可以有多种解释；

⑥霸王合同，这类合同一般是以给劳动者或其亲友造成财产或人身损失相威胁，迫使对方在违背真实意愿的情况下所签订的合同。

（5）隐私陷阱

毕业生在求职时，会在相关领域如网络和求职材料上留下自己的信息资料，比如姓名、年龄、身高、学历、电话、身份证号等。这些信息属于个人隐私的一部分，未经本人同意不得公开、泄漏、出售。但可能因为工作人员的疏漏、网络软件的缺陷、不法分子的圈套等，这些信息被用来侵害当事人合法权益或谋求商业利益。

因此，毕业生求职时不要随便将个人资料留给不可靠的单位和个人，将个人资料投放网络时要选择安全防范能力强和可靠性高的网站，同时注意保密设置内容的选项。在面试时，一些用人单位的提问会涉及个人隐私，如果与工作无关或者出于恶意的问题，毕业生有权拒绝回答；如果是出于安排合适岗位的考虑或者考查应变能力，毕业生可以视情况回答。用人单位因此获得毕业生的个人隐私后，负有保密的义务，否则将构成侵权。

（6）知识产权陷阱

个别用人单位通过招聘时要求毕业生提供作品或者完成某项设计工作等方式，取得并盗用毕业生的智力成果。例如，面试时不要让用人单位随意复制自己的作品；发送电子邮件时，应对自己的作品进行处理，如降低相关图片的分辨率；交付自己的作品时，应要求用人单位签收，以保存证据。

（7）中介陷阱

一些不法分子冒充合法机构，通过广告宣传虚构招聘岗位，收取中介费后便人间蒸发。更有些私人机构互相勾结，串通欺骗求职者，举办所谓的招聘会接收大量简历，但并不招一兵一卒，意在敛取求职者的钱财。广大毕业生不要轻信那些无相应资质的中介机构和场所，应去政府举办或者经政府审查许可的有信誉的人才市场和人才服务机构求职。

除以上陷阱外，还有遭遇黑中介，被用人单位当作廉价劳动力无故克扣工资及不缴纳社会保险费，被骗取劳动成果，陷入传销骗局，被网络虚假招聘信息蒙蔽等诸多陷阱，都在提示着毕业生求职时一定要提高警惕，擦亮眼睛，绕过陷阱，最终实现顺利就业。

**2. 毕业生自我保护**

毕业生就业权益保护的一个重要方面就是毕业生自我保护，主要体现在增强毕业生自我保护的意识。

一是端正求职心态。毕业生求职时，往往会出现焦急、浮躁和盲目的心态，直接影响了他们在维护合法权益方面的态度和表现，或不惜委曲求全，或不敢再斤斤计较，或被花言巧语诱骗而轻信对方。虽然不是一次就业定终身，但如果首次就业就令权益和身心都受到伤害，则必然会给自己未来的发展带来不小的负面影响。

二是掌握政策，学习法律。在求职、择业、签约之前，一定要全面了解和掌握毕业生就业政策，做好相关法律法规的知识储备。如此，才能在应聘和签约时保持思路清楚和条理明晰，及早识破不法单位故意设下的陷阱；才能懂得如何通过合法的途径和手段解决就业过程中出现的问题，最大限度地保护自己的正当权益。

三是全面了解用人单位。毕业生享有全面、真实了解用人单位的知情权。签约前，毕业生应该尽量多方面打听、了解用人单位的运作状况、招聘信誉、用人意图、岗位职责以及企业文化等情况。如果有可能，最好去实地考察工作环境，尤其是颇为陌生的单位，未雨绸缪地将未来实际就业中权益受侵害的可能性降至最低。

四是慎重签订协议。在与用人单位签约时，落笔要慎重，仔细研究《就业协议书》及其补充协议中的条款，确认合理合法后再签字；重点注意试用期及违约条款的约定；尽量不要在协议书中留下空白条款；对用人单位的口头承诺要尽可能在补充协议中予以书面注明，并明确将来签订劳动合同时对此予以确认。

五是敢于据理力争。如果在求职应聘和签订协议的过程中发现有权益受侵害的不公平现象，不要因为害怕失去就业机会而忍气吞声，要学会积极运用法律的武器，力争自己的合法权益。缺乏诚信、居心不良的用人单位不去也罢，否则将来吃亏的还是毕业生自己。毕业生加强自身的维权意识，是阻止侵犯毕业生就业权益现象泛滥的根本途径。

六是听取意见建议。如果在首次就业的过程中遇到疑惑和困难，要及时咨询有关专家、老师和家长。毕竟毕业生在社会阅历方面还是一片空白，而法律专家的专业视角、学校老师的指导经验，对于毕业生有着莫大的帮助。此外，往届校友的就业经验和教训，也是可供应届毕业生就业维权参考的一笔宝贵财富。

## 三、与毕业生就业相关的"手续"

### (一)户口

户口是住户和人口的总称，计家为户，计人为口。户口的载体为户籍(户口簿)，是由公安机关户政管理机构所制作的，用以记载和留存住户人口基本信息的法律文书。

《湖南省常住户口登记管理办法》第三十五条规定：高校、职业院校学生因毕业、肄业、转学等原因，凭高校、职业院校学生户口迁入凭证材料、迁入人员的户口迁移证或居民户口簿内页、居民身份证，可以申请将户口迁入入学前户籍所在地或其入学前户籍所在地父母现户籍地、工作单位所在地、创业地、转入学校所在地。

《湖南省常住户口登记管理办法实施细则》第十五条规定：《湖南省常住户口登记管理办法》第三十五条所称的"高校、职业院校学生户口迁入凭证材料"为毕业生、肄业生将在校户口或托管在就业指导中心的户口迁回入学前户籍所在地或其入学前户籍所在地父母现户籍地的，为毕业证或肄业、退学证明；毕业生迁往工作单位所在地(含创业地)的，为毕业证和就业报到证，或毕业证和第十四条所列的合法稳定就业凭证材料；转学学生到新转入学校落户的，为教育部门的转(升)学凭证材料。

## （二）党团组织关系

### 1. 党组织关系转接

依据《关于做好高校毕业生党员组织关系管理工作的通知》（以下简称《通知》）的规定，将高校毕业生党组织转接分为六种情况。

第一种，已经落实工作单位的高校毕业生党员。《通知》中规定：对已落实工作单位的高校毕业生党员，其工作单位建立党组织的，应将组织关系及时转移到单位党组织。工作单位尚未建立党组织的，可将组织关系转移到单位所在地或本人居住地的街道、乡镇党组织，也可随同档案转移到县以上政府所属公共就业和人才服务机构党组织。参军入伍等特殊情况，按特殊单位进行转接。

第二种，没有落实工作单位的高校毕业生党员。《通知》中规定：对没有落实工作单位的高校毕业生党员，可将组织关系保留在原就读高校党组织，也可转移到本人居住地的街道、乡镇党组织，或随同档案转移到县以上政府所属公共就业和人才服务机构党组织。

《中国共产党党员教育管理工作条例》规定：高校党组织对组织关系保留在学校的高校毕业生流动党员，应当继续履行管理职责。党员组织关系保留时间一般不超过 2 年，对符合转出组织关系条件的及时转出。

第三种，工作变动较大，居住地也不稳定的高校毕业生党员。可以将组织关系转入常驻地或户口所在地，在工作变动期间，参考《中国共产党党员教育管理工作条例》中流动党员管理办法，按照组织关系一方隶属、参加多重组织生活的方式，在与组织关系所在地党组织保持联系的同时，积极主动就近参与社区、园区党群服务中心各类党组织活动，过好多重组织生活。待具备转移组织关系条件时，及时做好党员组织关系转接。

《中国共产党党员教育管理工作条例》规定：乡镇、街道、村、社区、园区等党群服务中心应当向流动党员开放。

第四种，因升学考入新高校继续深造的高校毕业生党员。采取高等院校之间组织关系的转移，分省内转接和跨省转接两种情况。

第五种，出国留学和出境学习的高校毕业生党员。《通知》中规定：对出国留学和出境学习的高校毕业生党员，应将组织关系保留在原就读高校党组织。党员出国（境）前，高校党组织应要求其提交保留组织关系的书面申请，说明学习地点、时间、留学方式、联系方式、境内联系人等情况，经院（系）党组织审批后，报高校党委组织部登记备案。高校党组织应通过适当方式，做好党员在国（境）外期间的定期联系和教育管理工作。党员归来后，依据有关规定，做好恢复组织生活有关工作。

《中国共产党党员教育管理工作条例》规定：对出国（境）学习研究党员，由原就读高校或者工作单位党组织保留其组织关系，每半年至少与其联系 1 次。出国（境）学习研究党员返回后按照规定恢复组织生活。对因私出国并在国外长期定居的党员，出国学习研究超过 5 年仍未返回的党员，一般予以停止党籍。停止党籍的决定由保留其组织关系的党组织按照有关规定作出。

第六种，都不愿接收，怎么办？

《中国共产党党员教育管理工作条例》规定：党组织不得无故拒转拒接党员组织关系。另在《通知》中明确：各级党组织要高度重视高校毕业生党员组织关系管理工作，对在转移和接收党员组织关系过程中推诿扯皮、无故拒转拒接，以及不按规定回执的党组织及其负责人，上级党组织要批评教育，及时纠正。

组织关系转接中，需要本人确认便于参加组织生活的目的地党组织，再查看党组织关系转入基本条件，按要求提交有关证明材料，若本人符合党组织关系转接条件，而目标单位、高校、户口所在地、居住地无正当理由拒绝办理毕业生党组织关系转接手续，毕业生本人可向其上一级党组织进行反馈，组织部门会依规处理。

▶ 【特别注意】

毕业生党员的党组织关系接转，有两方面要求一定要重视。

一是毕业生党员组织关系介绍信有效期。各地在具体执行过程中有差异，以介绍信上写明的期限为准，一般为30天，务必要在有效期内办理好组织关系转移手续。接收单位发生变动等客观原因，导致组织关系介绍信逾期的，自党员组织关系转出之日起6个月内，高校党组织可根据党员本人提供的原凭证重新开具组织关系介绍信。

二是无故不进行党组织关系转接。连续6个月不参加党的组织生活的，将会被认为是自行脱党。

《中国共产党章程》第一章第八条规定：每个党员，不论职务高低，都必须编入党的一个支部、小组或其他特定组织，参加党的组织生活，接受党内外群众的监督。党员领导干部还必须参加党委、党组的民主生活会。不允许有任何不参加党的组织生活、不接受党内外群众监督的特殊党员。

《中国共产党章程》第一章第九条规定：党员如果没有正当理由，连续6个月不参加党的组织生活，或不交纳党费，或不做党所分配的工作，就被认为是自行脱党。支部大会应当决定把这样的党员除名，并报上级党组织批准。

（参考来源：https://www.12371.cn/2019/06/14/ARTI1560502405771691.shtml）

**2. 团组关系转接**

同党组织关系转接的相关规定一样，如果不及时转接团组织关系，可能被认为是自行脱团，记入个人档案；也可能影响未来入党、评优评先、就业等，所以一定要及时转接自己的团组织关系。

团组织关系转接的类型与党组织关系转接的六种情况相似，参照党组织关系转接要求，在"智慧团建"系统中，由团员个人提出申请，将团组织关系转入相应类型的团组织。

## （三）档案托管（人事代理）

档案托管（人事代理）是指由政府人事部门所属的人才服务中心，按照国家有关人事政策法规要求，接受单位或个人委托，在其服务项目范围内，为多种所有制经济尤其是非公有制经济单位及各类人才提供人事档案管理、职称评定、社会养老保险金收缴、出国政审等全方位服务，是实现人员使用与人事关系管理分离的一项人事改革新举措。

档案托管和转递是每个毕业生要特别注意的问题，通常学生到单位时，有单位会主动接收档案，有的企业则不做要求。这时毕业生可以把档案存放在户口所在地或者工作地人才交流中心，既安全又方便。但要注意以下三个方面的事宜。

一是在没有搞清楚用人单位是否具有人事主管权之前，不要把档案转入这个单位，应该把档案转递到这个单位所在地的人才交流中心。

二是要确定用人单位的性质。国家机关、国有事业单位、国有企业及其主管单位是有人事管理权的，可以接收档案；其他各类非公企事业单位、各类民营机构是无人事管理权的，要通过人才交流中心来接收毕业生。

三是档案的转递有规定程序，学生在离开学校应之前知晓自己的档案的具体去向，在什么时间被转到什么地方。现阶段，毕业生毕业后人事档案的去向可以问人力资源和社会保障局、人才交流中心、地市教育局等。

## ▶【相关规定】

2014年，中共中央组织部、人力资源和社会保障部等五部门联合印发《关于进一步加强流动人员人事档案管理服务工作的通知》（以下简称《通知》）。

《通知》第二点明确规定，"流动人员人事档案范围包括非公有制企业和社会组织聘用人员的档案；未就业的高校毕业生及中专毕业生的档案；自费出国留学及其他因私出国（境）人员的档案；自由职业或灵活就业人员的档案；其他实行社会管理人员的档案"。

《通知》第七点明确规定，"自2015年1月1日起，取消收取人事关系及档案保管费、查阅费、证明费、档案转递费等名目的费用。各级公共就业和人才服务机构应提供免费的流动人员人事档案基本公共服务"。

## （四）《全国高等学校毕业生就业报到证》（以下简称《报到证》）初办、补办和改办

《报到证》可通过网上办理和现场办理，网上办理可以直接注册登录湖南省政务服务网办理。

### 1. 初次办理手续

适用对象：湖南省内普通高校毕业，从未办理过《报到证》且在择业期内的毕业生。

（1）网上办理链接地址：http://zwfw-new.hunan.gov.cn/hnvirtualhall/serviceguide/jsp/serviceguideck.jsp? approve_id=160744&type=xndtgr&dghy=&cscjwt=。

（2）现场办理步骤：已就业的提供与用人单位签订的《就业协议书》或者《劳动合同》《聘用合同》等用工证明材料，未就业的可本人书写《回原籍申请书》；于工作时间到学院招生就业处审验合格后，开具《介绍信》；本人持《就业协议书》等（或《回原籍申请书》）《介绍信》和《毕业证书》、身份证原件在湖南省大中专学校学生信息咨询与就业指导中心业务大厅办理。

### 2. 遗失补办手续

适用对象：湖南省内高校毕业，2000年以后《报到证》自签发之日起一年内遗失的毕

业生(自签发之日起满一年后遗失不予补办《报到证》原件,由省级毕业生就业调配部门出具《遗失证明》代替执行《报到证》的功能)。

(1)网上办理链接地址:http://zwfw-new. hunan. gov. cn/hnvirtualhall/serviceguide/jsp/serviceguideck. jsp? approve_id＝160721&type＝xndtgr&dghy＝&cscjwt＝。

(2)现场办理步骤:从2021年2月1日起,湖南省普通高校毕业生补办《报到证》或遗失证明的材料为毕业生本人的毕业证书、身份证和《湖南省普通高校本专科毕业生和毕业研究生就业报到证遗失补办申请表》(以下简称《补办申请表》)。《补办申请表》由申请人本人填写,并需要经学校毕业生就业主管部门或《报到证》开往单位签署补办意见,不再需要提供刊登遗失《报到证》声明作废的报纸。申请人可以持上述材料直接前往湖南省大中专学校学生信息咨询与就业指导中心业务大厅办理。

重要说明:2000年前遗失《统一分配工作报到证》或《就业派遣报到证》的,可以电话咨询0731-82816663。

### 3.调整改办手续

适用对象:择业期内湖南省内高校毕业;《报到证》自签发之日起一年内,因故不到该《报到证》开往单位报到,申请改办到新单位的毕业生(改办原则上只能办理一次)。

(1)网上办理链接地址:http://zwfw-new. hunan. gov. cn/hnvirtualhall/serviceguide/jsp/serviceguideck. jsp? approve_id＝160724&type＝xndtgr&dghy＝&cscjwt＝。

(2)现场办理步骤:到原用人单位开具同意解除劳动关系的《证明》;与现用人单位签订《就业协议书》或者《劳动合同》《聘用合同》《用工合同》等用工证明材料,如是改回原籍,本人书写《回原籍申请书》;持以上证件及原《报到证》(上下两联)于工作时间到学院招生就业处审验合格后,开具并审签《改办申请表》《介绍信》;持《就业协议书》(或《劳动合同》《接收函》)、原《报到证》(上下两联)、身份证原件和《证明》《改办申请表》《介绍信》《毕业证书》前往湖南省大中专毕业生就业指导中心业务大厅办理。

### 4.重要说明

(1)户口、档案托管在湖南省大中专学校学生信息咨询与就业指导中心的可免学校《介绍信》及《改办申请表》。

(2)所有需要递交的证件若无特别说明均为原件,若无原件,须在复印件上加盖发证单位的公章,电子扫描件亦是如此。

(3)若请人线下代办,除以上文件外还须签名委托书、委托人身份证复印件及被委托人身份证原件。

(4)《报到证》开往北京、上海、广东等需要户籍报批(或审核)的城市,须当地毕业生就业主管部门或人社部门提供相关接收证明函件,以便办理转档及户籍迁移等手续。

### 5.《报到证》业务办理部门联系方式

湖南省大中专学校学生信息咨询与就业指导中心

联系电话:0731-82116082

办理时间:工作时间内随到随办,受理10分钟内办理完结。

办理地点：湖南省长沙市雨花区雨花亭新建西路 37 号。

## （五）《就业协议书》的签订程序及注意事项

### ▶【案例】

某中外合资公司以业务发展需要为由，在某大学就业网站发布招聘信息：公司因业务发展需要，需招聘相关专业应届毕业生若干名，待遇从优。由于该公司在民营企业中具有较高的知名度，信息一公布，关注者甚众，点击率一路攀升。

张同学是该学校产品设计专业的应届毕业生，在经过了两轮面试以及两个星期的试用以后，该公司正式通知张同学签订《就业协议书》，并对他说："《就业协议书》拿来拿去签比较麻烦，你先叫学校盖好章，我们可以当场签掉。"

他想想觉得有道理，起码可以少跑好几趟，也确实想尽快与单位签约，不敢违背公司的意志，于是在领取《就业协议书》时就要求招生就业处的老师在空白协议上事先进行盖章。老师提醒他如果学校事先盖章可能会对他产生不利的影响，但是在他的再三要求并写下责任承担书的基础上给他单方面加盖了印章。

当天下午，他拿着《就业协议书》到公司签约，人事部主管与他针对《就业协议书》的服务期限、工资、违约金等事项进行细致协商并在协议上详细注明后，要求张同学签字，然后以公司总经理今天外出，公章拿不到为由要张同学第二天来拿《就业协议书》。张同学签约心切，什么都没想就答应下来并兴高采烈地回校了。

第二天一大早他就去公司拿《就业协议书》，但刚看到协议他就一下子傻眼了，原本没有约定条款的《就业协议书》现在多了两条附加条款：1. 本协议所约定的收入为税前收入并包括社会保险费；2. 毕业生自签约之日起开始上班，至正式报到期间为实习期，实习期工资为每月 500 元。他想与之争辩，却发现自己根本讲不清楚，只能欲哭无泪地呆在那里，可以说他尚未走出校门就已经摔了大跤。

**分析：**张同学之所以会被骗，最主要的原因是他违反了正常的就业协议签订程序。我们知道，任何实体权利的实现都需要通过一定的程序进行保障，程序的违反必然导致实体权利受到侵害。毕业生就业也是如此，为了保障毕业生和用人单位的合法权益，国家和省市教育主管部门都制定了签订就业协议的相关程序，只有正确按照既定的程序签约，才能使自己的权益免受损害。

毕业生对于用人单位来说往往处于劣势，特别是在如今严峻的就业形势下，许多毕业生都有两种不良的就业心态：一是比较迫切，希望能够尽快找到理想的就业单位；二是用人单位说的都是对的，甚至有人戏言学校说话一百句，抵不上用人单位说一句，造成学校的就业指导很难开展。这些不良心态往往会被一些动机不良的用人单位所利用，利用程序上的错位来侵犯毕业生的利益。其中最普遍的就是找理由让毕业生和学校先签字，然后想方设法独自占有协议并乘机对协议进行单方面修改。

本案中，张同学就是因为临近毕业未落实就业单位而急切地希望与用人单位签约，过于听信单位的话而放松了警惕。如果不是为了贪图方便，如果当初他能认真地听取招生就业处老师的意见，并且按照正常的就业协议签订程序与公司签约，就不会出现这种情况。

张同学这种"哑巴吃黄连，有苦说不出"的结局，是他不按照就业程序签约自酿的苦果。虽然明明知道单位在弄虚作假，由于他无法进行有效的举证，却只能默默承受。因此，再次提醒广大毕业生，千万别为了图方便而违反程序签订《就业协议书》。

**1.《就业协议书》的签订程序**

(1)用人单位和毕业生在协议书上签字盖章。

(2)报用人单位上级主管部门批准盖章。

(3)用人单位在与毕业生签署协议书之后，及时将该协议书送到专业系和学校毕业生就业部门。

(4)专业系和学校同意盖章，并及时将意见反馈给用人单位。

**2.签订《就业协议书》的注意事项**

(1)《就业协议书》是效力条款，协议书的内容是对协议各方权利义务的约定，具有法律效力，毕业生一定要认真对待。每位高校毕业生只能签订一份协议书。毕业生和用人单位签约后，协议书一律由用人单位交培养单位签字，经三方签字并加盖公章后方能生效。三方应严格履行协议，若有一方提出变更协议，需征得另两方同意，由违约方承担违约责任。凡取得毕业资格的毕业生，用人单位不得以学习成绩为由提出解约，对于未取得毕业资格的结业生，协议无效。

(2)毕业生要按国家规定就业，向用人单位如实介绍自己的情况，了解用人单位的使用意图，表明自己的就业意见，同时在签字前要详细了解用人单位的情况，包括其主体资格、规模、效益、业务范围、管理制度、隶属、地址等。

(3)其他约定，如服务期、试用期、工资待遇、社会保险、违约金等。这些应在协议书的附加条款部分予以注明，尤其是完善补充条款，最好约定协议解除条件。主要有约定毕业生如果通过"专升本"考试或者考上公务员，则就业协议自动失效；约定具体的工作岗位和职位要求等。

## (六)签订《劳动合同》的注意事项

签订《劳动合同》是求职过程中的最后一个阶段，是整个求职过程的重中之重。签订《劳动合同》的前、中、后三个时间段，都有着很多涉及毕业生切身利益的注意事项。

**1.签订《劳动合同》前的注意事项**

(1)积极发现问题。主动询问用人单位，不用怕浪费时间，要准确把握用人单位的需求和意向，为自己签订《劳动合同》提供全面的参考信息。

(2)按照约定签署书面的《劳动合同》。许多劳动纠纷都是因为没有签订《劳动合同》或者《劳动合同》内容不详、不合理而引发的。

(3)仔细阅读合同内容。一是可以看出用人单位管理是否规范，二是对自己负责。对于用人单位提供的《劳动合同》范本，有疑问之处要主动询问；不合理和无法接受的条款，要向用人单位提出修改意见并进行协商。尤其要注意，不签合同不试用，用人就要签劳动合同，不能把试用期独立在《劳动合同》之外，谨防试用期陷阱。

**2. 签订《劳动合同》过程中的注意事项**

签订《劳动合同》是建立劳动关系、双方履行各自义务、维护权利的依据。由于毕业生对《劳动合同》的重要性认识不足，对签订《劳动合同》的知识掌握不多，导致签订的《劳动合同》存在不少漏洞。究其原因，一是用人单位有意在《劳动合同》中加入一些不利于求职者的内容；二是求职者本身粗心大意，缺少经验。

**3. 签订《劳动合同》后的注意事项**

《劳动合同》签订后，求职者便成为用人单位的一员，承担某种职务职责或某项工作，要遵守用人单位的规章制度，完成劳动任务；用人单位按照求职者劳动的数量与质量支付劳动报酬，保证求职者依法享有各项合法权利。

但是有些《劳动合同》从订立的时候起就没有了法律效力，对用人单位和求职者没有约束力。比如以下四种情况：

一是合同主体不合格，如不满16周岁的公民签订的《劳动合同》（除法律另有规定外）一律无效；

二是采取欺诈、威胁等手段签订的《劳动合同》无效；

三是严重违反程序签订的《劳动合同》，应该经劳动部门鉴证而没有报请鉴证的《劳动合同》无效；

四是《劳动合同》不符合形式的，应当签订书面合同而没有签订书面合同的（除法律另有规定外）属于无效。

如果求职者与用人单位签订的《劳动合同》属于以上情况的，应向劳动仲裁委员会或人民法院申请仲裁或诉讼，维护自己的合法权益。

# 四、与毕业生就业相关的"政策"

## （一）升学

2021年1月20日，湖南省教育厅印发了《2021年湖南省普通高等教育"专升本"考试招生工作实施方案》（以下简称《方案》）。《方案》指出：2021年起，全省普通高等教育"专升本"考试招生工作不再实行院校签约和学校推荐制，全省设立统一的"湖南省普通高等教育专升本信息管理平台"，统一下达"专升本"招生计划，公布招生专业范围和具体报名办法，扩大免试推荐录取范围，继续实施两类专项计划。至此，湖南省职业教育全日制"专升本"考试招生工作拉开了新的篇章。

《方案》明确举办"专升本"教育的普通本科学校为全省省属本科学校（不含湖南师范

大学)和独立学院。独立学院的母体高校对独立学院"专升本"考试招生工作进行管理和监督。

《方案》明确扩大免试推荐录取范围。一是在校期间获得世界技能大赛、中国技能大赛一类赛和全国职业院校技能大赛的一、二、三等奖,全省职业院校技能竞赛一等奖,以及中国国际"互联网+"大学生创新创业大赛金奖、银奖的高职(专科)应届毕业生;二是在部队服役期间荣立三等功以上荣誉的高职(专科)应届毕业生或毕业当年应征入伍并于毕业前一年退役的高职(专科)毕业生。

《方案》明确继续实施两类专项计划。一是落实建档立卡贫困家庭毕业生"专升本"专项计划,确保建档立卡贫困家庭毕业生的录取比例(以建档立卡贫困家庭毕业生实际参考人数为基数)不低于所在专业的录取比例,且不高于所在专业录取比例的10%。二是做好应征入伍服兵役高职(专科)毕业生退役参加"专升本"考试工作。凡就读期间应征入伍服兵役,退役复学后完成高职(专科)学业的应届高职(专科)应届毕业生或毕业当年应征入伍并于毕业前一年退役的高职(专科)毕业生,均可报名参加毕业当年的"专升本"选拔考试。录取比例由本科学校确定,但不得低于60%。

## (二)应征入伍

参军报国,无上光荣。目前,报效国家有应征入伍义务兵役、大学生士官、军队文职人员三种形式。其中,每年的应征入伍义务兵役、大学生士官招募信息可以直接在全国征兵网查询,具体链接为 https://www.gfbzb.gov.cn/(图5-6)。

图5-6　全国征兵网

**1. 应征入伍义务兵役**

我国现行的义务兵役制度服役年限是 2 年。近年来，国家鼓励大学生应征入伍服义务兵役，不断提高应届毕业生的征集比例，高校毕业生应征入伍服义务兵役除享有优先报名应征、优先体检政审、优先审批定兵、优先安排使用"四个优先"政策，家庭按规定享受军属待遇外，还享受优先选拔使用、学费补偿和国家助学贷款代偿、退役后考学升学优惠、就业服务等政策。

2020 年 5 月，湖南省人民政府、中国人民解放军湖南省军区印发《激励大学生参军入伍若干措施》（以下简称《措施》）。《措施》从政治荣誉、复学升学、服务管理、退役安置、经济优待、就业创业等方面出台多条优待措施，确保大学生参军政治上有荣誉、经济上有奖励、学业上有保障、就业上有出路。

（1）弘扬拥军优属传统。符合条件的退役大学生士兵可优先参加优秀毕业生评选，不受指标限制；对离校 2 年内未就业退役大学生士兵灵活就业后缴纳社会保险的，按规定给予一定的社会保险补贴，最长不超过 2 年。

（2）落实经济优待。从长沙市应征入伍的义务兵家庭优待金标准为每户每年 25000 元；从长沙市应征入伍的大学生，按照 15000 元/人的标准发放一次性奖励金；从长沙市应征入伍到西藏、新疆等艰苦地区服役（含高原条件兵）的义务兵家庭给予"进疆进藏"一次性奖励 20000 元；义务兵家庭优待金、进疆进藏奖励金、大学生入伍一次性奖励金通过"一卡通"系统发放到"湖南省公民兵役证"，于新兵起运之日起 120 天内落实到位。

（3）完善复学升学政策。应征入伍服义务兵役前正在高校就读的学生（含新生），服役期间按国家有关规定保留学籍或入学资格，退役后 2 年内允许复学或入学，任何高校不得违规预收学费。退役大学生士兵复学，经学校同意并履行相关手续，可放宽专业限制转入本校其他专业学习。高职（专科）学生应征入伍服兵役退役，在完成学业后，参加普通本科专升本考试，实行计划单列，录取比例不低于 60%，荣立三等功以上奖励的可免试入读普通本科；具有高职（专科）学历的毕业生，退役后免试入读成人本科。退役大学生士兵报考专升本、免试入读本科和研究生的，按照本人申请、高校和兵役机关审核推荐、湖南省教育厅统筹的程序办理。

（4）简化学历办理程序。高职（专科）在校生（含新生）入伍经历可作为毕业实习经历。退役大学生士兵入学或复学后免修军事技能训练，直接获得学分。对上半年入伍的普通本科、高职（专科）毕业班学生，已完成教育教学计划规定内容并成绩合格，在服役期间完成毕业设计（论文），达到学校毕业要求的，高校发放毕业证书。

（5）资助补偿学费。高校学生服义务兵役的，国家对其在校期间缴纳的学费实行一次性补偿或获得的国家助学贷款实行代偿；服义务兵役前正在高校就读的学生，服役期间按规定保留学籍或入学资格、退役后自愿复学或入学的，实行学费减免。学费补偿、国家助学贷款代偿和学费减免标准为本科和高职（专科）学生每生每年最高不超过 8000 元。

（6）健全退役就业服务。入伍大学毕业生退役后 1 年内，可视同当年的应届毕业生，享受应届毕业生录（聘）用同等政策，凭用人单位录（聘）用手续，向原就读高校再次申请办理就业报到手续、户档随迁。大学毕业生入伍前被机关、团体、企业事业单位录用或者聘用的，服役期间保留人事关系或者劳动关系，退役后可以选择复职复工。

(7)加大党政机关和事业单位招录(聘)力度。放宽退役大学生士兵(包括大学毕业生入伍后退役和在校生、新生入伍后退役复学完成学业人员)参加招录(聘)的年龄和学历限制,其服役经历视同基层工作经历,服役时间计算工龄。

(8)鼓励企业招用。省属国有企业把定向招聘退役大学生士兵纳入招聘应届高校毕业生总盘子,招聘比例不低于当年新增岗位的10%,招聘信息应同步提交同级人力资源和社会保障部门在网上公开发布。鼓励非公经济企业吸纳退役大学生士兵就业,每招聘退役大学生士兵稳定就业1年以上并按规定缴纳社会保险的,可按每人1000元的标准给予一次性吸纳就业补贴;按规定,在3年内根据实际招用人数,按每人每年9000元的限额,依次扣减增值税、城市维护建设税、教育费附加税、地方教育附加税和企业所得税。

(9)支持自主创业。依托政府投资或社会共建的创业孵化基地和创业园区,设置退役大学生士兵创业专区或创业专席,按规定落实经营场地、水电减免、投融资、人力资源、宣传推广等优惠服务,逐步建立包含场地资金扶持、示范项目培育、创业人才培训、法律政策咨询等促进退役大学生士兵创业的工作机制和服务平台。对从事个体经营的退役大学生士兵,除国家限制行业外,3年内免收管理类、登记类和证照类的行政事业性收费;自办理个体工商户登记当月起,按规定,以每户每年14400元为限额,依次扣减其当年实际应缴纳的增值税、城市维护建设税、教育费附加税、地方教育附加税和个人所得税。对退役大学生士兵自主创办小微企业或合伙创办企业的,可申请最高15万~75万元的创业担保贷款,按规定予以贴息。

### 2. 大学生士官

直接从非军事部门招收士官(以下简称招收士官),是指根据《中华人民共和国兵役法》《征兵工作条例》以及有关规定,直接招收普通高等学校毕业生入伍,作为志愿兵役制士兵到部队服现役,所学专业符合部队需要,未婚,男性年龄不超过24周岁(截至当年7月31日)。我国现役士兵按兵役性质分为义务兵役制士兵和志愿兵役制士兵。义务兵役制士兵称为义务兵,志愿兵役制士兵称为士官。士官属于士兵军衔序列,但不同于义务兵役制士兵,是士兵中的骨干。义务兵实行供给制,发放津贴;士官实行工资制和定期增资制度。

招收士官应当至少服现役至首次授衔后高一个军衔的最高服役年限,特殊情况经本人申请和军级以上单位批准,可以安排提前退出现役。招收士官在部队服役期间表现优秀、符合总部有关规定的可以按计划选拔为基层干部。被批准服现役的招收对象,由县(市、区)征兵办公室发放《入伍通知书》,其家庭凭《入伍通知书》在当地享受军属待遇。

从2015年起,国家对直接招收为士官的高等学校学生施行国家资助,入伍时对其在校期间缴纳的学费实行一次性补偿或获得的国家助学贷款(包括校园地国家助学贷款和生源地信用助学贷款)实行代偿。

### 3. 军队文职人员

为延揽社会优秀人才为军队建设服务,根据《中国人民解放军文职人员条例》及有关政策规定,向社会公开招考文职人员工作。详细信息可以在军队人才网查询,具体链接为http://81rc.81.cn/。

军队文职人员的招考对象为普通高等学校毕业生或者社会人才。其中，普通高等学校毕业生包括应届毕业生和非应届毕业生，应届毕业生是指已毕业且在当年取得相应毕业证和学位证的毕业生；非应届毕业生是指在 2 年择业期内未落实工作单位，其户口、档案、组织关系仍保留在原毕业学校，或者保留在各级毕业生就业主管部门、各级人才交流服务机构和各级公共就业服务机构的未就业高校毕业生。定向招考对象为军队烈士、因公牺牲军人的配偶子女、未婚军队烈士的兄弟姐妹，以及现役军人配偶。

报考学历条件：驻艰苦边远地区、岛屿的单位定向招考军队烈士、因公牺牲军人的配偶子女，未婚军队烈士的兄弟姐妹，以及现役军人配偶，除教学、科研、工程、医疗专业技术岗位外，报考学历要求可以放宽至大学专科。报考护理、艺术、体育岗位的，可为大学专科以上学历。

## （三）自主创业

在湖南省内创业的大学生，享受相应的自主创业补贴。

### 1. 湖南省创业培训补贴

依据文件：《关于印发〈湖南省创业培训管理办法〉的通知》（湘人社发〔2015〕26 号）和《关于印发〈湖南省创业培训补充管理办法〉的通知》（湘人社发〔2018〕47 号）。

补贴对象：贫困家庭子女、毕业年度高校毕业生、大中专院校在校学生（含中职、技校）、小微企业创办者（含个体工商户）、退役军人、就业困难群体等。

补贴标准："创办你的企业"（SYB）培训 1000 元/人次，"改善你的企业"（IYB）培训 1300 元/人次，创业模拟实训不超过 1300 元/人次，网络创业培训不超过 1300 元/人次，"创办你的企业"（SYB）培训后续服务补贴不超过 800 元/人。

### 2. 初创企业经营场所租金补贴、一次性创业补贴

依据文件：《关于做好促进就业工作的实施意见》（长政发〔2019〕3 号）（以长沙市为例，具体实施方案以创业地政府部门通知为准）。

补贴对象：就业重点群体或取得创业培训结业证书并在长沙市（高新区、芙蓉区、天心区、岳麓区、开福区、雨花区、望城区）创办的初创企业。其中，就业重点群体包括普通高校、职业学校、技工院校学生（在校及毕业 5 年内）等。初创企业的法定代表人近两年由非就业重点群体变更为就业重点群体的或使用自有房产创业的，不纳入经营场所租金补贴范围。

补贴条件：长沙市内登记注册的初创企业，登记注册时间在 5 年以内，符合国家产业发展方向，正常经营 6 个月以上，吸纳 2 名以上劳动者就业并按规定缴纳城镇职工社会保险费的；近两年在信用中国（湖南长沙）、国家企业信用信息公示系统无违法记录的。

补贴内容：

（1）初创企业经营场所租金补贴为第一年每月 800 元、第二年每月 600 元。实际租金低于补贴标准的，按实际租金额度给予补贴；

（2）根据吸纳城乡劳动者就业人数取申报年度的 3、4、5 月按月缴纳城镇职工社会保

险人数的最低值发放一次性创业补贴。吸纳 2 人的按 5000 元标准给予一次性创业补贴；吸纳 2 人以上的每增加 1 人给予 1000 元补贴，最高不超过 30000 元。一次性创业补贴同一用人单位只能申请一次。

### 3. 创新创业带动就业项目

依据文件：《关于做好促进就业工作的实施意见》（长政发〔2019〕3 号）（以长沙市为例，具体实施方案以创业地人社部门通知为准）。

基本条件：长沙市内登记注册的初创企业，登记注册时间在 5 年以内，符合国家产业发展方向，正常经营 6 个月以上，吸纳 2 名以上劳动者就业并按规定缴纳城镇职工社会保险费的；近两年在信用中国（湖南长沙）、国家企业信用信息公示系统无违法记录的。

优先条件：带动就业人数较多的创业项目；科技含量高、具有自主知识产权的创业项目；具有良好社会经济效益和市场前景的；初创企业法定代表人属于就业重点群体的或参加创业培训的。

补贴内容：经确定为长沙市创新创业带动就业项目扶持的，由专家评审组综合申报项目带动就业人数、科技含量、市场前景等，按不超过其实际有效投入的 50% 给予最高 10 万元项目扶持。所需资金在市本级创新创业带动就业专项资金中列支。

经确定为长沙市优秀青年项目，由专家评审组综合申报项目带动就业人数、科技含量、市场前景等，按不超过其实际有效投入的 50% 给予最高 50 万元项目扶持。所需资金按《长沙市人才发展专项资金管理暂行办法》有关规定列支。

市级创新创业带动就业项目、市级优秀青年项目按就高不就低原则确定扶持资金额度。为提高申报单位的可持续性，发挥财政资金效益，扶持资金分两次拨付。

## (四) 志愿服务计划

### 1. "三支一扶" 计划

参考文件：《关于实施第四轮高校毕业生"三支一扶"计划的通知》（人社部发〔2021〕32 号）。

招募对象：湖南省内普通高校和本省生源外省普通高校应届毕业生，不含定向、委培生和已落实就业单位的毕业生。

主要内容：每年（约每年 4 月）选派毕业生 3.2 万名左右，工作时间一般为 2 年，累计选派毕业生 16 万名，并结合就业形势和"三支一扶"事业发展需要，适时合理调整"三支一扶"计划补助名额。用 5 年时间，为基层输送和培养一批急需紧缺的管理人才、专业人才和创新创业人才，着力构建"下得去、留得住、干得好、流得动"的长效机制。

保障机制：一是"三支一扶"人员工作生活补贴标准按照当地乡镇机关或事业单位从高校毕业生中新聘用工作人员试用期满后的工资收入水平确定，并根据物价、同岗位人员待遇水平等动态调整。在艰苦边远地区服务的，享受艰苦边远地区津补贴。中央财政补助标准为西部地区每人每年 3 万元（其中新疆南疆四地州、西藏自治区每人每年 4 万元），中部地区每人每年 2.4 万元，东部地区每人每年 1.2 万元。二是落实社会保险等待遇。"三支一扶"人员按规定参加基本养老、基本医疗、工伤保险。各地可根据实际，按规定为"三支一扶"人员办理补充医疗保险、重大疾病、人身意外伤害等商业保险以及住房公积金。中央财政按照每人 3000 元的标准,为新招募且在岗服务满 6 个月以上的人员发放一次性安家费。

**2. 大学生志愿服务西部计划**

参考文件:《关于印发〈2021—2022 年度大学生志愿服务西部计划实施方案〉的通知》(中青联发〔2021〕4 号)。

招募对象:普通高等学校应届毕业生或在读研究生。

主要内容:每年(约每年 5 月)招募 2 万名西部计划全国项目志愿者到西部地区基层工作,志愿服务期限为 1 至 3 年。主要围绕全面实施乡村振兴战略部署,实施乡村教育、服务乡村建设、健康乡村、基层青年工作、乡村社会治理、服务新疆、服务西藏七个专项。

保障机制:服务 2 年以上且考核合格的,服务期满后 3 年内报考硕士研究生的,初试总分加 10 分,同等条件下优先录取;参加西部计划项目前无工作经历的志愿者,服务期满且考核合格后 2 年内,在参加机关事业单位考录(招聘)、各类企业吸纳就业、自主创业、落户、升学等方面需同等享受应届高校毕业生的相关政策;按规定符合相应条件的,可享受相应的学费补偿和助学贷款代偿政策;服务期满考核合格的,依实际服务年限计算服务期及工龄(参加工作时间按其到基层报到之日起算),并在服务证书和服务鉴定表中体现;服务期满 1 年且考核合格后,可按规定参加职称评定;出省服务的和在本省服务的志愿者享受同等优惠政策。中央财政补助标准为西部地区每人每年 3 万元(其中新疆南疆四地州、西藏自治区每人每年 4 万元),中部地区每人每年 2.4 万元。

查询网址:http://xibu.youth.cn/(图 5-7)。

图 5-7  大学生志愿服务西部计划网

## (五) 职业技能提升

### 1. 职业技能培训补贴

依据文件:《关于做好当前和今后一段时期就业创业工作的实施意见》(湘政发〔2017〕31号)和《关于印发〈湖南省职业技能培训补贴实施办法〉的通知》(湘人社发〔2018〕78号)。

补贴对象:贫困家庭子女、毕业年度高校毕业生(含技师学院高级工班、预备技师班和特殊教育院校职业教育类毕业生)等。

补贴内容:职业技能培训补贴包括就业技能培训补贴、岗位技能提升培训补贴、技师培训补贴。

补贴标准:在定点机构参加职业培训,按照湖南省人力资源和社会保障厅及湖南省财政厅定期发布的《湖南省职业技能培训补贴标准目录》确定的补贴标准执行,建档立卡贫困劳动力视情况上浮补贴标准。

### 2. 中小学教师资格

依据文件:《教师资格条例》(1995年12月12日施行)、《〈教师资格条例〉实施办法》(2000年9月23日施行)。

参考文件:《湖南省2021年上半年中小学教师资格考试(笔试)公告》。

学历要求:幼儿园教师资格,应当具备幼儿师范学校毕业以上学历;小学教师资格,应当具备中等师范学校毕业以上学历;初中教师资格,应当具备高等师范专科学校或者其他大学专科毕业以上学历;高级中学和中等职业学校教师资格,应当具备高等师范院校本科或者大学本科毕业以上学历。

报考要求:中小学教师资格考试每年组织两次,上半年在3—5月,下半年在9—11月。报考考生应在户籍、学籍或居住证中领地所在市州报名参加中小学教师资格考试。普通高等学校毕业及其毕业前一年级学生,可在就读学校所在地报名参加中小学教师资格考试。

中小学教师资格考试网:http://ntce.neea.edu.cn(图5-8)。

图5-8 中小学教师资格考试网

### 3."学历证书+若干职业技能等级证书"制度(简称1+X证书制度)

依据文件:《关于印发〈国家职业教育改革实施方案〉的通知》(国发〔2019〕4号)、《关于在院校实施"学历证书+若干职业技能等级证书"制度试点方案》(教职成〔2019〕6号)。

主要内容:"1"为学历证书,"X"为若干职业技能等级证书。学历证书全面反映学校教育的人才培养质量,职业技能等级证书是毕业生职业技能水平的凭证,反映职业活动和个人职业生涯发展所需要的综合能力。鼓励学生在获得学历证书的同时,积极取得多类职业技能等级证书,拓展就业创业本领,缓解结构性就业矛盾。

## (六) 求职择业

### 1. 社会保险补贴

依据文件:《关于重新印发〈湖南省社会保险补贴实施办法〉的通知》(湘人社规〔2020〕22号)(2021年1月1日起施行,有效期5年)、《关于印发〈湖南省就业专项资金管理办法〉的通知》(湘财社〔2018〕25号)(2018年10月10日起施行,有效期5年)。

补贴对象:小微企业招用离校2年内未就业高校毕业生申请享受社会保险补贴,以及就业困难人员和离校2年内未就业高校毕业生灵活就业后申报享受社会保险补贴。代发放工资或代缴社会保险费的第三方单位,以及毕业时间(毕业证发放时间)超过2年的高校毕业生,不在补贴范围之内。

补贴内容:对招用毕业年度高校毕业生,与之签订1年以上的《劳动合同》并为其缴纳社会保险费的小微企业,给予最长不超过1年的社会保险补贴,不包括高校毕业生个人应缴纳部分。对于离校1年内未就业的高校毕业生灵活就业后缴纳的社会保险费,给予其个人实际缴费的40%,补贴期限最长不超过2年。

### 2. 求职创业补贴

依据文件:《关于进一步做好应届毕业生求职创业补贴发放工作的通知》(湘人社发〔2015〕60号)、《关于印发〈湖南省就业专项资金管理办法〉的通知》(湘财社〔2018〕25号)(2018年10月10日起施行,有效期5年)。

补贴对象:长沙市区域内的普通高等学校中的孤儿、残疾人、城乡低保家庭、在校期间已获得国家助学贷款、特困人员、贫困残疾人家庭、原建档立卡贫困家庭的毕业学年毕业生(不含普通高校自考及成教毕业生)。

补贴内容:按照每人1500元标准给予一次性补贴,同一发放对象只能享受一次。

### 3. 一次性岗位补贴

依据文件:《关于印发〈湖南省就业专项资金管理办法〉的通知》(湘财社〔2018〕25号)(2018年10月10日起施行,有效期5年)。

补贴对象:劳动密集型企业和中小微企业。

补贴内容:对招用应届离校未就业高校毕业生,与之签订1年以上的《劳动合同》并足额缴纳社会保障费的劳动密集型企业和中小微企业，给予一次性岗位补贴，补贴标准为1000元/人。

## 五、本章中引用的法律法规、政策措施对应的全称和版本

（按文中出现的前后排序）

1. 《普通高等学校毕业生就业工作暂行规定》（1997年3月24日原国家教育委员会发布）

2. 《中华人民共和国劳动合同法》（2012年修正本）

3. 《中华人民共和国劳动合同法实施条例》（2008年9月18日起施行）

4. 《教育部办公厅关于进一步做好普通高校毕业生就业统计与核查工作的通知》（教学厅函〔2021〕19号）

5. 《中华人民共和国就业促进法》（2015年修正本）

6. 《湖南省实施〈中华人民共和国就业促进法〉办法》（2016年修正本）

7. 《中华人民共和国档案法》（2016年修正本）

8. 《中华人民共和国高等教育法》（2018年修正本）

9. 《中华人民共和国劳动法》（2018年修正本）

10. 《中华人民共和国劳动争议调解仲裁法》（2008年5月1日起施行）

11. 《就业服务与就业管理规定》（2015年修正本）

12. 《湖南省常住户口登记管理办法》（湘政办发〔2016〕12号）

13. 《湖南省常住户口登记管理办法实施细则》（湘公发〔2016〕18号）

14. 《中共中央组织部关于做好高校毕业生党员组织关系管理工作的通知》（组通字〔2015〕33号）

15. 《中国共产党党员教育管理工作条例》（2019年5月6日起施行）

16. 《中国共产党章程》（中国共产党第十九次全国代表大会部分修改，2017年10月24日通过）

17. 《关于进一步加强流动人员人事档案管理服务工作的通知》（人社部发〔2014〕90号）

18. 《关于印发〈2021年湖南省普通高等教育"专升本"考试招生工作实施方案〉的通知》（2021年1月20日发布）

19. 《湖南省人民政府 中国人民解放军湖南省军区关于印发〈激励大学生参军入伍若干措施〉的通知》（湘政发〔2020〕10号）

20. 《中国人民解放军文职人员条例》（2017年9月27日国令第689号修订）

21. 《湖南省人力资源和社会保障厅 湖南省财政厅关于印发〈湖南省创业培训管理办法〉的通知》（湘人社发〔2015〕26号）

22. 《湖南省人力资源和社会保障厅 湖南省财政厅关于印发〈湖南省创业培训补充管

理办法〉的通知》(湘人社发〔2018〕47 号)

23.《长沙市人民政府关于做好促进就业工作的实施意见》(长政发〔2019〕3 号)

24.《中共中央组织部　人力资源社会保障部等十部门关于实施第四轮高校毕业生"三支一扶"计划的通知》(人社部发〔2021〕32 号)

25.《共青团中央　教育部　财政部　人力资源社会保障部关于印发〈2021—2022 年度大学生志愿服务西部计划实施方案〉的通知》(中青联发〔2021〕4 号)

26.《教师资格条例》(1995 年 12 月 12 日施行)

27.《〈教师资格条例〉实施办法》(2000 年 9 月 23 日施行)

28.《国务院关于印发〈国家职业教育改革实施方案〉的通知》(国发〔2019〕4 号)

29.《教育部等四部门印发〈关于在院校实施"学历证书+若干职业技能等级证书"制度试点方案〉的通知》(教职成〔2019〕6 号)

30.《湖南省人民政府关于做好当前和今后一段时期就业创业工作的实施意见》(湘政发〔2017〕31 号)

31.《湖南省人力资源和社会保障厅　湖南省财政厅关于印发〈湖南省职业技能培训补贴实施办法〉的通知》(湘人社发〔2018〕78 号)

32.《关于重新印发〈湖南省社会保险补贴实施办法〉的通知》(湘人社规〔2020〕22 号)(2021 年 1 月 1 日起施行,有效期 5 年)

33.《湖南省财政厅　湖南省人力资源和社会保障厅关于印发〈湖南省就业专项资金管理办法〉的通知》(湘财社〔2018〕25 号)(2018 年 10 月 10 日起施行,有效期 5 年)

34.《湖南省人力资源和社会保障厅　湖南省教育厅　湖南省财政厅关于进一步做好应届毕业生求职创业补贴发放工作的通知》(湘人社发〔2015〕60 号)

## 六、就业创业责任部门联系方式

湖南省大中专学校学生信息咨询与就业指导中心

1. 办理地址

湖南省长沙市雨花区雨花亭新建西路 37 号

2. 联系电话及分工

0731-82116092(综合服务)

0731-82116082(《报到证》、档案托管、学历认证)

0731-82116076(学籍学历管理、资格审查)

0731-82213032、82213033(省政务中心)

3. 中心政务网

http://jyt.hunan.gov.cn/sjyt/bys

4.湖南省大学生就业创业网

http://www.hunbys.net

### 思考与实践

1."三支一扶"计划招募的对象包括(　　)。

A.湖南省内普通高校和本省生源外省普通高校应届毕业生

B.定向、委培生

C.已落实就业单位的毕业生

D.应征入伍大学生

2.建立劳动关系,应当订立书面劳动合同。已建立劳动关系,未同时订立书面劳动合同的,应当自用工之日起(　　)内订立书面劳动合同。

A.一个月　　　　　B.两个月　　　　　C.15天　　　　　D.六个月

# 开启创业之门

要敢于做先锋，而不做过客、当看客，让创新成为青春远航的动力，让创业成为青春搏击的能量，让青春年华在为国家、为人民的奉献中焕发出绚丽光彩。

——2016 年 4 月 26 日，习近平在知识分子、劳动模范、青年代表座谈会上的讲话

**引导案例**

## 茶颜悦色的偶像养成之路

前段时间，茶颜悦色去武汉开店的消息得到官宣，网友沸腾了，"茶颜悦色进驻武汉"这个话题立马冲上了微博热搜。一则去武汉开店的消息就能上热搜，这在之前是绝对想象不到的，而现在发生在茶颜悦色身上则是见怪不怪了。毕竟，这个近年来的热搜常客，已经在茶饮圈实现了太多"不可能"。它人气高涨，吸引了众多消费者前去打卡，已经成为与臭豆腐齐名的长沙美食新地标，很多外地消费者不惜打个"飞的"只为了喝上一杯"茶颜悦色"。那些喝不到的又想要拍照晒圈的消费者，催生了闲鱼上的"代喝茶颜悦色"的服务，只为过把眼瘾。

"茶颜悦色"出身于长沙"草根"，前几年默默无闻，近年来一跃成为茶饮界的"顶流"品牌。它是如何做到的呢?

图 6-1　茶颜悦色门店

图片来源: https://t. cj. sina. com. cn/articles/view/17722
93130/69a30c0a00100t1hb? from＝tech&subch＝internet

图 6-2　吕良

图片来源: https://baike. baidu. com/pic/%E5%
90%95%E8%89%AF/56937723/1/f636afc3793
10a55b319e734620954a98226cefcba95? fr＝lemma
&ct＝single#aid＝1&pic＝f636afc379310a55b319
e734620954a98226cefcba95

这一切还得从它的创始人说起。

吕良，一个土生土长的长沙人，出生于 1978 年，2000 年从长沙广播电视大学的汉语言文学专业毕业之后便在一家国企工作。2002 年开始兼职从事广告策划工作，也曾接过一些古风创意的策划案。

2008 年，吕良离职创业。相比喜茶聂云宸初创业之时的顺风顺水，吕良的创业之路算不上顺利。他先后开过广告公司，卖过爆米花，开过卤味店，加盟了奶茶店……

他早年创业有些爱玩创新，比如开盖码饭馆时，只在门口挂一个空招牌，上面只有 4 个问号。本来是想搞噱头，结果根本没人问，试营业期间就没能撑下去。种种原因导致早年创业都不是特别成功，有的甚至开业才一个月，门店就倒闭了。但他身上有着湖南人骨子里都有的那股劲，肯吃苦不服输。纵然连续创业都失败了，吕良并没有就此放弃，而是静下心来反思沉淀。吕良曾表示，"真的感恩失败！虽然多次失败，亏了几十万，只剩一口气。但让我做茶颜的时候知道哪些是死路，也更能沉下来心来思考细节"。

正所谓人生没有白走的路。现在来看，那些年创业的踩坑经历其实是在为茶颜悦色的诞生铺路。于是，吕良创立茶颜悦色时候的心态变得非常平和与务实。吕良在一次采访中坦言自己属于普通人，而这也成为茶颜悦色日后的品牌基因——亲切没有距离感，就像需要呵护的邻家妹妹一样。

捣鼓一家有自己风格和特色的茶饮店，吕良早就有了这个想法。可是太多失败的创业经历让他变得十分谨慎。一家普通的奶茶店可能筹备3个月就可以开张，吕良则策划和筹备了一年多时间。他曾表示，"彼时，市场上已经有很多成熟的知名品牌，如果不做出特色，肯定难以生存"。

### 冬天开出的第一家奶茶店

2013年的那个冬天，一切准备就绪，吕良终于在长沙黄兴广场开了自创的第一家奶茶店。他给这家店取了一个"中式文艺范"的名字——茶颜悦色。店极其逼仄，门口的"中国风美女图"是最大亮点。对于当时已经35岁的吕良来说，那家店就是"创业失败很多次之后的谋生手段，要用来养家糊口的"。

### 蛰伏期：2014—2017年

因为茶颜悦色首店前期筹备时间太长了，再不开业就耗不起了。于是，吕良不得不在2013年的冬天把门店开起来。冬天本就是茶饮的淡季，而它的产品也跟当时茶饮界主流不太一样，加上当时的吕良做奶茶的经验还不够丰富，新店开业做的第一杯奶茶就搞砸了，放了好多糖。这一切看起来是如此的不靠谱。

但这家店居然活了下来。吕良把这归功于地段好，"一个好码头，狗屎都卖钱"。但是仔细想来并非那么简单。从筹划之初，他就想把这个店开好。于是，从第一天起，他就把姿态放得很低，踏踏实实地做好产品和服务。

他告诉顾客，所有人都有一杯鲜茶的永久求偿权。不管是什么时候买的茶，只要觉得不好喝，随时可以要求重做一杯。这样做的一个原因是重视服务，但还有更重要的理由——他们经常失误，经常"筐瓢"，服务再不好，别人也就不来了。正是这种踏实

**图6-3 茶颜悦色产品**
图片来源于茶颜悦色官方微信

的态度，让茶颜悦色得以在长沙的寒冷冬天中存活下来。但这还不够，此时的茶颜悦色距离成为一个出色的茶饮品牌还有很长的距离，于是吕良用了两三年时间去对产品进行迭

代，探索更合适的发展路径。

于是，在创立品牌的前几年，茶颜一直保持着匀速发展。第一年 5 家，第二年 6 家，直到 2015 年 7 月，茶颜悦色才开始在长沙的核心商圈迅速布局，这一年开了十几家门店。到了 2017 年，茶饮品类大爆发，茶颜悦色也随之进入了快速开店期。2017 年 8 月，茶颜悦色在长沙已拥有直营门店 40 家。

爆发期：2017 年至今

2017 之前的茶颜悦色还属于长沙一个小有名气的茶饮品牌，算不上多火爆，但是进入 2018 年之后，人气持续走高。它拥有着一种"让别人主动帮忙宣传"的神奇魔力，看似低调，却自带热搜属性。

要说茶颜悦色首次被全国人民大规模注意到，是在 2018 年，喜茶和奈雪的茶的创始人隔空掐架，一不小心把茶颜悦色"拱"上了热搜。

2019 年，"茶颜悦色"商标在韩国的商标被人抢先注册，引起国内网友的广泛关注，然后茶颜悦色又喜提热搜。

再往后，则是收银小票上，因为那两句用红线标注出来的话——"茶颜悦色官网"和"茶颜招募加盟商"的消息都属虚假，等我们有钱就去告他们——又上了一次热搜。

同年，茶颜悦色获融资一度也冲上热搜，引起广泛关注。

2020 年，茶颜悦色官宣走出长沙，开到武汉的消息又喜上热搜。

……

伴随着茶饮悦色上热搜的次数越来越多，门店扩张的脚步也越迈越快。截至 2019 年底，茶饮悦色的门店达到了近 200 家，几乎把门店开遍了长沙的繁华商圈。

曾经有人将茶颜悦色比喻为茶饮界的杨超越，说它走的是偶像养成系的路子。用国茶实验室创始人罗军的话来说，"茶颜悦色不似喜茶那般让粉丝仰望崇拜，对于粉丝来说反而更像一个邻家小妹妹，是需要小心呵护的，它具有一种与粉丝的深度沟通能力"。这种深度沟通能力体现在了产品、空间设计、服务等方方面面，是茶颜悦色的品牌特性，也是它从创立以来便被深深烙下的基因，是吕良及其创始团队一直所推崇的品牌主张。

（资料来源：https://www.sohu.com/a/407111556_286549）

## 一、经济转型与创新创业

经济转型下的国内创新创业环境逐渐变好，近几年，随着国家对产业经济转型的推进，很多地方出台了非常有利于大学生创业的条件、政策和环境。各地区的政策虽不尽相同，但扶持的力度都比较大，主要集中在工商注册、创业贷款、税收减免、创业培训、创业指导等方面。

## (一)工商注册政策优惠

### 1. 程序更简化

凡高校毕业生(毕业后两年内,下同)申请从事个体经营或申办私营企业的,可通过各级工商部门注册大厅"绿色通道"优先登记注册。其经营范围除国家明令禁止的行业和商品外,一律放开核准经营。

对限制性、专项性经营项目,允许其边申请边补办专项审批手续。

对在科技园区、高新技术园区、经济技术开发区等经济特区申请设立个体私营企业的,特事特办,除了涉及必须前置审批的项目,试行"承诺登记制"。申请人提交登记申请书、验资报告等主要登记材料,可先予颁发营业执照,让其在 3 个月内按规定补齐相关材料。凡申请设立有限责任公司,以高校毕业生的人力资本、智力成果、工业产权、非专利技术等无形资产作为投资的,允许抵充 40% 的注册资本。

### 2. 减免各类注册费用

除国家限制的行业外,工商部门自批准其经营之日起 1 年内免收其个体工商户登记费(包括注册登记、变更登记、补照费)、个体工商户管理费和各种证书费。对参加个私协会(个体劳动者协会、私营企业协会)的,免收其 1 年会员费。对高校毕业生申办高新技术企业(含有限责任公司)的,其注册资本最低限额为 10 万元,如资金确有困难,允许其分期到位;申请的名称可以"高新技术""新技术""高科技"作为行业予以核准。高校毕业生从事社区服务等活动的,经居委会报所在地工商行政管理机关备案后,1 年内免予办理工商注册登记,免收各项工商管理费用。

## (二)创业贷款政策优惠

为了支持下岗职工创业和大学生创业,创业贷款的利率可以按照人民银行规定的同档次利率下浮 20%,许多地区推出的下岗失业人员和大学生创业贷款还可以享受 60% 的政府贴息。

各国有商业银行、股份制银行、城市商业银行和有条件的城市信用社为自主创业的毕业生提供小额贷款,并简化程序,提供开户和结算便利,贷款额度在 5 万元左右。贷款期限最长为 2 年,到期确定需延长的,可申请延期一次。贷款利息按照中国人民银行公布的贷款利率确定,担保最高限额为担保基金的 5 倍,期限与贷款期限相同。

## (三)税收优惠政策

凡高校毕业生从事个体经营的,自当地工商部门批准其经营之日起 1 年内免交税务登记证工本费(即免税)。新成立的城镇劳动就业服务企业(国家限制的行业除外),当年安置待业人员(含已办理失业登记的高校毕业生,下同)超过企业从业人员总数 60% 的,经相关主管税务机关批准，可免纳所得税 3 年。劳动就业服务企业免税期满后，当年新安置待业人员占企业原从业人员总数 30% 以上的，经相关主管税务机关批准，可减半缴纳所得税 2 年。

## （四）员工聘请和培训享受减免费用优惠

对高校毕业生自主创办的企业，自当地工商部门批准其经营之日起 1 年内，可以在政府人事、劳动保障行政部门所属的人才中介服务机构和公共职业介绍机构的网站免费查询人才、劳动力供求信息，以及免费发布招聘广告等。这一点有助于高校毕业生在创业初期获得相关行业所需求的人才资源，能够帮助自主创业的高校毕业生以最低代价，更容易地获取所需专业人才。参加政府人事、劳动保障行政部门所属的人才中介服务机构和公共职业介绍机构举办的人才集市或人才、劳务交流活动时可给予适当减免交费；政府人事部门所属的人才中介服务机构免费为创办企业的毕业生提供优惠，为创办企业的员工提供一次培训、测评服务。

# 二、创新创业助推经济转型升级

2019 年 5 月 27 日，中国国家发改委高技术司有关负责人在接受中国新闻网记者采访时表示，创新创业创造已经成为推动中国经济转型升级的重要力量和促进就业的重要支撑。

中国创新创业创造生态环境日益优化，市场主体活力不断增强，创新创业成果大量涌现，创业带动经济转型升级的活力不断显现。

一是创业带动就业活力不断显现。创新创业支撑高质量就业的作用更加明显，创新创业活动既直接创造更多就业岗位，又通过带动关联产业发展增加就业岗位。2018 年，中国新登记企业 670 万户，全年日均新设企业 1.8 万户，同比分别增长 10.3% 和 8.43%，市场主体数量突破 1 亿大关；全国城镇新增就业 1361 万人。

二是创新创业科技含量更加凸显。创新创业更加突出科技导向，创业活动推动科技创新呈现百舸争流之势，培育壮大新动能的作用更加显现。2018 年，全国高技术产业和战略性新兴产业增加值同比增长 11.7% 和 8.9%，分别高出规模以上工业 5.5 个百分点和 2.7 个百分点。

三是创新创业平台不断健全。各地将支持创新创业的重点更多转向打造创新资源共享平台，开放型的创新创业公共服务体系初步形成，120 家"双创"示范基地逐渐成为区域创新高地，众创空间数量超过 6900 家，科技企业孵化器超过 4800 家。

四是以创业投资为代表的创业资本投入不断强化。截至 2019 年 4 月底，国家新兴产业创业投资引导基金已决策参股 356 只创业投资基金，累计支持 4445 家新兴产业领域的早中期、初创期创新型企业。

（资料来源：https://baijiahao.baidu.com/s？id=1634692469871363398&wfr=spider&for=pc）

# 三、创业者的使命与能力担当

党的十九大会议上已经明确提出了中国特色社会主义正式进入新时代。新时代的"新"主要表示新目标、新思想、新成就等,具体表现在以下几个方面:第一,党的十八大以来,在各类新思想、新战略的引导下,我国事业的发展发生了明显的改变,即站在了新时代的新起点上。第二,我国一直以来的社会矛盾首次发生了变化,即从物质文化需求同落后社会生产之间的矛盾转变成为美好生活需求和不平衡发展之间的矛盾。第三,明确了习近平新时代中国特色社会主义的新思想与地位。第四,新时代的建设需要得到全国人民与党的支持,即发展新气象,开展新作为,让青年的奋斗目标与国家的目标保持一致,这样才能更好地引领新时代发展,让青年创业更好地认识新时代。

## (一) 新时代背景下青年创业的时代使命

### 1. 环境背景方面

我国将更进一步地完善"一带一路"建设,实现对外开放。受社会矛盾的影响,我国经济从最开始的总量不足转变成为当前的结构不规范,如促进户籍制度与土地改革,让低劳动生产率向高生产率方面转变,缩小城乡之间的差距。随着群众收入的增加,人们对于生态环境的需求也变得越来越高,政府的职能也开始从生产型向公共服务型转变,同时也加强了社会基础设施的建设工作。

### 2. 人和资源方面

新时代对创业者的影响具体体现在以下几个方面:一是创业者要了解时代背景,要从社会的发展需求中寻找创业的机会。二是创业者要提升自身的知识水平和技能,要具备一定的竞争意识与创新能力。三是创业者要熟悉相关政策,这样才能享受到政策所提供的福利。四是创业者一定要敢于面对风险,面对市场的不确定性。

### 3. 创业机会方面

科学、规范的政策可以为青年创业提供非常多的机会,目前我国正处于一个发展阶段,对"质"的需求在不断提升,对"量"的需求却持续下降。政府部门也在不断地降低创业门槛,如现代金融、服务、文化等领域,目的是让青年创业者从乡村振兴战略、精准扶贫等方面入手来提供创业的机会。

## (二) 新时代创业者应具备的基本能力

创业是一种劳动方式,是一种需要创业者运营、组织、运用服务、技术、器物作业的思考、推理和判断的行为。创业活动是由创业者主导和组织的商业冒险活动，要成功创业，不仅需要创业者富有开创新事业的激情和冒险精神，面对挫折和失败的勇气和坚韧以及各种优良的品质素养，还需要具备解决和处理创业活动中各种挑战和问题的知识和能力。

## 1. 专业技术能力

专业技术能力是创业者掌握和运用专业知识进行专业生产的能力。专业技术能力的形成有多条途径：一是在学校里从书本上学到的理论知识；二是请创业成功者做专题报告；三是利用项目教学法进行专业技术培训；四是利用现代信息技术搜集有关创业专业技术的知识。平时注意积累分类做好记录，如撰写创业计划书、丰富融资知识、如何选定行业、如何确定产品等。

## 2. 社会交往能力

社会交往能力是指能够妥善地处理与公众之间的关系，以及能够协调下属各部门成员之间关系的能力。每个人的交往能力是不同的，但只要在职业实践中刻苦努力，交往能力不但可以获得发展和提高，还有可能挖掘出其他潜能。社会交往能力是通过参加各项活动、游戏、联欢会、演讲比赛等形式逐步培养起来的。与同事和谐相处，互帮互助，善于团结一切可以团结的人，会使自己的社会交往能力逐步提高。

## 3. 决策能力

决策能力是创业者根据主客观条件，正确地确定创业的发展方向、目标、战略以及具体选择实施方案的能力。决策是一个人综合能力的表现，创业者首先要成为决策者。创业者要考察众多的行业及产品，对创业的行业及产品进行分析、判断，去粗取精，去伪存真，由此及彼，由表及里，能从错综复杂的现象中发现事物的本质，找出存在的问题，分析原因，正确解决问题。这就要求创业者具有良好的分析能力，同时还要有判断能力。判断是分析的目的，良好的决策能力是良好的分析能力和果断的判断能力的综合。通过分析判断，发现目前最有发展前景和将来大有发展潜力的行业，决定创业的行业和产品。

## 4. 经营管理能力

经营管理能力涉及人员的选择、使用、组合和优化，也涉及资金聚集、核算、分配、使用、流动。经营管理能力是一种较高层次的综合能力，是运筹性能力，其形成要从学会经营、学会管理、学会用人、学会理财几个方面去努力。

## 5. 创新能力

创新能力是人们应用发明成果开展变革活动的能力，这个变革活动是指从产生新思想到产生新事物再到将新事物推向社会，使社会受益的系列变革活动。创新是一个民族进步的灵魂，是一个国家兴旺发达的不竭动力，也是一个政党永葆生机的源泉。创新是一种企业行为，也是一种个人行为。对创业者来讲，创新能力的培养和提高，首先，要突破习惯，即自己要拿出勇气，突破原有的思维习惯、行为习惯和消极的文化氛围的束缚，坚持以新的思维、积极的行为来对待生活。其次，要进行社会实践锻炼，具体剖析企业内部的组织、技术、产品和经济等因素的构成及效能，在努力实施解决问题的方案与措施的过程中提高创新能力。

### 6. 经济与管理能力

创业者不仅要精通本专业的知识，更需要具备经济头脑和管理素质。科技必须应用于生产，生产出的产品或服务必须适应市场需要。在这一过程中，开发、生产和销售只有符合市场原则和机制，创业企业才有生存和发展的可能，这必然涉及资源配置、预测决策、经济分析、经济核算、成果转让、成本费用等一系列经济问题。同时，在激烈的市场竞争中，企业目标是要追求利润最大化。在这一目标引导下，企业不仅要靠产品、技术来追求效益，更要靠科学管理来提高效率，正所谓"管理出效率"。因此，创业者必须掌握现代管理的理念和方法，能从系统整体观念出发，统筹、协调、控制和优化各项资源。

### 7. 认知法律条款的能力

市场经济本质上就是法律经济。随着市场的逐步成熟与完善，法律规范已经渗透到了经济领域生产、交换、分配、消费的各个环节和层面。加入WTO、与国际市场接轨、风险投资、企业股份制改造、法人治理结构的建立以及各类新型市场的培育与发展都离不开法律，具备法律素质、懂法并善于用法已是人才素质结构中不可或缺的重要元素。创业者必须熟悉和了解市场、社会和企业等内外部环境的法律法规及其运行机制，更为重要的是，要能以法律为武器，规范自己和企业的行为，保护自己和企业的合法权益。

很多人把别人的成功看成是机遇。机遇只给有准备的人，现今相当一部分有志青年、刚毕业的大学生希望自主创业，积极参加社会上的各类培训，将自己的目标一天写10遍，贴在墙上时时鼓励自己等。这些心理激励固然重要，但在社会这个大舞台上比拼的是能力、是素质，而并非仅仅是热情。总之，"磨刀不误砍柴工"，如果你还没准备好，请将自己有限的时间安排好，把自己的创业基础能力提升上来，建立个人的核心竞争力。只有梦想和空想是实现不了目标的，不具备素质能力就去创业，社会上只会又多一个失败者。

## 四、创业项目的选择与规划

好的项目是成功的一半，选择创业项目是踏上创业之路的第一步，也是最为重要的一步。对于有志于实现心中创业梦想的大学生而言，选对一个合适的创业项目作为自己事业的起步极为关键，这极有可能会决定创业的成败。

### (一) 大学生选择和规划创业项目的原则

#### 1. 选择国家产业政策鼓励发展的项目

产业政策是国家根据国民经济和社会发展目标、中长期规划，并根据科技发展、资源禀赋、环境保护、国内外贸易等多方面条件，对产业门类进行引导调控的对策措施。调控方向分为鼓励类、限制类和淘汰类。国家发改委定期发布产业政策和结构调整指导目录，外商投资产业指导目录。按照产业政策目录，工商注册经营范围、项目审批和备案、水电气运配套、财税金融政策各个部门，都规定了严格的准入标准。所以创业必须选择国家产业政策鼓励发展的项目，否则将处处碰壁。特别要注意的是，在全国产业政策目录指导下，各省市自治区和中心城市还根据当地实际情况制定了地方性产业政策目录，创业者首先要认真阅读这些目录，远离淘汰类项目，不做限制类项目，只选鼓励类项目。

**2. 选择市场需求潜力大的项目**

一是大众消费项目，比如与吃穿住行相关的产品加工、生活服务项目，又如餐饮、超市、外卖等。二是日常生活必需品项目，比如快递、共享单车汽车、文卫用品等。三是形成消费潮流的项目，比如旅游、休闲、健身等。对于初次创业者而言，市场需求潜力大的项目，就是风险最低、成功率最高的项目。

**3. 选择自己熟悉的行业和项目**

民间经商智慧自古就有"不熟不做"之说。巴菲特给股民的 12 条忠告中的第一条就是"一定要在自己理解力允许的范围内投资"，其含义也是不熟不做。所谓熟悉的行业包括自己所学专业对口的行业、有较长从业经历的行业、上辈传承赖以为生的行业等。具备这些条件，创业者才能洞悉这个行业的来世今生、发展前景，把握该行业的问题，准确评价项目的可行性。

**4. 能够发挥自身优势的项目**

投资领域有句俗话是"投资就是投人"，说明人是项目成败的关键。而人的因素很大部分是指创业者对投资项目产业背景的了解，及项目运作、技术掌控和管理经验。因此选择项目要尽量选择专业背景一致，具有人才、信息等要素资源，能够发挥自身优势的业务类型。这样既能最大可能降低风险，有利于企业控制，还能增强创业伙伴和投资人的信心，提高创业成功率。

**5. 选择与自身财力和融资能力相匹配的项目**

资本金是项目成败的基础条件，因此选择项目时必须根据筹资能力量力而行，融多少钱干多大事。超过筹资能力的会导致项目先天不足，增加项目风险和提高失败率。

## (二)大学生创业项目选择的具体方法与途径

由于大学生创业者群体的特殊性，适合大学生的创业项目要尽量能够发挥大学生的优势。在选择创业项目时，优先考虑以下七个方面。

**1. 优先考虑政策优惠的创业项目**

为了鼓励大学生创业，各级政府和行政主管部门都出台了一系列优惠政策，有些是专门针对具体行业的，如大学生创业办信息业、咨询业、技术服务业的企业，可免征企业所得税两年等。大学生创业者可以根据自身的实际情况，在这些可享受优惠的项目中找到适合自己创业的项目。

### 2. 优先考虑与自己所学专业有关系的项目

在每年组织的大学生创业大赛的项目当中，我们会发现，很多学生的创业项目基本上都和所学的专业有很大的相关性。这个也是很多大学生选择创业的一个重要原因，因为自己本来就是学的这个专业，自己从事的是所学专业领域的工作，并且在自己所学的专业当中，有一定的技术含量。这个也是大学生选择以此作为自己的创业项目的原因。根据统计，选择与自己所学专业进行创业的最多的是师范类、计算机、美术、音乐、舞蹈、化工、生物、电子信息等专业的学生。因为这些专业在大学毕业之后基本马上就可以进行实地操作，并且其专业知识也就是自己所学的知识，在选择上也比较对口。

### 3. 优先考虑技术性较低的项目

大学生创业者要尽量避免一开始创业就进入高科技行业，高科技行业需投入大量的研发成本，这对于资本金较少的创业者是难以实现的。大学生创业者可以选择从技术性较低的行业做起，在积累了一定的资本后再考虑转入高科技行业。

### 4. 优先考虑处于成长期的项目

大学生创业者在创业时也往往会去选一些刚开发出来的，毫无市场基础的项目，这样做会有很大的风险。选择一些处于成长期的项目，不仅能有效降低风险，而且可以获得相对较大的利润空间。

### 5. 优先考虑有特色的项目

别人没有的项目、与别人不同的项目、先于人发现的项目、比别人强的项目都可以归类为有特色的项目。特色项目除了可以避免陷入与同类型项目同质化的困境，还可以提升产品的辨识度和认知度，拥有更广的定价空间。

### 6. 优先考虑初始投入资金较少的项目

大多选择创业的大学生都是利用父母亲友的资助和自己的一些积蓄作为启动资金开始创业的，因此，大学生在刚开始创业时，应尽量选择初期投入少、资金周转快的项目，这样才能有充足的流动资金维持企业的运营。

### 7. 优先考虑雇佣人力较少的项目

大学生创业者普遍缺少实际的管理经验，如果一上手就开始管理很多的员工，往往会使企业内部管理混乱。没有管人经验的大学生，可以先选择创建几个人的小企业，积累管理经验；随着企业不断壮大，也自然有能力管理更多的员工。

# 五、创业项目的实施与管理

21世纪是信息科技时代，科技成为一种新的社会生产的资源，大学生将是其主要的信息资本拥有者和营运者。很多大学生对于创新创业都是心生向往的，可是有些人却没有勇气去做。其实创业并没有那么难，当你决定创业的时候，你就已经领先了一大部分人。在创业项目的实施与管理过程中，我们要注意以下六个方面，以提高创业成功的可能性。

## （一）学习创业法律知识

在你开始创业前，你必须了解我国的一些基本法律知识，这样你才能更好地解决创业中所涉及的一些法律问题。

设立企业从事经营活动，必须到工商行政管理部门办理登记手续，领取营业执照，如果从事特定行业的经营活动，还须事先取得相关主管部门的批准文件。我国企业立法已经不再延续按企业所有制立法的旧模式，而是按企业组织形式分别立法。根据《中华人民共和国民法通则》《公司法》《合伙企业法》《个人独资企业法》等法律的规定，企业的组织形式可以是股份有限公司、有限责任公司、合伙企业、个人独资企业，其中以有限责任公司最为常见。设立企业，你还需要了解《企业登记管理条例》《公司登记管理条例》等工商管理法规、规章。设立特定行业的企业，你还有必要了解有关开发区、高科技园区、软件园区（基地）等方面的法规、规章、有关地方规定，这样有助于你选择创业地点，以享受税收等优惠政策。

我国实行法定注册资本制，如果你不是以货币资金出资，而是以实物、知识产权等无形资产或股权、债权等出资，你还需要了解有关出资、资产评估等法规规定。

企业设立后，你需要进行税务登记，需要会计人员处理财务，其中涉及税法和财务制度。你要了解企业需要缴纳哪些税，如营业税、增值税、所得税等。你还要了解哪些支出可以进成本，开办费、固定资产怎么摊销等。你要聘用员工，其中涉及劳动法和社会保险问题，你要了解劳动合同、试用期、服务期、商业秘密、竞业禁止、工伤、养老金、住房公积金、医疗保险、失业保险等诸多规定。你需要处理知识产权问题，既不能侵犯别人的知识产权，又要建立自己的知识产权保护体系。你还需要了解著作权、商标、域名、商号、专利、技术秘密等各自的保护方法。你在拓展业务过程中还要了解《合同法》《担保法》《票据法》等基本民商事法律以及行业管理的法律法规。

以上只是简单列举创业时常用的法律，在企业实际运作中还会遇到大量法律问题。当然，你只需要对这些问题有一些基本的了解，专业问题需由律师去处理。

### (二)掌握创业融资的常识

#### 1.巧选银行,贷款也要货比三家

按照金融监管部门的规定,各家银行发放商业贷款时可以在一定范围内上浮或下浮贷款利率。比如,许多地方银行的贷款利率可以上浮30%。相对来说,国有商业银行的贷款利率要低一些,但手续要求比较严格。如果你的贷款手续完备,为了节省筹资成本,可以采用个人"询价招标"的方式,对各银行的贷款利率以及其他额外收费情况进行比较,从中选择一家成本低的银行办理抵押、质押或担保贷款。

#### 2.精打细算,合理选择贷款期限

银行贷款一般分为短期贷款和中长期贷款,贷款期限越长利率越高。如果创业者资金使用需求的时间不是太长,应尽量选择短期贷款。比如,原打算办理两年期贷款的可以一年一贷,这样能节省利息支出。另外,创业融资也要关注利率的走势情况,如果利率趋势走高,应抢在加息之前办理贷款;如果利率走势趋降,在资金需求不急的情况下则应暂缓办理贷款,等降息后再适时办理。

#### 3.用好政策,享受银行和政府的低息优惠

创业贷款是近年来银行推出的一项新业务,凡是具有一定生产经营能力或已经从事生产经营活动的个人,因创业或再创业需要,均可以向开办此项业务的银行申请专项创业贷款。创业贷款的期限一般为1年,最长不超过3年,按照有关规定,创业贷款的利率不得向上浮动,并且可按银行规定的同档次利率下浮20%。许多地区推出的下岗失业人员创业贷款还可以享受60%的政府贴息。

#### 4.亲情借款,成本最低的创业"贷款"

创业初期最需要的是低成本资金支持,如果比较亲近的亲朋好友在银行存有定期存款或国债,你可以和他们协商借款,按照存款利率支付利息,并可以适当上浮,让你非常方便快捷地筹集到创业资金。亲朋好友也可以得到比银行略高的利息,可以说两全其美。不过,这需要借款人有良好的信誉,必要时可以找担保人或用房产证、股票、金银饰品等做抵押,以解除亲朋好友的后顾之忧。

#### 5.提前还贷,提高资金使用效率

在创业过程中,如果因为效益提高、货款回笼,以及淡季经营、压缩投入等致使经营资金出现闲置,这时,可以向贷款银行提出变更贷款方式和年限的申请,直至部分或全部提前偿还贷款。贷款变更或偿还后,银行会根据贷款时间和贷款金额据实收取利息,从而降低贷款人的利息负担,提高资金使用效率。

## （三）编制创业计划书

创业计划书是将有关创业的想法，借由白纸黑字最后落实的载体。创业计划书的质量，往往会直接影响创业发起人能否找到合作伙伴、获得资金及其他政策的支持。如何来写创业计划书呢？首先，要依目标，即看计划书的对象而有所不同。譬如是要写给投资者看的，还是要拿去银行贷款的。其次，从不同的目的来写，计划书的重点也会有所不同。不过，创业计划书一般包括执行总结，产业背景和公司概述，市场调查和分析，公司战略，总体进度安排，关键的风险、问题和假定，管理团队，企业经济状况，财务预测，假定公司能够提供的利益十个方面，等等。

### 1. 执行总结

执行总结是创业计划一到两页的概括，包括以下方面：本创业计划的创意背景和项目的简述、创业的机会概述、目标市场的描述和预测、竞争优势和劣势分析、经济状况和盈利能力预测、团队概述、预计能提供的利益。

### 2. 产业背景和公司概述

产业背景包括详细的市场分析和描述、竞争对手分析、市场需求，公司概述应包括详细的产品或服务描述以及它如何满足目标市场顾客的需求，进入策略和市场开发策略等。

### 3. 市场调查和分析

市场调查和分析主要包括目标市场顾客的描述与分析、市场容量和趋势的分析、预测、竞争分析和各自的竞争优势、估计的市场份额和销售额、市场发展的走势等内容。

### 4. 公司战略

公司战略主要阐释公司如何进行竞争，在发展的各阶段如何制定公司的发展战略，通过公司战略来实现预期的计划和目标，制定公司的营销策略。

### 5. 总体进度安排

总体进度安排包括公司的进度安排，包括以下领域的重要事件：收入来源、收支平衡点和正现金流、市场份额、产品开发介绍、主要合作伙伴、融资方案。

### 6. 关键的风险（问题和假定）

其关键的风险包括关键的风险分析（财务、技术、市场、管理、竞争、资金撤出、政策等风险）以及说明将如何应付或规避风险和问题（应急计划）等。

### 7. 管理团队

介绍公司的管理团队时，要注意介绍各成员与管理公司有关的教育和工作背景（注意管理分工和互补）；介绍领导层成员、创业顾问以及主要的投资人和持股情况。

### 8. 企业经济状况

企业经济状况包含公司资金管理、股本结构与规模、资金运营计划、投资收益与风险分析。

### 9. 财务预测

财务预测包括财务假设的立足点、会计报表(包括收入报告、平衡报表,前两年为季度报表,前五年为年度报表)、财务分析(现金流、本量利、比率分析等)。

### 10. 假定公司能够提供的利益

这是创业计划的"卖点",包括总体的资金需求,在这一轮融资中需要的是哪一级,如何使用这些资金,投资人可以得到的回报;还可以讨论可能的投资人退出策略。

## (四)做好企业工商注册

根据《中华人民共和国公司法》规定,注册公司时需要依法向工商行政管理机关申请设立登记,完成整个注册流程。公司注册登记项目包括公司名称、法定代表人姓名、注册资本、地址、公司类型、经营范围、营业期限等。工商变更指的是一切信息登记完毕后,未经变更许可,不得擅自更改原本的信息,经营期间有信息变动的可向公司登记机关申请变更登记。

### 1. 所需资料

(1)公司名称:地区+名字+行业+类型。例如湖南鱼爪网络科技有限公司。
(2)经营范围:例如网络科技公司经营范围包含网络技术开发(不含限制项目)、计算机软件硬件的技术开发与技术服务、在网上从事商贸活动(不含限制项目)。
(3)注册资本:按照经营情况设置。例如科技类公司一般设计为50万元。
(4)注册地址:公司所在地区的详细地址。
(5)法人信息:公司法人代表的个人身份证信息。
(6)股东信息及出资:公司各股东的个人身份证信息及出资金额。

### 2. 申报流程

(1)完善资料:登录工商局网站,填写公司相关资料,然后耐心等待审核(1~2天)。
(2)工商核名:由工商局网站检索是否有重名,同一地区同一行业是不可以重名的。不要取已经驰名的名称。如果没有重名,会核发"企业(字号)名称预先核准通知"。
(3)预约交件:完成工商核名后,需要在工商局网上提交注册信息,并预约提交纸质材料的时间,在规定时间内现场提交纸质材料。
(4)提交材料:提交材料时当场进行审核。如果材料出现问题,根据地方规定不同,会出现以下几种情况:①现场修改重新提交。②现场重新预约提交时间,修改后重新约定时间提交。

（5）刻制公章：领到营业执照后(复印若干份，以后各环节都会用到)，就要到公安窗口备案，然后找刻章公司刻公章、法人章、财务章，合同章视公司情况而定。

（6）办理执照：材料提交成功后，将由工商部门进行执照办理，印材料和公章到地税局或国税局办理税务登记(有的地方需要的材料多，如：会计证)。

（7）银行开户：带上以上所有材料、公章和手续费到银行开对公账户，银行任选。

（8）交三方协议、等待纳税：将从银行签署的文件交到税务部门，次月准备纳税。

## （五）建立健全财物管理制度

财务管理制度是公司企业实施经营管理活动，建立、维护财务管理体系，对会计核算与监督的制度保障。订立原则依据国家现行有关法律、法规及财会制度，并结合公司具体情况制定，在实际工作中起规范、指导作用。其中包括《出纳管理制度》《费用报销流程》等。

## （六）做好人力资源管理

### 1. 制订人力资源规划与计划

人力资源规划是一种战略规划，是指为实施企业的发展战略，完成企业的生产经营目标，根据企业内外环境和条件的变化，运用科学的方法对企业人力资源的需求和供给进行预测，制定相应的政策和措施，从而使企业人力资源供给和需求达到平衡，实现人力资源合理配置，有效激励员工的过程。它的总目标是确保企业各类工作岗位在适当的时机获得适当的人员，实现人力资源的最佳配置，最大限度地开发和利用人力资源潜力，有效地激励员工，保持智力资本的竞争优势。

人力资源规划是各项具体人力资源管理活动的起点和依据，直接影响着企业整体人力资源管理的效率。从期限上看，人力资源规划通常分为长期规划(5年以上的计划)和短期计划(1年以内的计划)。长期规划对公司人力规划具有方向指导作用；年度计划是执行计划，是长期规划的贯彻和落实，对各种人力资源管理活动(如招聘、培训等)的目标、步骤与方法做出了具体而详尽的安排。其中的招聘计划包括了招聘策略、甄选人才的办法、招聘费用预算以及拟录用人员的数量、质量、层次和结构等内容，为企业的招聘活动提供了准确的信息和依据，故可作为招聘工作的方向指引。

### 2. 制定可行的招聘策略

招聘策略应结合企业的实际情况和招聘对象的特点来制定，通常包括招聘地点策略、招聘时间策略、招聘渠道和方法的选择等。

选择在什么地方招聘，应充分考虑人才的分布规律、求职者的活动范围、企业的地理位置、招聘成本等因素。例如：为了引进高精尖的人才，深圳市政府曾组团赴美各大城市招聘中国留学生(以取得博士学位的留学生为重点招聘对象)，取得了圆满的成功；招聘普通的技术工人，通过面向本地的劳动力市场或技工学校进行招聘，通常能满足企业的要求且招聘成本较低。

招聘的时间也不是随意的,而是有一定规律的,这是因为人才的供应本身也有时间规律:通常每年的1—2月份是人才供应的低谷期,每年的3—4月份和6—7月份是人才供应的高峰期(此时是大学生毕业的时间)。最近一项调查表明,10月份为白领阶层跳槽的高峰期。所以企业应避开人才供应的低谷期,而在人才供应的高峰期入场招聘。

招聘渠道有不少,如熟人推荐、借助中介机构(人才交流中心、职业介绍所、猎头公司)、发布广告招聘等。不同的招聘渠道各有利弊,适用招聘人员的特点也不一样。例如,中高级管理人才可委托猎头公司物色或参加高层次人才招聘会。熟人推荐的人员通常留任时间会比较长,一些离职率较高的岗位可考虑使用此办法。此外,发布招聘广告是企业常用的招聘办法,但广告的发布亦有选择:报纸招聘广告适合于在某个特定地区的招聘,适合候选人数量较大的岗位,适合流失率较高的职位;广播电视能产生较强的视听效果,容易给人留下深刻的印象,但广告时间短,费用较昂贵,故适合企业迫切且需要大量招聘人员的情况;网络招聘具有传播范围广、速度快、成本低、联系便捷,且不受时间、地域的限制,故目前备受企业的青睐。

### 3. 科学地甄选人才

在人员招聘中,选错了人将使企业增加人才的重置成本,甚至可能影响企业的生产经营。因此选对人并把他们放在正确的岗位上,对招聘部门来说至关重要。

(1)制定清晰的任职资格

任职资格是企业在招聘中选人的依据。基于工作岗位分析的任职资格,主要说明担任此岗位的人员必备的基本资格和条件,包括年龄、性别、学历与专业、工作经验、健康状况、学习能力、解决问题的能力、人际交往能力等。选人就是为了达到人岗匹配,人事相宜。如果员工的条件过高、过低或与工作岗位不适应,他们很可能会离开企业。因此在甄选过程中,不具备任职资格条件的求职者将被淘汰。

在实际招聘工作中,通常情况下企业的招聘信息一经有效的渠道(如电视、报纸、网络等媒体)发布后,往往会收到成百上千,甚至更多的求职信。在这些良莠混杂的求职者中,没有一个标准以界定候选人,将使负责招聘的工作人员无所适从。

(2)以胜任力鉴别出高度胜任的求职者

具备任职资格的候选人中,谁是最适合的人选?如何鉴别出他们之间的异同?对他们的胜任能力进行分析是一个不错的办法。胜任力的概念最先由美国心理学家戴维·麦克利兰(David McClelland)于1973年提出。他认为,所有与成功有关的心理或行为特征都可以看作是胜任力,通过某些个人特征和胜任力可以将高绩效者鉴别出来。

1982年,其同事波雅提兹(Boyatizis)撰文将胜任力定义为"个体的潜在特征,可能是动机、特质、技能、自我形象或社会角色的方面,或者他所运用的知识体"。经过多年的研究,"胜任力"的内涵也逐步发生了变化。罗茨(Losey,1999年)更是提出了一个胜任力方程式:

$$胜任力 = 智力 + 教育 + 经历 + 道德规范 +/- 兴趣$$

目前,以胜任力来鉴别高绩效者和优秀员工的方法逐渐在西方人力资源管理领域流行起来,且在招聘、甄选和培训等人力资源管理活动中发挥着积极的作用。

（3）推行结构化面试

结构化面试是企业甄选人才的捷径。如今，面试在企业甄选人才时发挥了越来越重要的作用；有关统计表明，80%以上的组织机构都借助面试来甄选人才。在传统的人事面试中，没有对面试进行规范的设计，其考官的构成具有一定的随意性，而且他们向不同的应试者随意地提不同的问题，因此它的信度及效度一直受到怀疑。结构化面试所具有的特点，使其对人才的甄选更加有效、客观、公平和科学。

**4. 创建和谐的企业环境**

我国经过多年社会主义市场经济的发展，人才的流动已突破了计划经济时代的桎梏，"人往高处走，水往低处流"形象地说明了人才流动的规律。曾几何时，"孔雀东南飞"的现象引起了包括欠发达地区在内的国内众多企业的深思，人才被招入企业只是成功的第一步，"筑巢引凤"留住人才才是关键。

员工离职了，无论他们在企业工作时间的长短，其结果都是人力资源部又必须制订新一轮的招聘计划以填补工作空缺。招人—离职—再招人，人力资源部一旦陷入这个怪圈，将疲于奔命；企业因员工的离职将直接导致生产效率下降、技术流失，严重的甚至会给企业造成致命的一击。保持员工队伍的稳定是成熟的企业家一贯高度重视的问题。

有调查表明，绝大多数的离职者都对原企业的薪酬福利政策抱有怨言，相当一部分离职者则因发展空间受限而提出了辞职；有的离职者抱怨原企业的工作环境与工作时间；有的离职者对原企业直接上级粗暴的工作作风与管理方法极其反感；有的离职者对原企业的绩效考评体系颇多微词。如此种种，不一而足。当企业存在上述情形时，会对员工产生一个"推力"；当另一家企业提供了令员工满意的待遇与条件时，就会对员工产生一个"拉力"。"推力"和"拉力"形成的"合力"就导致了员工离职现象的发生。

美国心理学家马斯洛指出，人的需求，按逐渐上升的次序可分为生理需要、安全需要、社交需要、尊重需要和自我实现需要。这就说明除了物质方面的追求，人们还有追求亲情、友情、安全感、归属感和受人尊重等社会需要。因此，企业要降低员工的离职率，不仅要在工作条件、劳动报酬等方面激励员工，更要创建和谐的企业环境，以激发和提高员工的工作激情，并以此来维持员工队伍的稳定。

和谐的企业环境是降低离职率的有效保证，其主要表现在以下方面：①优秀的企业文化和"以人为本"的管理机制。②为员工创造良好的培训机会、事业平台和发展空间。③具有激励作用的薪酬福利体系。④客观、公平、科学的绩效评估体系。⑤和谐的工作环境等。

▶ **【拓展阅读】**

## 向李嘉诚学习如何创办小型企业

从李嘉诚1950年创办长江塑胶厂，发展到今天拥有一个多元化业务的商业帝国不是偶然的。他在最初创立塑胶厂时，就全身心投入，除做企业的管理外，还承担了设计、推销、采购等多种职能，勤奋刻苦优于常人。但真正让他事业发展壮大的，是他深谙小型企业的发展之道：找到独特的市场定位；诚信无欺，迎难而上；知人善用；不断累积企业声誉，赢得更大的发展契机。

## 独特的市场定位

李嘉诚开办长江塑胶厂时，主要生产塑胶玩具和塑胶日用品，与当时其他业内企业并无明显的差异。为了使企业赢得更大的发展，李嘉诚日夜思索，发现了塑胶花的商机。于是，他飞赴意大利参观塑胶花工厂，并应聘进入该工厂学习塑胶花的生产、制造工艺。

回到香港后，他确定塑胶花为公司业务的主攻方向，召集业务骨干在一个多月内开发出符合东方人审美标准新品塑胶花，并以低廉的价格快速上市，迅速占领了香港的塑胶花市场。

## 诚信为首，迎难而上

长江塑胶厂生产的塑胶花，款式新颖，价格便宜，因此接到了大量定单；但也遭遇了工厂扩张时经常遇到的资金短缺困难。

故事起因于某欧洲批发商订购大量塑胶花，准备预付订金，但希望李嘉诚提供有实力雄厚的公司或个人担保，保证产品可以按时供货。李嘉诚遍寻亲友、银行，都没有获得担保。但他没有放弃。他与设计师连夜奋战，设计出了9款新样品，提供给客户选择。欧洲客户非常满意他们的产品，在获知李嘉诚没有财务担保后，依然对他说："你的真诚和信用，就是最好的担保。"危机变成转机，长江塑胶厂的产品迅速打入了欧洲市场，营业额及利润成倍增长。1958年，长江塑胶厂的营业额达一千多万港元，纯利一百多万港元。

## 知人善用

创业时，李嘉诚需要忠心耿耿、忠实苦干的人才，他选择了两员干将——盛颂声和周千和。盛颂声负责生产，周千和主理财务。他们兢兢业业，任劳任怨，辅助李嘉诚创业。

事业发展壮大后，李嘉诚开始提升优秀的管理人才，霍建宁就是典型。他擅长理财和财务策划，长江实业公司(以下简称长实)全系的重大投资安排、股票发行、银行贷款、债券兑换等，都是由霍建宁策划或参与抉择，35岁时已经被委任为长实董事副总经理。

## 远见卓识

1958年，香港当时的房地产并不被世人看好。李嘉诚果断进入，先后在北角、柴湾兴建工业大厦，后又在1967年香港地产低潮时，购入大量廉价地盘物业。在随后的香港经济复苏中，他成为香港最大的地皮所有者。

利人利己，赢得企业发展的契机。1977年，长实参与地铁遮打站、金钟站的上盖兴建权竞投。竞投前，李嘉诚细心研究了地铁公司的情况，提出了以现金支付为主，竞投地铁车站口的上盖物业的发展权。最后，在30多家竞争中，李嘉诚的长实胜出。

获胜源于李嘉诚利人利己的策略。他执掌的长实提供现金做建筑费，满足地铁公司急需现金的需要；上盖商厦建成后，利益由地铁公司与长实分享，并打破对半开的惯例，地铁公司占51%，长实占49%。

1978年，长实开发的地铁上盖物业海富中心和环球大厦销售理想。地铁公司主席唐信公开表示："中环、金钟地铁车站上盖地产发展，将为本公司二期、三期工程的车站上盖合作，树立了样板。"

此次合作，李嘉诚获得了商业界的声誉，为日后取得银行的信任，参与其他大型项目合作创造了良好的契机。

（资料来源：https://max.book118.com/html/2019/0414/6033004002002023.shtm）

**思考与实践**

1. 新时代创业者应具备的基本能力有（    ）。

A. 专业技术

B. 决策能力

C. 社会交往能力

D. 经济与管理能力

2. 大学生按（    ）原则选择和规划创业项目。

A. 选择国家产业政策鼓励发展的项目

B. 优先考虑与自己所学专业有关系的项目

C. 优先考虑初始投入资金较少的项目

D. 优先考虑有特色的项目

# 保持前行动力

　　青年是整个社会力量中最积极、最有生气的力量，国家的希望在青年，民族的未来在青年。今天，新时代中国青年处在中华民族发展的最好时期，既面临着难得的建功立业的人生际遇，也面临着"天将降大任于斯人"的时代使命。新时代中国青年要继续发扬五四精神，以实现中华民族伟大复兴为己任，不辜负党的期望、人民期待、民族重托，不辜负我们这个伟大时代。

　　——2019 年 4 月 30 日，习近平在纪念五四运动 100 周年大会上的讲话

引导案例

## 周杰伦

1997年9月，周杰伦报名参加了当时台湾著名娱乐主持人吴宗宪的娱乐节目《超猛新人王》。主持人吴宗宪路过周杰伦钢琴的时候，惊奇地发现这个一直连头也没敢抬的小伙子正谱着一首非常复杂的谱子，他意识到这是一个对音乐很认真的人。节目结束以后，他问周杰伦："你有没有兴趣参加我的唱片公司，任音乐制作助理？"

很多人往往把这一瞬间定义为周杰伦生命的转折点。因为他的过人天赋加上吴宗宪的慧眼识珠，周杰伦才得以成功。其实，通过短短的几秒钟看到的乐谱根本无法判断某人是否具有音乐天赋，真正让吴宗宪感动的是这个年轻人对自己乐谱的认真程度。打动吴宗宪的，与其说是才气，不如说是认真。很多时候，不管能力有多大，机会往往只选择那些认真对待自己工作的人，这本身是一种最重要的能力。

作为唱片制作助理，在负责唱片公司所有人的盒饭之余，周杰伦在那间7平方米的隔音间里开始了自己的创作生涯。半年下来，他写出来的歌不少，但曲风奇怪，没有一个歌手愿意接受，其中包括拒绝《眼泪不哭》的刘德华和《双截棍》的张惠妹。当然，两年后的他们后悔不迭。

吴宗宪有些着急，他决定给这个年轻人一些打击。他让周杰伦来到自己的办公室，告诉他，他写的歌曲很烂，并当他的面把乐谱揉成一团，丢进废纸篓里。这是周杰伦在音乐道路上遭受的重大打击。然而，吴宗宪第二天早上走进办公室的时候，惊奇地看到这个年轻人的新谱子又放在了桌上，第三天、第四天……每一天，吴宗宪都能在办公桌上看到周杰伦的新歌，他彻底被这个沉默木讷的年轻人打动了。

有一天，吴宗宪把周杰伦叫到办公室说，如果你可以在10天之内拿出50首新歌，我就从里面挑出10首，做成专辑——既然没有人喜欢唱你的歌，你就自己唱吧。10天之后，周杰伦安安静静地拿出50首歌，于是就有了周杰伦一举成名的专辑《JAY》。从这张专辑开始，周杰伦一发而不可收拾。

周杰伦的职业经历说来传奇，其实也普通。成功的路上绝对没有偶然，每个人进入职场的时候，都会遇到类似的问题：领导的批评，不被人认同……如何对待和处理这些问题，比问题本身更加重要。没有被上司的讽刺打倒的周杰伦，用更多的努力获得了认同。胜利者不一定总是赢的人，能够坚守初心，保持前行的动力，才能取得最终的胜利。

（资料来源：https://wenku.baidu.com/view/ab3b667d178884868762caaedd3383c4bb4cb476.html）

# 一、良好职业形象的经营

曾经有一位德国学者做了一项实验，虚构了三种不同的求职简历：一部分是贴了俊男美女照片的简历，一部分是没有贴照片的简历，还有一部分简历贴的是相貌丑陋的求职者的照片。最后的结果是，贴了俊男美女照片的简历求职成功率高达86%；没贴照片的简历求职成功率是60%；贴了丑陋照片的简历求职成功率只有20%。实验的结论虽然有些以偏概全，但确实反映了当前的一个现实问题，那就是现代社会对个人形象的关注程度越来越高，良好的形象有利于个人在职场上的发展。

## (一) 做好自己的第一张名片

外在形象堪称是个人的第一张名片，良好的个人形象易使人产生好感。在生活中，人们都有这样的体会，一个人如果能给对方留下良好的第一印象，那就会使对方产生一种想要深入了解的渴望。相反，如果在对方心中留下一个糟糕的印象，那么即使你学富五车、才华横溢，恐怕也没有机会向别人展示。由此可见外在形象对个人的重要性。

在求职过程中，个人的外在形象应该与社会对该职业的期待相吻合。任何职业都有几个约定俗成的标准，个人在职场中扮演的角色应该符合社会对这一角色的职业期待。很多职业都有明确的职业符号，人们只要一看到某种符号就会自然而然地联想到某个职业。比如空姐、警察等职业，人们总能通过从业者的着装清楚地了解他们的身份。如果个人的着装超越了社会对着装者职业的认知底线，那就会给人留下一个不良的印象。曾经有一名女生为了吸引面试官的眼球，在面试一个管理岗位时刻意把自己打扮得妖娆动人，她原以为凭借这一"形象"能够顺利获得工作合同，可最终失败了。这名女生失败的关键在于她的外表不符合大众对管理人员的社会期待。每个人都会从别人的外表中解读出某些信息，显然这名女生反馈给面试官的信息与该岗位的职业期待相去甚远，最终失败也在情理之中。

## (二) 合适才是最美的

相比于追求明星一样的外在形象，得体的装扮往往能让人显得更有自信。个人装扮的重要性不言而喻，但美并不意味着非要浓妆艳抹，衣着打扮应该符合自身的形象、符合环境的要求。

苏珊大妈在"达人秀"获奖之后，经纪公司为她做的第一件事，就是重新打造形象。考虑到苏珊大妈受身材所限，造型师主要针对她的发型做了重点改造。其实对很多人来说，一个适合自己的发型是塑造良好形象的关键。发型设计看似简单，其中却大有学问：如果个人身材不高，那就不适合相对蓬松的发型，因为会显得人很矮；蓬松的头发可以使脸部看起来小巧，起到改变脸型的作用。此外，设计发型还要考虑到职业形象，如果一名公务员留着艺术家似的长发，这显然是不合适的。

服饰是一种礼仪。莎士比亚说:"一个人的穿着打扮就是他身份修养最形象的说明。"服装给人以直接的感受。在职场中,职业装往往代表了整个行业的形象。一个人从事某种职业,着装就要符合这种职业在职场中的着装标准,特别是很多正式的场合,一般不太强调服装的审美个性。有时候,越是规模大的场合,越强调审美共性。审美共性就是讲究和谐的美,讲究色彩的均衡,讲究个人的风格……服饰的搭配很重要,不是穿着华丽才能显示自己的内涵修养,不同场合的服饰礼仪是不相同的。莎士比亚说:"千万不要华丽低俗,因为从衣服上往往可以看出一个人。"在注重礼仪的场合,服装的得体性表现在是否与现场氛围相符。它要求个人着装搭配得体、款式简单、注重环境与场合的和谐、强调审美共性。有时候,深色西服配浅色衬衫的着装搭配虽然显得有些保守,但可以给人以安全的感觉。

**1. 服饰礼仪的原则**

(1)三三原则。男士穿着西服套装时,全身的领带、西装、衬衣颜色宜在三种以内。

(2)三一定律。鞋、腰带、公文包的颜色需统一。

(3)安全色原则。黑、白、灰三种颜色是永远和谐的颜色,和任何颜色都能搭配。

(4)五不过原则。不同场合,都有着共同的着装禁忌,一是不过于杂乱,二是不过于鲜艳,三是不过于暴露,四是不过于短小,五是不过于紧身。

**2. 不同场合的服饰礼仪有着不同要求**

(1)公共场合。公共场合的基本要求为保守、庄重、规范。适宜的服饰为套装、套裙、制服,不宜时装和便装。

(2)社交场合。社交场合的基本要求为时尚个性。适宜的服饰为礼服、时装和民族服装,不宜制服和套装。

(3)休闲场合。休闲场合的基本要求为舒适自然、放松随便。适宜的服饰为运动装、牛仔装,不宜制服、套装和套裙。

**3. 色彩搭配**

服装色彩的适当搭配,能使人通过错觉而产生美感。没有不美的颜色,只有不美的搭配,服装色彩的搭配是有一定审美要求的。所以,在选择服装颜色时,应根据自身的特点加以选择。色彩和谐的服装能使人在公众面前表现出自己的心理追求和精神风貌。如浅色有扩张作用,能使人显得胖;而深色有收缩作用,能使人显得瘦。服装色彩与肤色也有关系,如黄皮肤的人应避免蓝紫、朱红等颜色,因为这类颜色与皮肤的对比度强,会使皮肤显得更黄。皮肤黑的人不宜选用黑、深褐、大红等颜色,脸色红的人应避免绿色,而白色几乎适合于任何人。

**4. 搭配技巧**

(1)鞋子。一般来说,鞋子的颜色应该与衣服的颜色相衬,一般场合应着素雅端庄、体面大方的黑色皮鞋。穿花俏衣服时不宜穿黑鞋子。出席寿婚葬祭时,即使外衣和领带可以从略,但鞋子不能是茶棕色,而应是黑色的,这是我国的一种社交礼节。

(2)袜子。袜子具有衔接裤子和鞋子的作用,应与它们协调。黑色皮鞋应配深色袜子。女士袜子的色彩可适度鲜艳，但参加庄重的社交活动时应穿素色的长筒袜，避免露出腿部肌肤，而且夏天不可光脚穿凉鞋。稳重的西装长裤和明亮的黑色鞋子，如果配上不协调的花哨颜色的袜子或有花纹的袜子，就会使人产生杂乱、失调的感觉。男士为避免在坐下时露出腿毛，应穿黑色或深蓝色的不透明的中长筒袜。

（3）领带。领带是西服的重要组成部分，其花色品种很多。它要求与相宜的西服配套，包括选择合适的衬衣。如上衣为鲜艳的格呢，领带就应避免条纹或大花，以纯粹的小花图案为宜；如上衣是粗格呢，领带的颜色则应与格子图案的某一种色调相和谐。一般来讲，有图案的领带宜配素色无花纹的衬衣。

### 5. 饰品搭配

一身入时的时装，再配上得体的饰物，能起到画龙点睛的作用，如帽、围巾、手帕、腰带、胸饰、眼镜、手提包等。

（1）金银、珍珠、宝石制作的项链、耳环、戒指、手镯等饰物对女性来说很重要。它可使人展现出高雅华贵的丰姿，只要适合自己的身份和活动场所的要求，均有助于赢得公众的好感。

（2）围巾和帽子对服装的整体影响很大，在冬季用于点缀色彩时尤为重要。如果衣服颜色较暗淡，则围巾与帽子的颜色可鲜艳一些；若衣服较鲜艳，佩戴的围巾与帽子就要素雅一些。男士在任何时候都不应在室内戴手套、帽子。

（3）手提包一般要求与服装配套，同时还要根据季节选择。如夏季拎包应小巧，显得轻爽。手帕也是装饰物，在西服左胸位置的口袋里放置一定形状的手帕，可令人平添风采。

### 6. 发型

发型是仪容的重要组成部分，是自然美和修饰美与人体的结合。发型要根据脸型选择。人的脸形有多种形状，椭圆形较为完美，其他脸形皆需要用适当的发型来矫正。如脸形呈方形的女士可用双花式卷发遮去两侧过宽的额角，若是长形可用刘海遮去发际线高的部分。体形较为矮胖的可以梳盘辫或挽髻，因为这样能使人看上去脖颈较长，显得较高。若是脖颈又细又长，则应选择披肩式发型。男士的头发两侧不宜过耳或遮耳，后面的头发不能长及衣领，不宜留大鬓角、长发或蓬松发，也不宜用香味较重的发乳。

### 7. 化妆

俗话说："三分容貌，七分打扮。"自然美给人以朴素纯真的美感，而修饰美却有锦上添花、风采照人的魅力。修饰不仅指涂脂抹粉，更重要的是艺术造型。首先修饰应符合自己的身份、年龄和职业，其次应根据自己的性格、气质、交际场合来选择科学的修饰法。

女性的化妆，目的是给人以清洁、健康、漂亮的印象。对此，需要注意以下方面：洗脸后在脸上抹一些比自己肤色稍浅的粉底霜，使脸色增加一层光泽；眼睛涂抹一层薄薄的眼影，一般以灰色较好，若戴眼镜，则可以稍浓一些，一般情况下不必画眼线；年轻人的嘴唇宜用鲜红的口红，随着年龄的增长，颜色宜改用浅色系列或褐色系列。另外，整个人的妆容与衣饰颜色要协调。一般来说，日间化妆以淡雅为宜，夜间可稍浓艳。用香水时，一般不应把它直接涂在肌肤上，香水用量不能过多，以幽幽清香为佳。男性应经常修面，剪鼻毛，整理发型，给人一种潇洒雄健、健康向上的感觉。

## （三）动静相宜，形神兼备

除了静态的外在形象，一个人的行为举止也会影响其形象。礼貌和礼节是一种无声的语言，也是一种风度的表现，它体现了个人的修养和内涵。美容博士于晓燕所著的《气质何来》一书曾备受读者的欢迎：气质看似无形，实则有形。它是通过一个人对待生活的态度、个性特征、言谈举止等表现出来的。走路的步态、待人接物的风度，皆属气质的范畴。一个人在社交场合应该追求优雅的风度，这是从骨子里流露出的一种文化积淀。一种优雅的社交姿态往往是落落大方、不卑不亢的。有时候，一个微笑可以让人感觉很温暖、很亲切，它往往能感染身边的人。

职场上的社交礼节有很多，例如：在公众场合，不要大声喧哗。社交过程中握手的时候，双方的力度要相当，表示相互尊重；应女方先伸手，长者先伸手，上级先伸手；如果客人来访，主人先伸手，客人要告辞时，客人先伸手；握手时不戴墨镜，不戴手套。打电话时，要言简意赅，语气温和；早上7点之前、晚上10点之后不要往他人家中打电话。发名片时，要双手递上，名片正对对方；接到名片后，要仔细看一遍，适当表示好奇，以示尊重。看见客人要起立迎接，主动让座，端茶递水，切忌使用一次性茶杯。拜访之前要记得预约，准时拜访，并可以赠送合适的小礼物……无论是动态的形象，还是静态的形象，都是为了让自身在公众场合表现出自己自尊自爱、平等待人、信守承诺、宽容和优雅大方。具备这些特质的人将会受到他人的尊重和认可。

一个好的职业形象可以归纳为四个字：形神兼备。年轻貌美会随着时间而流逝，但是当一个人具备良好的气质，其个人魅力是长久的。仪表、仪态是有形的外在形象，它可以塑造一个人无形的气质。有形的仪态是一个人的形，无形的气质是一个人的神。塑造形神兼备的个人形象，会让个人在家庭、职场乃至社会上获得他人的认可和欣赏，也更容易收获生活和事业上的成功。塑造良好的个人形象，看似简单，但要长期坚持很难。如果每个人都能注重自己的个人形象，那最终得益的不是个人，而是整个社会。

### 【拓展阅读】

#### 职业装

职业装又称工作服，是为工作需要而特制的服装。职业装有利于树立从业人员的职业道德规范，增强从业人员的工作责任心和集体感，培养从业人员的敬业精神。穿上职业装，人们就要尽心尽责、全身心地投入工作。

职业装的标识性旨在突出两点：社会角色与特定身份的标志；不同行业、岗位的区别。前者如法官、律师的法庭着装，各式军装，象征和平的绿色邮递员着装，证券公司的"红马甲"等，现今酒店制服中标志性最强的服饰应首推"高筒白帽"，这是国际上公认的厨师职业装标志；后者如航空制服与铁路运输行业制服的区别，航空制服中地勤人员与机组人员职业装的区别。

规范穿着职业服装的要求是整齐、清洁、挺括、大方。整齐：服装必须合身，袖长至手腕，裤长至脚面，裙长过膝盖，内衣不能外露；衬衫的领围以插入一指大小为宜，裤、裙的腰围以插入五指为宜；不挽袖，不卷裤，不漏扣，不掉扣；领带、领结、飘带与衬衫领口的吻合要紧凑且不系歪；如有工号牌或标志牌，要佩戴在左胸正上方，有的岗位还要戴好帽子与手套。清洁：衣裤无污垢、无油渍、无异味，尤其是领口与袖口处要保持干净。挺括：衣裤不起皱，穿前要烫平，穿后要挂好，做到上衣平整、裤线笔挺。大方：款式简练、高雅，线条自然流畅，便于岗位接待服务。

（资料来源：https://kns. cnki. net/kcms/detail/detail. aspx？ dbcode ＝ CJFD&dbname ＝ CJFD2011& filename ＝ CCJY201124014&v ＝ ymxuhJbxQfDeVnkgIucz% 25mmd2Fx11G% 25mmd2Fkre0% 25mmd2Fpws9Vfb KH2pJ%25mmd2BbPUZDh0Ry4TkPZY42CJt,《职业素养与就业指导》）

## 二、社会人际关系的积累

### (一) 积累社会人际关系的重要性

人具有社会属性，人在社会中不可避免地会发生个体之间的相互作用和联系，这种社会活动中所形成的建立在个人情感基础上的相互联系就是人际关系。事实上，人际关系渗透到了所有的社会关系之中，人际关系无处不在，它对于人各方面的发展都具有非常重要的意义。

我们都十分熟悉的比尔·盖茨，他创造了一个个财富的神话，也激励了一代代有志创业的青年。在分析比尔·盖茨的成功原因时，有些人会讲到他掌握了世界的大趋势，有些人会讲到他在电脑上的智慧和执着。但你也许还不知道，比尔·盖茨成功的另外一个重要原因，便是他懂得为成功积累社会人际关系、运用人际关系。

比尔·盖茨在积累、拓展人际关系的过程中频频获胜，得益于他善于运用条理清晰的人际关系账户。比尔·盖茨的人际关系账户可以细分到亲人关系、合作伙伴、国外朋友等明细，在这各个方面，他也都能灵活地加以运用。

首先，利用自己亲人的人脉资源。假如把营销比喻成钓鱼的话，是钓大鲸鱼，还是钓小鱼比较好呢？回答肯定是大鲸鱼。因为钓一只大鲸鱼可以吃一年，但钓小鱼的话得天天去钓。比尔·盖茨创立微软公司的时候，只是一个无名小卒，但是他在 20 岁的时候签到了一份大单。这份合约是跟当时全世界第一强电脑公司——IBM 签的。当时，他还是位在大学读书的学生，没有太多的人脉资源。他怎能钓到这么大的"鲸鱼"？可能很多人都不知道其中的原因。原来，比尔·盖茨之所以可以签到这份合约，中间有一个中介人——比尔·盖茨的母亲。比尔·盖茨的母亲是 IBM 的董事会董事，妈妈介绍儿子认识董事长，这不是很理所当然的事情吗？假如当初比尔·盖茨没有签到 IBM 这个大单，相信他今天绝对不可能拥有几百亿美元的个人资产。

其次，利用国外朋友的人际关系资源，让他们去调查国外的市场，以及开拓国外市场。

比尔·盖茨开辟国外市场，积累日本的人际关系，靠的其实都是他一个非常好的日本朋友彦西。彦西凭借自己的专业知识，为比尔·盖茨讲解了很多日本市场的特点，并通过自己的人际关系，为比尔·盖茨拉到了第一个日本个人电脑项目。

再次，利用合作伙伴的人脉资源。比尔·盖茨最重要的合伙人——保罗·艾伦及史蒂芬，他们不仅为微软贡献自己的聪明才智，也贡献他们的人脉资源，这进一步帮助了比尔·盖茨积累人脉。所以，请不要认为积累人脉便是强势出击，处处寻找贵人。积累人脉资源是通过对自己人脉存折的梳理和分析，从中牵扯出一个个巨大的人脉网络。从亲人、朋友、合作伙伴中牵扯出来的人脉，虽然可能不是你的亲人、朋友或合作伙伴，但他们也会成为你人脉存折中的可靠资源。因此，千万不要忽视你人脉资源的本身潜力，通过不断的梳理、拓展，你的人脉资源将得到第一步也是最稳固的充实。

最后，雇用非常聪明、能独立工作、有潜力的人来一起工作。比尔·盖茨说：在我的事业中，我不得不说我最好的经营决策是挑选人才，拥有一个完全信任的人，一个可以委以重任的人，一个为你分担忧愁的人。

丰富的人际关系能为你带来更多成功的机遇。由此可见，人们机遇的不同，并不是由运气决定的，而是由交际能力和交际范围决定的。更准确地说，是和交际能力、交际范围的大小成正比的。在交际活动中，你认识了别人，别人也认识了你，而在你们友谊发展的过程中，你就有可能获得发展的机遇。

机遇的潜台词就是人际关系，因为人际关系越丰富，机遇相对就越多。前些年在中国兴起的 MBA 热潮就是一个佐证，这些人读书不是为了学习知识，而是为了搭建高品质的人际关系，以从中获取商机。即使是哈佛商学院的毕业生，在总结读书的收获时，也把建立朋友网络放在第一位。哈佛商学院的一位教授曾经说，哈佛为其毕业生提供了两大工具：首先是对全局的综合分析判断能力，其次是哈佛强大的、遍布全球的 4 万多名的校友网络，在全球各行业都能提供宝贵的信息。在由这么多精英人才组成的人脉网络下，机遇自然是不会少的。

## （二）建立和谐的人际关系

如何在实习单位建立和谐的人际关系呢？

### 1. 尊重他人，虚心请教

尊重他人是建立良好人际关系的前提。尽管人们的分工各有不同，贡献有大有小，但在人格上是平等的。初到实习单位，应当把每一个人都当作自己的老师，不管他的职务尊卑、收入多少、年龄大小和文化高低。此外，要按照单位约定俗成的习惯去称呼领导和同事，不要让人产生你是局外人的感觉。

### 2. 平等待人，不卑不亢

高职毕业生要平等对待每个同事，不要厚此薄彼，切忌以貌取人或以个人好恶为标准，把同事分成几个等级，亲近一部分人而疏远另一部分人。不要卷入是非矛盾和拉帮结派中，而应该尽力与所有同事发展平等互助的友好关系。不要认为某人对自己有用就与其打得火热，而对他人不理不睬。

### 3. 正直善良，乐于助人

待人处世要做到公平正直，不偏不倚。当同事在工作、生活上遇到困难时，应给予同情，用感情上的安慰和行动上的帮助来促使同事克服困难、消除烦恼，促进同事间的友好关系。只有热心帮助别人的人才会得到别人的帮助，也只有乐于助人的人才会得到人们的认可与赞扬。

### 4. 真诚与信任是建立良好人际关系的基础

在与同事的交往中要恪守信用、言行一致，说到做到，不言过其实。当工作中发生一些纠葛、摩擦甚至冲突时，不要马上找领导告状或者哭哭啼啼，要冷静对待，妥善处理。

### 5. 服从上级，注意沟通

作为下级员工，高职毕业生要自觉服从工作安排，力争圆满完成领导交办的任务。对于确实难以完成的任务，要注意维护领导权威，不要当面顶撞，可以在私下与领导单独交流，这样就会得到领导的肯定，处理好与领导的关系。工作中，对领导既要尊重、坦诚、实事求是，又要注意分寸、交往得当，不能为了一点私利而对领导曲意奉承，讨好献媚，将关系庸俗化。只要坚持以把工作做好为出发点，在工作方面与领导形成共识，就有了与领导建立良好关系的基本条件。许多高职生进入实习单位后，不敢主动找上级沟通；但是不沟通，上级就不了解你的工作，不知道你干得如何。所以，你要认真思考工作以来的收获、困惑，以及你对自己工作职责的理解，主动找上级沟通，让他知道你很重视这份工作，并在用心地做好这份工作。另外，在开会时要适当发言，让你的上级尽快注意你；切忌总是坐在角落处，一言不发，如果你有好的建议或设想，要敢于拿出来，当然也要乐于接受前辈们的批评或补充。

### 6. 参与活动，主动社交

社交活动是很重要的一个扩大人脉圈的办法，大家需要多和朋友们聚会，多参与社区活动，多和人沟通，了解他人的需要和自己的需要，如果有切合点就可以想办法互相合作。

另外，亲友之间的互相来往也是很重要的，亲友也是大家最好利用的人际关系，所以保持亲密的亲友关系十分重要。大家平时要多看望长辈，多和兄弟姐妹接触，大家一起聚会，增进感情。

# 三、职业生涯可持续发展能力

## (一)职业生涯可持续发展能力的概念

人的发展空间主要由发展能力决定，最大的利益体现为人的发展空间的利益。大学生职业生涯可持续发展是指大学生在大学阶段及其以后的职业生涯中连续不断地发展和完善，实现大学生个体素质的不断完善、和谐。大学生职业生涯可持续发展能力就是指实现大学生职业生涯可持续发展需要具备的能力，包含了大学生创新知识的获取运用能力、个性品质的完善能力。大学生职业生涯可持续发展能力是保持自身具有可持续发展态势的能力。

## (二)大学生职业生涯可持续发展能力的结构

1. 从身心健康发展出发，强调人的长远发展。大学生在校阶段或步入社会，都需要不断塑造健康体魄，开发人格潜能，因此，具有良好的心理素质是教育的首要任务。只有养成良好的职业素养，确保身心健康发展，才能进行有效的学习生活和工作，才能促进智力发展，实现人生价值。

2. 从职业化发展出发，强调人的专业发展。高职学生无论从事何种职业，都需要找到生存的能力，即便舍弃原来的工作也能找到更好的生存发展空间，因此，具有良好的学习创新能力是教育的关键任务。只有养成较强的学习能力，提高再就业职业发展能力，进行有效的信息接纳和处理，才能促进大学生潜力发展，实现专业发展。

3. 从社会化发展出发，强调人的可持续发展。高职学生应顺应社会发展需求，能够自我调控社会变化，具有适应社会发展需要的调控能力，因此，具有良好的自控能力是教育的持久任务。只有养成社会认可的行为习惯，才能更好地立足于社会，与社会进步发展相适应。

## (三)大学生职业生涯可持续发展能力的组成要素及内容

根据大学生职业生涯可持续发展能力的结构以及麦可思的社会需求与培养质量年度报告，概括起来可分解为三个层次：一是基本要素，主要关系到人的生存和一般发展；二是核心要素，主要关系到人的就业和支撑发展；三是拓展要素，主要关系到人的层次和提升水平。其具体内容如表7-1所示。

表7-1 大学生职业生涯可持续发展能力组成要素及内容

| 结构要素 | 能力要素 | 特点 |
|---|---|---|
| 基本要素 | 道德能力 | 道德是人发展的精神动力。道德能力对大学生道德素质起主体导向作用。道德能力是一种内在支持力量,由道德认知、道德评价和道德实践能力构成,其核心是道德实践能力 |
| | 学习能力 | 学习是人的发展源泉。学习能力对大学生具有生存和发展的作用。学习能力主要包括认知能力、知识应用能力、终身学习能力。其关键是终身学习能力 |
| 核心要素 | 自我保健能力 | 健康是人的基本权利,是生活质量的基础。自我保健能力对大学生心理具有保障作用,它是指自我保持身心健康的能力,通常包括生理保健和心理保健能力 |
| | 专业能力 | 专业能力是人发展的风向标。专业能力对大学生就业起导向作用。主要由知识运用技能、解决问题的能力构成,其核心是分析和解决问题的能力 |
| | 人际交往能力 | 人际交往是职场成功的保障。人际交往能力的最终目标是教会大学生如何做人、如何处理人与人之间的关系。其主要表现形式为竞争与合作 |
| 拓展要素 | 创新能力 | 创新能力是人发展的动力源泉。创新能力对大学生创造新思想具有影响作用。它是一种内在的整合体,由创新的意识、基础、智能、方法和环境等组成,包括创新思维能力和创新实践能力 |
| | 自律能力 | 自律是做人做事的根基。自律能力对大学生发展和进步具有深远的影响。自律能力根植于健康的心理品质,主要包括自我控制能力、自我调节能力 |
| | 国际交流能力 | 国际交流是国际交流与合作的要求,是职业教育走向国际化的需要。大学生是国际交流合作和国内外高校交流的重要纽带。国际交流能力要求大学生有较高的外语听说读写能力,了解外国的文化和发展现状 |
| | 社会服务能力 | 社会服务对大学生正确认识社会发展规律及肩上的重担具有重要意义。社会为大学生的发展创造了有利条件,大学生应该利用各种途径提升自己的社会服务能力,积极参加志愿服务,以实际行动改善人际关系,回报社会 |

(资料来源:https://www.docin.com/p-1692445806.html)

从职业发展的角度来看,对一个人的职业前途而言,发展空间是首要因素,薪资、工作环境、家庭等都是择业时考虑的重要因素。但从整个职业生涯考虑,更重要的还是个人能力的提升。有时候,较好的个人发展机会、薪酬、工作环境等难以舍弃的因素甚至会成为阻碍因素。

## (四)保持积极的职业心态,持续践行自己的选择

培养"当下"的意识,这是让你的人生变得更有韧性的关键。以下建议能帮助你打开

这扇强大的"当下"之门，使你有耐力维持一生的职业生涯规划，并维持工作与生活的平衡与融合。

1. 认识、尊重和欣赏自己。幸福的基本点来自你完成的职业生涯规划中的个人评估。了解并相信你的价值和天性，将有助于你体会到活在当下的喜悦。

2. 重视工作，找到价值。有意识地将你现在的工作与你对世界的贡献联系起来。理发师能帮人提升自信，厨师能减少人们的饥饿感，而水管工人则让整个管道畅通。每一个职业都有其存在的价值和意义。不要用"我只是"来形容和贬低自己的工作，而要相信你的工作能改善一个人或者多个人的生活品质。

3. 选择积极的态度。乐观的心态不是与生俱来的，而是从一次又一次积极的自我暗示和深刻反思中培养出来的。在出现令你烦扰的人或者事的时候，你需要进行自我暗示。当你反应过激时，做几次深呼吸，强迫自己微笑，问问自己，你所惧怕的后果是否有可能发生。

4. 全方位培养自己。每天抽时间来锻炼身体、提升思想、滋养精神。幽默、体育锻炼、健康的食物、令人振奋的音乐、激励人心的阅读、接触大自然、祈祷、冥想、瑜伽、与朋友和家人相处等，都有助于给你一种幸福安宁感，并能增强韧性，延年益寿。

5. 体验给予的快乐。生活中无论出现多么不如意的事情，你都有给予的能力，可以是一句赞美、一个帮助、一次探望、一通电话、一个微笑。这是一个双赢的过程，你让他人开心，你也必将获得快乐。

## （五）把职业生涯规划作为一种生活方式

大部分人面临的职业困惑的来源，主要是三个因素的不平衡：兴趣、能力、价值。兴趣是你想做的事，能力是你能做的事，价值是你期望得到的收获。有兴趣、有能力做的事，但是兑现不了你的价值，你会感到失落。有能力且能产生价值的事，但是你没有兴趣，你会感到厌倦。有兴趣也能产生价值的事，你却没有能力去做，你就会感到焦虑。一个平衡的职业生涯规划必须通过价值强化兴趣，把兴趣发展为能力，最后通过寻找平台来兑现价值。

> 【案例】

### 赫敦经典案例

Fred 大学毕业后顺利地进入了某大型制造外企工作。顺利跨入世界 500 强著名外企，这意味着职业生涯有了一个良好的开端。一个管理风格成熟的外企不仅能提供丰厚的报酬和福利，更能提升职业竞争力。虽然 Fred 每天的工作内容单调，缺乏创新，只是日复一日地处理几张报表，与同事打打交道，但是行业景气加上公司的实力，在月底他总能领到不菲的薪资。这种优越感一直伴随着 Fred，即使工资一直没有太大的涨幅，两三年后他的薪资仍然处于同龄人中的高水平。

然而有志向的 Fred 一直希望在若干年后成为一位职业经理人。他仔细地盘点了一下现在的公司，主管不是硕士就是海归，按照公司的晋升流程，得等到上司走了之后才有机会晋升；而他的上司年轻，干劲十足，并没有短期内要离开的意思。在现有的公司进入管理层，使自己向管理方面发展似乎成了一个遥遥无期的梦想。Fred 转而向外谋求，然而几番面试下来，不少企业只愿意提供跟他现有职位持平的工作，而且在薪资上不如现在的公司，一向自信满满的 Fred 面临无处借力的场面。如何既能找到突破口，又不降低自己的薪资水平，成了 Fred 百思不得其解的大难题。

Fred 处事作风严谨，注重逻辑，外向型的性格使他易于与人交往。这些都反映出他适合从事管理型的工作，良好的交际能力反映他与客户打交道的能力。Fred 在现在企业中工作已有一定的年份，公司在业内有着良好的声誉和影响力，这些都是比重点大学本科文凭更有利的资本。在语言能力上他有着极好的英语底子，并且有点法语能力，这些都是在外企奋斗的利器。Fred 在现有公司升不上去，职业的含金量不会再得到长足的提高，他目前需要的是重新操练英语口语，因为他的口语能力有所退步。

赫敦职业顾问在进行全方位的评估之后，为 Fred 提供了以下建议：在求职目标上仍然以大型外企为主。很多大型外企在华业务刚展开，身在其中必然可以学到更多的经验和技能。职业顾问建议 Fred 可以选择一些能多与客户或供应商接触的部门，如采购、市场等部门。这既契合了 Fred 的性格特质，又能用上他以前的工作经验，同时还能为他将来成为一名职业经理人打下扎实的基础。一举三得，牢牢地把握住了职业道路的主线。另外，Fred 急需学习管理类课程，这个是想要转型成管理型的人才所必须学习的。

赫敦职业顾问启示录：赫敦资深职业顾问徐莉琴女士指出，工作三年以上的职业人容易遇到职业发展瓶颈的问题，经过了一定的经验积累，在公司也已经做到一定的级别，对自己的工作已经驾轻就熟，有足够的能力向更高层发展。然而，或是因为公司机制的问题，或是因为其他问题，自己的职业发展裹足不前的情况不少见，他们在原公司得不到应有的重视，但是求稳的心理又让他们不敢向前走出一大步，其实像这种情况，晚跳不如早跳。与其待在原公司无用武之地，还不如抓住跳槽机会，为自己赢来个充满希望的未来。

但应该明白的一点是，跳槽与否，最终的目的都是使自己得到发展和提高。每换一次新的工作，都能让自己更接近心中的目标，这才是职业可持续发展的关键所在。

（资料来源：https://www.docin.com/p-2505767805.html）

## 思考与实践

1. 如何建立和谐的人际关系？（　　　）

A. 尊重他人，虚心请教　　　　　B. 参与活动，主动社交

C. 诚实守信，理智行事　　　　　D. 正直善良，乐于助人

2. 服饰五不过原则包括(　　　)。

A. 不过于杂乱　　　　　　　　　B. 不过于鲜艳

C. 不过于暴露　　　　　　　　　D. 不过于短小

# 参考文献

**专著：**

[1]邹振栋. 大学生职业生涯规划与就业创业指导[M]. 西安：西安电子科技大学出版社，2021.

[2]赵秋，黄妮妮，姚瑶. 大学生就业创业指导[M]. 北京：北京师范大学出版社，2020.

[3]曲振国，杨文亭，陈子文，等. 大学生就业指导与职业生涯规划[M]. 2版. 北京：清华大学出版社，2020.

[4]迟云平，陈翔. 就业指导[M]. 广州：华南理工大学出版社，2020.

[5]林咏君. 大学生就业指导实用教程[M]. 广州：华南理工大学出版社，2020.

[6]杨炜苗. 大学生职业生涯规划与就业指导[M]. 北京：清华大学出版社，2020.

[7]刘少华，马明亮，戴丽梅. 大学生职业生涯规划与就业指导[M]. 北京：北京大学出版社，2020.

[8]于斌，唐敬仙，岳习新. 大学生就业指导[M]. 长沙：湖南科学技出版社，2018.

[9]雷姣，任波，曹志超. 大学生职业发展与就业创业指导[M]. 北京：水利水电出版社，2019.

**论文：**

[1]沈峥嵘，杨频萍，王拓. 助力毕业生"好就业、就好业"[N]. 新华日报，2021-07-09(01).

[2]李平. 集中帮扶促毕业生尽早就业[N]. 中国劳动保障报，2020-09-15(01).

[3]焦新. 切实做好高校毕业生就业工作[N]. 中国教育报，2006-06-02(01).

[4]尹卫国，尹皓. "职场医生"指导大学生就业好[N]. 中国劳动保障报，2006-03-08(02).

[5]兰民. 全力以赴促进高校毕业生就业创业[N]. 许昌日报，2020-10-21(04).

[6]王素. 课程思政视域下辅导员开展就业指导工作新路径[J]. 佳木斯职业学院学报，2021，37(7)：123-124.

[7]唐亮. "三全育人"理念下大学生就业指导路径探索[J]. 大学，2021(50)：155-157.

[8]王俊强. 供给侧改革视域下高校就业创业服务体系的构建[J]. 哈尔滨学院学报，2021，42(6)：141-144.

[9]吕朋霞. "大学生职业生涯规划与就业指导"课程教学改革的思考[J]. 现代商贸工业，2021，42(19)：55-56.

[10]人力资源社会保障部　发展改革委　财政部　农业农村部　乡村振兴局关于切实加强就业帮扶巩固拓展脱贫攻坚成果助力乡村振兴的指导意见[J]. 中华人民共和国国务院公报，2021(16)：50-53.

[11]林秀丽. 高职院校"大学生职业规划与就业指导"课程"三教"改革的路径探究[J]. 科技与创新，2021(11)：33-35.

[12]张丽颖，张学军. 高职课堂革命：内涵、动因与策略[J]. 中国职业技术教育，2021(2)：18-22.

[13]王云凤. "三教"改革背景下职业院校教材建设的实践探索与策略[J]. 中国职业技术教育，2020(35)：93-96

[14]张欣然. 双创背景下大学生就业指导课程教学有效性路径研究[J]. 湖北经济学院学报(人文社会科学版)，2021，18(8)：140-142.

[15]王丽迎. 基于"95 后"心理需求的就业服务与指导[J]. 人力资源，2021(14)：86-87.

[16]赵金龙. 大学生就业意向及就业心理探究[J]. 就业与保障，2021(3).

[17]高慧，王振肖，苏颖，等. 大学生心理弹性、自我管理与就业焦虑的关系[J]. 心理月刊，2021(1)：30-32.

[18]沈杨. 高校毕业生为何频现"慢就业"[J]. 人力资源，2021(14)：92-93.

[19]刘桂芳，陈燕慧. 广东省高校应届毕业生"慢就业"问题调查研究[J]. 北京印刷学院学报，2020(4)：100-103.

[20]沈峥嵘，杨频萍，王拓. 助力毕业生"好就业、就好业"[N]. 新华日报，2021-07-09(01).

[21]刘炜瀚. 高校毕业生就业促进的法律与政策研究[D]. 兰州：西北民族大学，2021.

[22]王晶. 新时代大学生职业生涯规划教育研究[D]. 西安：西安科技大学，2020.

[23]王慧鹏. 创新创业环境下高职学生职业生涯规划教育有效性探究[J]. 黑龙江教育学院学报，2019(2)：66-68.

[24]唐洁，曾平. "以生为本"视角下大学生职业生涯规划教育探析[J]. 黑龙江教育(理论与实践)，2019(1)：55-56.

[25]李剑欣，张小东，杨国如. 地方院校大学生就业指导教育创新研究[J]. 教育教学论坛，2019(5)：71-72.

[26]李承明，史晓健，高野. 低年级大学生职业生涯规划教育探索[J]. 大学教育，2018(12)：213-215.

[27]贾东风. 基于"互联网+"的大学生职业生涯规划教育研究[J]. 天津市教科院学报，2018(4)：29-31.

[28]张天华，张国威. 思想政治教育视角下的高校大学生职业生涯教育探究[J]. 渤海大学学报(哲学社会科学版)，2018(3)：131-135.

[29]刘丽红. 加强大学生职业生涯规划指导　实现精准就业[J]. 中国高等教育，2018(6)：44-45.

[30]闫新华，高德文. 做好职业生涯规划　为梦想导航——论大学生职业生涯规划的重要性[J]. 中国就业，2018(3)：48-49.

[31]蔡婧，邓水平，陈华平. 大学生核心职业能力的构成要素及培育方略研究[J]. 高教学刊，2018(3).

[32]刘建军. 试论中国特色社会主义新时代的历史起点[J]. 思想理论教育，2017(12)：10-13.

[33]朱丽叶. 知识结构对大学生就业能力和就业信心的影响——基于广东九所高校的实证研究[J]. 高教探索，2017(3)：118-122.

[34]王美娟. 基于创新创业教育的高职生职业心理素质培养研究[J]. 教育现代化，2017(47)：18-19.

[35]张小鑫，陈柯均. 中小企业招聘问题研究[J]. 科技风，2017(6)：267,276.

[36]曹月秋. 大学生择业过程中健康的心理素质与择业能力培养[J]. 科教文汇(下旬刊)，2017(4)：151-152.

[37]黎虹. 当前我国中小企业招聘问题及策略分析[J]. 人力资源管理，2017(8)：117-118.

[38]杨国栋，姚佳亮，李婷婷，等. 大学生"创业就业所需潜质"部分共性探究——基于六家企事业单位的调研报告[J]. 现代交际，2017(4)：139-140.

[39]高树娟. 基于霍兰德理论的职业生涯规划课程设计一例——探索职业兴趣[J]. 知识文库，2017(21)：56-57.

[40]张姝婧. 大学生心理素质影响因素及对策研究[J]. 当代教研论丛，2016(9)：33,35.

## 网址：

[1]https://www. wenmi. com/article/pwz0jt01mjzi. html《大学生就业心理问题及调适》

[2]https://zhuanlan. zhihu. com/p/69026999? ivk_sa=1024320uL《求职心理的自我调适》

[3]https://www. fx361. com/page/2018/1013/4371719. shtml《新时代背景下青年创业的时代使命及推进措

施分析》

［4］http：//www.360doc.com/content/18/1126/22/27014952_797444498.shtml《项目选择五大原则》

［5］https：//www.pinlue.com/article/2020/05/2710/1110620954332.html《职业教育与就业指导》

［6］http：//blog.sina.com.cn/s/blog_6a601a560102ykco.html《西方职业的划分》

［7］https：//www.docin.com/p-1811413372.html《中华人民共和国职业分类大典2015新版》

［8］http：//www.moe.gov.cn/s78/A07/zcs_ztzl/2017_zt06/17zt06_bznr/bznr_ptgxgdzjml/ptgx_mlxjzydz/201708/P020170826555831329313.pdf《普通高等学校高等职业教育(专科)专业目录》

# 附录　法律法规

## 中华人民共和国劳动法(2018 年修正本)

(1994 年 7 月 5 日第八届全国人民代表大会常务委员会第八次会议通过　1994 年 7 月 5 日中华人民共和国主席令第二十八号公布　根据 2009 年 8 月 27 日中华人民共和国主席令第十八号第十一届全国人民代表大会常务委员会第十次会议《关于修改部分法律的决定》第一次修正　根据 2018 年 12 月 29 日中华人民共和国主席令第二十四号第十三届全国人民代表大会常务委员会第七次会议《全国人民代表大会常务委员会关于修改〈中华人民共和国劳动法〉等七部法律的决定》第二次修正)

### 第一章　总则

第一条　为了保护劳动者的合法权益,调整劳动关系,建立和维护适应社会主义市场经济的劳动制度,促进经济发展和社会进步,根据宪法,制定本法。

第二条　在中华人民共和国境内的企业、个体经济组织(以下统称用人单位)和与之形成劳动关系的劳动者,适用本法。

国家机关、事业组织、社会团体和与之建立劳动合同关系的劳动者,依照本法执行。

第三条　劳动者享有平等就业和选择职业的权利、取得劳动报酬的权利、休息休假的权利、获得劳动安全卫生保护的权利、接受职业技能培训的权利、享受社会保险和福利的权利、提请劳动争议处理的权利以及法律规定的其他劳动权利。

劳动者应当完成劳动任务,提高职业技能,执行劳动安全卫生规程,遵守劳动纪律和职业道德。

第四条　用人单位应当依法建立和完善规章制度,保障劳动者享有劳动权利和履行劳动义务。

第五条　国家采取各种措施,促进劳动就业,发展职业教育,制定劳动标准,调节社会收入,完善社会保险,协调劳动关系,逐步提高劳动者的生活水平。

第六条　国家提倡劳动者参加社会义务劳动,开展劳动竞赛和合理化建议活动,鼓励和保护劳动者进行科学研究、技术革新和发明创造,表彰和奖励劳动模范和先进工作者。

第七条　劳动者有权依法参加和组织工会。工会代表和维护劳动者的合法权益,依法独立自主地开展活动。

第八条　劳动者依照法律规定，通过职工大会、职工代表大会或者其他形式，参与民主管理或者就保护劳动者合法权益与用人单位进行平等协商。

第九条　国务院劳动行政部门主管全国劳动工作。县级以上地方人民政府劳动行政部门主管本行政区域内的劳动工作。

## 第二章　促进就业

第十条　国家通过促进经济和社会发展，创造就业条件，扩大就业机会。国家鼓励企业、事业组织、社会团体在法律、行政法规规定的范围内兴办产业或者拓展经营，增加就业。国家支持劳动者自愿组织起来就业和从事个体经营实现就业。

第十一条　地方各级人民政府应当采取措施，发展多种类型的职业介绍机构，提供就业服务。

第十二条　劳动者就业，不因民族、种族、性别、宗教信仰不同而受歧视。

第十三条　妇女享有与男子平等的就业权利。在录用职工时，除国家规定的不适合妇女的工种或者岗位外，不得以性别为由拒绝录用妇女或者提高对妇女的录用标准。

第十四条　残疾人、少数民族人员、退出现役的军人的就业，法律、法规有特别规定的，从其规定。

第十五条　禁止用人单位招用未满十六周岁的未成年人。文艺、体育和特种工艺单位招用未满十六周岁的未成年人，必须遵守国家有关规定，并保障其接受义务教育的权利。

## 第三章　劳动合同和集体合同

第十六条　劳动合同是劳动者与用人单位确立劳动关系、明确双方权利和义务的协议。建立劳动关系应当订立劳动合同。

第十七条　订立和变更劳动合同，应当遵循平等自愿、协商一致的原则，不得违反法律、行政法规的规定。劳动合同依法订立即具有法律约束力，当事人必须履行劳动合同规定的义务。

第十八条　下列劳动合同无效：

(一)违反法律、行政法规的劳动合同；

(二)采取欺诈、威胁等手段订立的劳动合同。无效的劳动合同，从订立的时候起，就没有法律约束力。确认劳动合同部分无效的，如果不影响其余部分的效力，其余部分仍然有效。劳动合同的无效，由劳动争议仲裁委员会或者人民法院确认。

第十九条　劳动合同应当以书面形式订立，并具备以下条款：

(一)劳动合同期限；

(二)工作内容；

(三)劳动保护和劳动条件；

(四)劳动报酬；

(五)劳动纪律；

(六)劳动合同终止的条件;

(七)违反劳动合同的责任。

劳动合同除前款规定的必备条款外,当事人可以协商约定其他内容。

第二十条　劳动合同的期限分为有固定期限、无固定期限和以完成一定的工作为期限。劳动者在同一用人单位连续工作满十年以上,当事人双方同意续延劳动合同的,如果劳动者提出订立无固定期限的劳动合同,应当订立无固定期限的劳动合同。

第二十一条　劳动合同可以约定试用期。试用期最长不得超过六个月。

第二十二条　劳动合同当事人可以在劳动合同中约定保守用人单位商业秘密的有关事项。

第二十三条　劳动合同期满或者当事人约定的劳动合同终止条件出现,劳动合同即行终止。

第二十四条　经劳动合同当事人协商一致,劳动合同可以解除。

第二十五条　劳动者有下列情形之一的,用人单位可以解除劳动合同:

(一)在试用期间被证明不符合录用条件的;

(二)严重违反劳动纪律或者用人单位规章制度的;

(三)严重失职,徇私舞弊,对用人单位利益造成重大损害的;

(四)被依法追究刑事责任的。

第二十六条　有下列情形之一的,用人单位可以解除劳动合同,但是应当提前三十日以书面形式通知劳动者本人:

(一)劳动者患病或者非因工负伤,医疗期满后,不能从事原工作也不能从事由用人单位另行安排的工作的;

(二)劳动者不能胜任工作,经过培训或者调整工作岗位,仍不能胜任工作的;

(三)劳动合同订立时所依据的客观情况发生重大变化,致使原劳动合同无法履行,经当事人协商不能就变更劳动合同达成协议的。

第二十七条　用人单位濒临破产进行法定整顿期间或者生产经营状况发生严重困难,确需裁减人员的,应当提前三十日向工会或者全体职工说明情况,听取工会或者职工的意见,经向劳动行政部门报告后,可以裁减人员。用人单位依据本条规定裁减人员,在六个月内录用人员的,应当优先录用被裁减的人员。

第二十八条　用人单位依据本法第二十四条、第二十六条、第二十七条的规定解除劳动合同的,应当依照国家有关规定给予经济补偿。

第二十九条　劳动者有下列情形之一的,用人单位不得依据本法第二十六条、第二十七条的规定解除劳动合同:

(一)患职业病或者因工负伤并被确认丧失或者部分丧失劳动能力的;

(二)患病或者负伤,在规定的医疗期内的;

(三)女职工在孕期、产期、哺乳期内的;

(四)法律、行政法规规定的其他情形。

第三十条　用人单位解除劳动合同,工会认为不适当的,有权提出意见。如果用人单位违反法律、法规或者劳动合同,工会有权要求重新处理;劳动者申请仲裁或者提起诉讼的,工会应当依法给予支持和帮助。

第三十一条　劳动者解除劳动合同，应当提前三十日以书面形式通知用人单位。

第三十二条　有下列情形之一的，劳动者可以随时通知用人单位解除劳动合同：

（一）在试用期内的；

（二）用人单位以暴力、威胁或者非法限制人身自由的手段强迫劳动的；

（三）用人单位未按照劳动合同约定支付劳动报酬或者提供劳动条件的。

第三十三条　企业职工一方与企业可以就劳动报酬、工作时间、休息休假、劳动安全卫生、保险福利等事项，签订集体合同。集体合同草案应当提交职工代表大会或者全体职工讨论通过。集体合同由工会代表职工与企业签订；没有建立工会的企业，由职工推举的代表与企业签订。

第三十四条　集体合同签订后应当报送劳动行政部门；劳动行政部门自收到集体合同文本之日起十五日内未提出异议的，集体合同即行生效。

第三十五条　依法签订的集体合同对企业和企业全体职工具有约束力。职工个人与企业订立的劳动合同中劳动条件和劳动报酬等标准不得低于集体合同的规定。

## 第四章　工作时间和休息休假

第三十六条　国家实行劳动者每日工作时间不超过八小时、平均每周工作时间不超过四十四小时的工时制度。

第三十七条　对实行计件工作的劳动者，用人单位应当根据本法第三十六条规定的工时制度合理确定其劳动定额和计件报酬标准。

第三十八条　用人单位应当保证劳动者每周至少休息一日。

第三十九条　企业因生产特点不能实行本法第三十六条、第三十八条规定的，经劳动行政部门批准，可以实行其他工作和休息办法。

第四十条　用人单位在下列节日期间应当依法安排劳动者休假：

（一）元旦；

（二）春节；

（三）国际劳动节；

（四）国庆节；

（五）法律、法规规定的其他休假节日。

第四十一条　用人单位由于生产经营需要，经与工会和劳动者协商后可以延长工作时间，一般每日不得超过一小时；因特殊原因需要延长工作时间的，在保障劳动者身体健康的条件下延长工作时间每日不得超过三小时，但是每月不得超过三十六小时。

第四十二条　有下列情形之一的，延长工作时间不受本法第四十一条规定的限制：

（一）发生自然灾害、事故或者因其他原因，威胁劳动者生命健康和财产安全，需要紧急处理的；

（二）生产设备、交通运输线路、公共设施发生故障，影响生产和公众利益，必须及时抢修的；

（三）法律、行政法规规定的其他情形。

第四十三条　用人单位不得违反本法规定延长劳动者的工作时间。

第四十四条　有下列情形之一的，用人单位应当按照下列标准支付高于劳动者正常工作时间工资的工资报酬：

（一）安排劳动者延长工作时间的，支付不低于工资的百分之一百五十的工资报酬；

（二）休息日安排劳动者工作又不能安排补休的，支付不低于工资的百分之二百的工资报酬；

（三）法定休假日安排劳动者工作的，支付不低于工资的百分之三百的工资报酬。

第四十五条　国家实行带薪年休假制度。劳动者连续工作一年以上的，享受带薪年休假。具体办法由国务院规定。

## 第五章　工资

第四十六条　工资分配应当遵循按劳分配原则，实行同工同酬。工资水平在经济发展的基础上逐步提高。国家对工资总量实行宏观调控。

第四十七条　用人单位根据本单位的生产经营特点和经济效益，依法自主确定本单位的工资分配方式和工资水平。

第四十八条　国家实行最低工资保障制度。最低工资的具体标准由省、自治区、直辖市人民政府规定，报国务院备案。用人单位支付劳动者的工资不得低于当地最低工资标准。

第四十九条　确定和调整最低工资标准应当综合参考下列因素：

（一）劳动者本人及平均赡养人口的最低生活费用；

（二）社会平均工资水平；

（三）劳动生产率；

（四）就业状况；

（五）地区之间经济发展水平的差异。

第五十条　工资应当以货币形式按月支付给劳动者本人。不得克扣或者无故拖欠劳动者的工资。

第五十一条　劳动者在法定休假日和婚丧假期间以及依法参加社会活动期间，用人单位应当依法支付工资。

## 第六章　劳动安全卫生

第五十二条　用人单位必须建立、健全劳动安全卫生制度，严格执行国家劳动安全卫生规程和标准，对劳动者进行劳动安全卫生教育，防止劳动过程中的事故，减少职业危害。

第五十三条　劳动安全卫生设施必须符合国家规定的标准。新建、改建、扩建工程的劳动安全卫生设施必须与主体工程同时设计、同时施工、同时投入生产和使用。

第五十四条　用人单位必须为劳动者提供符合国家规定的劳动安全卫生条件和必要的劳动防护用品，对从事有职业危害作业的劳动者应当定期进行健康检查。

第五十五条　从事特种作业的劳动者必须经过专门培训并取得特种作业资格。

第五十六条　劳动者在劳动过程中必须严格遵守安全操作规程。劳动者对用人单位管理人员违章指挥、强令冒险作业，有权拒绝执行；对危害生命安全和身体健康的行为，有权提出批评、检举和控告。

第五十七条　国家建立伤亡事故和职业病统计报告和处理制度。县级以上各级人民政府劳动行政部门、有关部门和用人单位应当依法对劳动者在劳动过程中发生的伤亡事故和劳动者的职业病状况，进行统计、报告和处理。

## 第七章　女职工和未成年工特殊保护

第五十八条　国家对女职工和未成年工实行特殊劳动保护。未成年工是指年满十六周岁未满十八周岁的劳动者。

第五十九条　禁止安排女职工从事矿山井下、国家规定的第四级体力劳动强度的劳动和其他禁忌从事的劳动。

第六十条　不得安排女职工在经期从事高处、低温、冷水作业和国家规定的第三级体力劳动强度的劳动。

第六十一条　不得安排女职工在怀孕期间从事国家规定的第三级体力劳动强度的劳动和孕期禁忌从事的劳动。对怀孕七个月以上的女职工，不得安排其延长工作时间和夜班劳动。

第六十二条　女职工生育享受不少于九十天的产假。

第六十三条　不得安排女职工在哺乳未满一周岁的婴儿期间从事国家规定的第三级体力劳动强度的劳动和哺乳期禁忌从事的其他劳动，不得安排其延长工作时间和夜班劳动。

第六十四条　不得安排未成年工从事矿山井下、有毒有害、国家规定的第四级体力劳动强度的劳动和其他禁忌从事的劳动。

第六十五条　用人单位应当对未成年工定期进行健康检查。

## 第八章　职业培训

第六十六条　国家通过各种途径，采取各种措施，发展职业培训事业，开发劳动者的职业技能，提高劳动者素质，增强劳动者的就业能力和工作能力。

第六十七条　各级人民政府应当把发展职业培训纳入社会经济发展的规划，鼓励和支持有条件的企业、事业组织、社会团体和个人进行各种形式的职业培训。

第六十八条　用人单位应当建立职业培训制度，按照国家规定提取和使用职业培训经费，根据本单位实际，有计划地对劳动者进行职业培训。从事技术工种的劳动者，上岗前必须经过培训。

第六十九条　国家确定职业分类，对规定的职业制定职业技能标准，实行职业资格证书制度，由经备案的考核鉴定机构负责对劳动者实施职业技能考核鉴定。

## 第九章　社会保险和福利

第七十条　国家发展社会保险事业，建立社会保险制度，设立社会保险基金，使劳动者在年老、患病、工伤、失业、生育等情况下获得帮助和补偿。

第七十一条　社会保险水平应当与社会经济发展水平和社会承受能力相适应。

第七十二条　社会保险基金按照保险类型确定资金来源，逐步实行社会统筹。用人单位和劳动者必须依法参加社会保险，缴纳社会保险费。

第七十三条　劳动者在下列情形下，依法享受社会保险待遇：

（一）退休；

（二）患病、负伤；

（三）因工伤残或者患职业病；

（四）失业；

（五）生育。

劳动者死亡后，其遗属依法享受遗属津贴。劳动者享受社会保险待遇的条件和标准由法律、法规规定。劳动者享受的社会保险金必须按时足额支付。

第七十四条　社会保险基金经办机构依照法律规定收支、管理和运营社会保险基金，并负有使社会保险基金保值增值的责任。社会保险基金监督机构依照法律规定，对社会保险基金的收支、管理和运营实施监督。社会保险基金经办机构和社会保险基金监督机构的设立和职能由法律规定。任何组织和个人不得挪用社会保险基金。

第七十五条　国家鼓励用人单位根据本单位实际情况为劳动者建立补充保险。国家提倡劳动者个人进行储蓄性保险。

第七十六条　国家发展社会福利事业，兴建公共福利设施，为劳动者休息、休养和疗养提供条件。用人单位应当创造条件，改善集体福利，提高劳动者的福利待遇。

## 第十章　劳动争议

第七十七条　用人单位与劳动者发生劳动争议，当事人可以依法申请调解、仲裁、提起诉讼，也可以协商解决。调解原则适用于仲裁和诉讼程序。

第七十八条　解决劳动争议，应当根据合法、公正、及时处理的原则，依法维护劳动争议当事人的合法权益。

第七十九条　劳动争议发生后，当事人可以向本单位劳动争议调解委员会申请调解；调解不成，当事人一方要求仲裁的，可以向劳动争议仲裁委员会申请仲裁。当事人一方也可以直接向劳动争议仲裁委员会申请仲裁。对仲裁裁决不服的，可以向人民法院提起诉讼。

第八十条　在用人单位内，可以设立劳动争议调解委员会。劳动争议调解委员会由职工代表、用人单位代表和工会代表组成。劳动争议调解委员会主任由工会代表担任。劳动争议经调解达成协议的，当事人应当履行。

第八十一条　劳动争议仲裁委员会由劳动行政部门代表、同级工会代表、用人单位方面的代表组成。劳动争议仲裁委员会主任由劳动行政部门代表担任。

第八十二条　提出仲裁要求的一方应当自劳动争议发生之日起六十日内向劳动争议仲裁委员会提出书面申请。仲裁裁决一般应在收到仲裁申请的六十日内作出。对仲裁裁决无异议的，当事人必须履行。

第八十三条　劳动争议当事人对仲裁裁决不服的，可以自收到仲裁裁决书之日起十五日内向人民法院提起诉讼。一方当事人在法定期限内不起诉又不履行仲裁裁决的，另一方当事人可以申请人民法院强制执行。

第八十四条　因签订集体合同发生争议，当事人协商解决不成的，当地人民政府劳动行政部门可以组织有关各方协调处理。因履行集体合同发生争议，当事人协商解决不成的，可以向劳动争议仲裁委员会申请仲裁；对仲裁裁决不服的，可以自收到仲裁裁决书之日起十五日内向人民法院提起诉讼。

## 第十一章　监督检查

第八十五条　县级以上各级人民政府劳动行政部门依法对用人单位遵守劳动法律、法规的情况进行监督检查，对违反劳动法律、法规的行为有权制止，并责令改正。

第八十六条　县级以上各级人民政府劳动行政部门监督检查人员执行公务，有权进入用人单位了解执行劳动法律、法规的情况，查阅必要的资料，并对劳动场所进行检查。县级以上各级人民政府劳动行政部门监督检查人员执行公务，必须出示证件，秉公执法并遵守有关规定。

第八十七条　县级以上各级人民政府有关部门在各自职责范围内，对用人单位遵守劳动法律、法规的情况进行监督。

第八十八条　各级工会依法维护劳动者的合法权益，对用人单位遵守劳动法律、法规的情况进行监督。任何组织和个人对于违反劳动法律、法规的行为有权检举和控告。

## 第十二章　法律责任

第八十九条　用人单位制定的劳动规章制度违反法律、法规规定的，由劳动行政部门给予警告，责令改正；对劳动者造成损害的，应当承担赔偿责任。

第九十条　用人单位违反本法规定，延长劳动者工作时间的，由劳动行政部门给予警告，责令改正，并可以处以罚款。

第九十一条　用人单位有下列侵害劳动者合法权益情形之一的，由劳动行政部门责令支付劳动者的工资报酬、经济补偿，并可以责令支付赔偿金：

（一）克扣或者无故拖欠劳动者工资的；

（二）拒不支付劳动者延长工作时间工资报酬的；

（三）低于当地最低工资标准支付劳动者工资的；

（四）解除劳动合同后，未依照本法规定给予劳动者经济补偿的。

第九十二条　用人单位的劳动安全设施和劳动卫生条件不符合国家规定或者未向劳动者提供必要的劳动防护用品和劳动保护设施的，由劳动行政部门或者有关部门责令改正，可以处以罚款；情节严重的，提请县级以上人民政府决定责令停产整顿；对事故隐患不采取措施，致使发生重大事故，造成劳动者生命和财产损失的，对责任人员依照刑法有关规定追究刑事责任。

第九十三条　用人单位强令劳动者违章冒险作业，发生重大伤亡事故，造成严重后果的，对责任人员依法追究刑事责任。

第九十四条　用人单位非法招用未满十六周岁的未成年人的，由劳动行政部门责令改正，处以罚款；情节严重的，由市场监督管理部门吊销营业执照。

第九十五条　用人单位违反本法对女职工和未成年工的保护规定，侵害其合法权益的，由劳动行政部门责令改正，处以罚款；对女职工或者未成年工造成损害的，应当承担赔偿责任。

第九十六条　用人单位有下列行为之一，由公安机关对责任人员处以十五日以下拘留、罚款或者警告；构成犯罪的，对责任人员依法追究刑事责任：

（一）以暴力、威胁或者非法限制人身自由的手段强迫劳动的；

（二）侮辱、体罚、殴打、非法搜查和拘禁劳动者的。

第九十七条　由于用人单位的原因订立的无效合同，对劳动者造成损害的，应当承担赔偿责任。

第九十八条　用人单位违反本法规定的条件解除劳动合同或者故意拖延不订立劳动合同的，由劳动行政部门责令改正；对劳动者造成损害的，应当承担赔偿责任。

第九十九条　用人单位招用尚未解除劳动合同的劳动者，对原用人单位造成经济损失的，该用人单位应当依法承担连带赔偿责任。

第一百条　用人单位无故不缴纳社会保险费的，由劳动行政部门责令其限期缴纳，逾期不缴的，可以加收滞纳金。

第一百零一条　用人单位无理阻挠劳动行政部门、有关部门及其工作人员行使监督检查权，打击报复举报人员的，由劳动行政部门或者有关部门处以罚款；构成犯罪的，对责任人员依法追究刑事责任。

第一百零二条　劳动者违反本法规定的条件解除劳动合同或者违反劳动合同中约定的保密事项，对用人单位造成经济损失的，应当依法承担赔偿责任。

第一百零三条　劳动行政部门或者有关部门的工作人员滥用职权、玩忽职守、徇私舞弊，构成犯罪的，依法追究刑事责任；不构成犯罪的，给予行政处分。

第一百零四条　国家工作人员和社会保险基金经办机构的工作人员挪用社会保险基金，构成犯罪的，依法追究刑事责任。

第一百零五条　违反本法规定侵害劳动者合法权益，其他法律、行政法规已规定处罚的，依照该法律、行政法规的规定处罚。

# 第十三章　附　则

第一百零六条　省、自治区、直辖市人民政府根据本法和本地区的实际情况，规定劳动合同制度的实施步骤，报国务院备案。

第一百零七条　本法自 1995 年 1 月 1 日起施行。

# 中华人民共和国劳动合同法

（2007 年 6 月 29 日第十届全国人民代表大会常务委员会第二十八次会议通过　2007 年 6 月 29 日中华人民共和国主席令第 65 号公布　自 2008 年 1 月 1 日起施行）（编者注：修改内容见根据 2012 年 12 月 28 日第十一届全国人民代表大会常务委员会第三十次会议通过，2012 年 12 月 28 日中华人民共和国主席令第 73 号公布，自 2013 年 7 月 1 日起施行的《全国人民代表大会常务委员会关于修改〈中华人民共和国劳动合同法〉的决定》修正的《中华人民共和国劳动合同法(2012 年修正本)》)

## 第一章　总则

第一条　为了完善劳动合同制度，明确劳动合同双方当事人的权利和义务，保护劳动者的合法权益，构建和发展和谐稳定的劳动关系，制定本法。

第二条　中华人民共和国境内的企业、个体经济组织、民办非企业单位等组织(以下称用人单位)与劳动者建立劳动关系，订立、履行、变更、解除或者终止劳动合同，适用本法。国家机关、事业单位、社会团体和与其建立劳动关系的劳动者，订立、履行、变更、解除或者终止劳动合同，依照本法执行。

第三条　订立劳动合同，应当遵循合法、公平、平等自愿、协商一致、诚实信用的原则。依法订立的劳动合同具有约束力，用人单位与劳动者应当履行劳动合同约定的义务。

第四条　用人单位应当依法建立和完善劳动规章制度，保障劳动者享有劳动权利、履行劳动义务。用人单位在制定、修改或者决定有关劳动报酬、工作时间、休息休假、劳动安全卫生、保险福利、职工培训、劳动纪律以及劳动定额管理等直接涉及劳动者切身利益的规章制度或者重大事项时，应当经职工代表大会或者全体职工讨论，提出方案和意见，与工会或者职工代表平等协商确定。在规章制度和重大事项决定实施过程中，工会或者职工认为不适当的，有权向用人单位提出，通过协商予以修改完善。用人单位应当将直接涉及劳动者切身利益的规章制度和重大事项决定公示，或者告知劳动者。

第五条　县级以上人民政府劳动行政部门会同工会和企业方面代表，建立健全协调劳动关系三方机制，共同研究解决有关劳动关系的重大问题。

第六条　工会应当帮助、指导劳动者与用人单位依法订立和履行劳动合同，并与用人单位建立集体协商机制，维护劳动者的合法权益。

## 第二章　劳动合同的订立

第七条　用人单位自用工之日起即与劳动者建立劳动关系。用人单位应当建立职工名册备查。

第八条　用人单位招用劳动者时，应当如实告知劳动者工作内容、工作条件、工作地点、职业危害、安全生产状况、劳动报酬，以及劳动者要求了解的其他情况；用人单位有权了解劳动者与劳动合同直接相关的基本情况，劳动者应当如实说明。

第九条　用人单位招用劳动者，不得扣押劳动者的居民身份证和其他证件，不得要求劳动者提供担保或者以其他名义向劳动者收取财物。

第十条　建立劳动关系，应当订立书面劳动合同。已建立劳动关系，未同时订立书面劳动合同的，应当自用工之日起一个月内订立书面劳动合同。用人单位与劳动者在用工前订立劳动合同的，劳动关系自用工之日起建立。

第十一条　用人单位未在用工的同时订立书面劳动合同，与劳动者约定的劳动报酬不明确的，新招用的劳动者的劳动报酬按照集体合同规定的标准执行；没有集体合同或者集体合同未规定的，实行同工同酬。

第十二条　劳动合同分为固定期限劳动合同、无固定期限劳动合同和以完成一定工作任务为期限的劳动合同。

第十三条　固定期限劳动合同，是指用人单位与劳动者约定合同终止时间的劳动合同。用人单位与劳动者协商一致，可以订立固定期限劳动合同。

第十四条　无固定期限劳动合同，是指用人单位与劳动者约定无确定终止时间的劳动合同。用人单位与劳动者协商一致，可以订立无固定期限劳动合同。有下列情形之一，劳动者提出或者同意续订、订立劳动合同的，除劳动者提出订立固定期限劳动合同外，应当订立无固定期限劳动合同：

（一）劳动者在该用人单位连续工作满十年的；

（二）用人单位初次实行劳动合同制度或者国有企业改制重新订立劳动合同时，劳动者在该用人单位连续工作满十年且距法定退休年龄不足十年的；

（三）连续订立二次固定期限劳动合同，且劳动者没有本法第三十九条和第四十条第一项、第二项规定的情形，续订劳动合同的。

用人单位自用工之日起满一年不与劳动者订立书面劳动合同的，视为用人单位与劳动者已订立无固定期限劳动合同。

第十五条　以完成一定工作任务为期限的劳动合同，是指用人单位与劳动者约定以某项工作的完成为合同期限的劳动合同。用人单位与劳动者协商一致，可以订立以完成一定工作任务为期限的劳动合同。

第十六条　劳动合同由用人单位与劳动者协商一致，并经用人单位与劳动者在劳动合同文本上签字或者盖章生效。劳动合同文本由用人单位和劳动者各执一份。

第十七条　劳动合同应当具备以下条款：

（一）用人单位的名称、住所和法定代表人或者主要负责人；

（二）劳动者的姓名、住址和居民身份证或者其他有效身份证件号码；

（三）劳动合同期限；

（四）工作内容和工作地点；

（五）工作时间和休息休假；

（六）劳动报酬；

（七）社会保险；

（八）劳动保护、劳动条件和职业危害防护；

(九)法律、法规规定应当纳入劳动合同的其他事项。

劳动合同除前款规定的必备条款外，用人单位与劳动者可以约定试用期、培训、保守秘密、补充保险和福利待遇等其他事项。

第十八条　劳动合同对劳动报酬和劳动条件等标准约定不明确，引发争议的，用人单位与劳动者可以重新协商；协商不成的，适用集体合同规定；没有集体合同或者集体合同未规定劳动报酬的，实行同工同酬；没有集体合同或者集体合同未规定劳动条件等标准的，适用国家有关规定。

第十九条　劳动合同期限三个月以上不满一年的，试用期不得超过一个月；劳动合同期限一年以上不满三年的，试用期不得超过两个月；三年以上固定期限和无固定期限的劳动合同，试用期不得超过六个月。同一用人单位与同一劳动者只能约定一次试用期。以完成一定工作任务为期限的劳动合同或者劳动合同期限不满三个月的，不得约定试用期。试用期包含在劳动合同期限内。劳动合同仅约定试用期的，试用期不成立，该期限为劳动合同期限。

第二十条　劳动者在试用期的工资不得低于本单位相同岗位最低档工资或者劳动合同约定工资的百分之八十，并不得低于用人单位所在地的最低工资标准。

第二十一条　在试用期中，除劳动者有本法第三十九条和第四十条第一项、第二项规定的情形外，用人单位不得解除劳动合同。用人单位在试用期解除劳动合同的，应当向劳动者说明理由。

第二十二条　用人单位为劳动者提供专项培训费用，对其进行专业技术培训的，可以与该劳动者订立协议，约定服务期。劳动者违反服务期约定的，应当按照约定向用人单位支付违约金。违约金的数额不得超过用人单位提供的培训费用。用人单位要求劳动者支付的违约金不得超过服务期尚未履行部分所应分摊的培训费用。用人单位与劳动者约定服务期的，不影响按照正常的工资调整机制提高劳动者在服务期期间的劳动报酬。

第二十三条　用人单位与劳动者可以在劳动合同中约定保守用人单位的商业秘密和与知识产权相关的保密事项。对负有保密义务的劳动者，用人单位可以在劳动合同或者保密协议中与劳动者约定竞业限制条款，并约定在解除或者终止劳动合同后，在竞业限制期限内按月给予劳动者经济补偿。劳动者违反竞业限制约定的，应当按照约定向用人单位支付违约金。

第二十四条　竞业限制的人员限于用人单位的高级管理人员、高级技术人员和其他负有保密义务的人员。竞业限制的范围、地域、期限由用人单位与劳动者约定，竞业限制的约定不得违反法律、法规的规定。在解除或者终止劳动合同后，前款规定的人员到与本单位生产或者经营同类产品、从事同类业务的有竞争关系的其他用人单位，或者自己开业生产或者经营同类产品、从事同类业务的竞业限制期限，不得超过两年。

第二十五条　除本法第二十二条和第二十三条规定的情形外，用人单位不得与劳动者约定由劳动者承担违约金。

第二十六条　下列劳动合同无效或者部分无效：

(一)以欺诈、胁迫的手段或者乘人之危，使对方在违背真实意思的情况下订立或者变更劳动合同的；

(二)用人单位免除自己的法定责任、排除劳动者权利的；

(三)违反法律、行政法规强制性规定的。

对劳动合同的无效或者部分无效有争议的,由劳动争议仲裁机构或者人民法院确认。

第二十七条　劳动合同部分无效,不影响其他部分效力的,其他部分仍然有效。

第二十八条　劳动合同被确认无效,劳动者已付出劳动的,用人单位应当向劳动者支付劳动报酬。劳动报酬的数额,参照本单位相同或者相近岗位劳动者的劳动报酬确定。

## 第三章　劳动合同的履行和变更

第二十九条　用人单位与劳动者应当按照劳动合同的约定,全面履行各自的义务。

第三十条　用人单位应当按照劳动合同约定和国家规定,向劳动者及时足额支付劳动报酬。用人单位拖欠或者未足额支付劳动报酬的,劳动者可以依法向当地人民法院申请支付令,人民法院应当依法发出支付令。

第三十一条　用人单位应当严格执行劳动定额标准,不得强迫或者变相强迫劳动者加班。用人单位安排加班的,应当按照国家有关规定向劳动者支付加班费。

第三十二条　劳动者拒绝用人单位管理人员违章指挥、强令冒险作业的,不视为违反劳动合同。劳动者对危害生命安全和身体健康的劳动条件,有权对用人单位提出批评、检举和控告。

第三十三条　用人单位变更名称、法定代表人、主要负责人或者投资人等事项,不影响劳动合同的履行。

第三十四条　用人单位发生合并或者分立等情况,原劳动合同继续有效,劳动合同由承继其权利和义务的用人单位继续履行。

第三十五条　用人单位与劳动者协商一致,可以变更劳动合同约定的内容。变更劳动合同,应当采用书面形式。变更后的劳动合同文本由用人单位和劳动者各执一份。

## 第四章　劳动合同的解除和终止

第三十六条　用人单位与劳动者协商一致,可以解除劳动合同。

第三十七条　劳动者提前三十日以书面形式通知用人单位,可以解除劳动合同。劳动者在试用期内提前三日通知用人单位,可以解除劳动合同。

第三十八条　用人单位有下列情形之一的,劳动者可以解除劳动合同:

(一)未按照劳动合同约定提供劳动保护或者劳动条件的;

(二)未及时足额支付劳动报酬的;

(三)未依法为劳动者缴纳社会保险费的;

(四)用人单位的规章制度违反法律、法规的规定,损害劳动者权益的;

(五)因本法第二十六条第一款规定的情形致使劳动合同无效的;

(六)法律、行政法规规定劳动者可以解除劳动合同的其他情形。

用人单位以暴力、威胁或者非法限制人身自由的手段强迫劳动者劳动的,或者用人单位违章指挥、强令冒险作业危及劳动者人身安全的,劳动者可以立即解除劳动合同,不需事先告知用人单位。

第三十九条 劳动者有下列情形之一的，用人单位可以解除劳动合同：

（一）在试用期间被证明不符合录用条件的；

（二）严重违反用人单位的规章制度的；

（三）严重失职，营私舞弊，给用人单位造成重大损害的；

（四）劳动者同时与其他用人单位建立劳动关系，对完成本单位的工作任务造成严重影响，或者经用人单位提出，拒不改正的；

（五）因本法第二十六条第一款第一项规定的情形致使劳动合同无效的；

（六）被依法追究刑事责任的。

第四十条 有下列情形之一的，用人单位提前三十日以书面形式通知劳动者本人或者额外支付劳动者一个月工资后，可以解除劳动合同：

（一）劳动者患病或者非因工负伤，在规定的医疗期满后不能从事原工作，也不能从事由用人单位另行安排的工作的；

（二）劳动者不能胜任工作，经过培训或者调整工作岗位，仍不能胜任工作的；

（三）劳动合同订立时所依据的客观情况发生重大变化，致使劳动合同无法履行，经用人单位与劳动者协商，未能就变更劳动合同内容达成协议的。

第四十一条 有下列情形之一，需要裁减人员二十人以上或者裁减不足二十人但占企业职工总数百分之十以上的，用人单位提前三十日向工会或者全体职工说明情况，听取工会或者职工的意见后，裁减人员方案经向劳动行政部门报告，可以裁减人员：

（一）依照企业破产法规定进行重整的；

（二）生产经营发生严重困难的；

（三）企业转产、重大技术革新或者经营方式调整，经变更劳动合同后，仍需裁减人员的；

（四）其他因劳动合同订立时所依据的客观经济情况发生重大变化，致使劳动合同无法履行的。

裁减人员时，应当优先留用下列人员：

（一）与本单位订立较长期限的固定期限劳动合同的；

（二）与本单位订立无固定期限劳动合同的；

（三）家庭无其他就业人员，有需要扶养的老人或者未成年人的。

用人单位依照本条第一款规定裁减人员，在六个月内重新招用人员的，应当通知被裁减的人员，并在同等条件下优先招用被裁减的人员。

第四十二条 劳动者有下列情形之一的，用人单位不得依照本法第四十条、第四十一条的规定解除劳动合同：

（一）从事接触职业病危害作业的劳动者未进行离岗前职业健康检查，或者疑似职业病病人在诊断或者医学观察期间的；

（二）在本单位患职业病或者因工负伤并被确认丧失或者部分丧失劳动能力的；

（三）患病或者非因工负伤，在规定的医疗期内的；

（四）女职工在孕期、产期、哺乳期的；

（五）在本单位连续工作满十五年，且距法定退休年龄不足五年的；

（六）法律、行政法规规定的其他情形。

第四十三条　用人单位单方解除劳动合同,应当事先将理由通知工会。用人单位违反法律、行政法规规定或者劳动合同约定的,工会有权要求用人单位纠正。用人单位应当研究工会的意见,并将处理结果书面通知工会。

第四十四条　有下列情形之一的,劳动合同终止:

(一)劳动合同期满的;

(二)劳动者开始依法享受基本养老保险待遇的;

(三)劳动者死亡,或者被人民法院宣告死亡或者宣告失踪的;

(四)用人单位被依法宣告破产的;

(五)用人单位被吊销营业执照、责令关闭、撤销或者用人单位决定提前解散的;

(六)法律、行政法规规定的其他情形。

第四十五条　劳动合同期满,有本法第四十二条规定情形之一的,劳动合同应当续延至相应的情形消失时终止。但是,本法第四十二条第二项规定丧失或者部分丧失劳动能力劳动者的劳动合同的终止,按照国家有关工伤保险的规定执行。

第四十六条　有下列情形之一的,用人单位应当向劳动者支付经济补偿:

(一)劳动者依照本法第三十八条规定解除劳动合同的;

(二)用人单位依照本法第三十六条规定向劳动者提出解除劳动合同并与劳动者协商一致解除劳动合同的;

(三)用人单位依照本法第四十条规定解除劳动合同的;

(四)用人单位依照本法第四十一条第一款规定解除劳动合同的;

(五)除用人单位维持或者提高劳动合同约定条件续订劳动合同,劳动者不同意续订的情形外,依照本法第四十四条第一项规定终止固定期限劳动合同的;

(六)依照本法第四十四条第四项、第五项规定终止劳动合同的;

(七)法律、行政法规规定的其他情形。

第四十七条　经济补偿按劳动者在本单位工作的年限,每满一年支付一个月工资的标准向劳动者支付。六个月以上不满一年的,按一年计算;不满六个月的,向劳动者支付半个月工资的经济补偿。劳动者月工资高于用人单位所在直辖市、设区的市级人民政府公布的本地区上年度职工月平均工资三倍的,向其支付经济补偿的标准按职工月平均工资三倍的数额支付,向其支付经济补偿的年限最高不超过十二年。本条所称月工资是指劳动者在劳动合同解除或者终止前十二个月的平均工资。

第四十八条　用人单位违反本法规定解除或者终止劳动合同,劳动者要求继续履行劳动合同的,用人单位应当继续履行;劳动者不要求继续履行劳动合同或者劳动合同已经不能继续履行的,用人单位应当依照本法第八十七条规定支付赔偿金。

第四十九条　国家采取措施,建立健全劳动者社会保险关系跨地区转移接续制度。

第五十条　用人单位应当在解除或者终止劳动合同时出具解除或者终止劳动合同的证明,并在十五日内为劳动者办理档案和社会保险关系转移手续。劳动者应当按照双方约定,办理工作交接。用人单位依照本法有关规定应当向劳动者支付经济补偿的,在办结工作交接时支付。用人单位对已经解除或者终止的劳动合同的文本,至少保存二年备查。

# 第五章　特别规定

## 第一节　集体合同

　　第五十一条　企业职工一方与用人单位通过平等协商，可以就劳动报酬、工作时间、休息休假、劳动安全卫生、保险福利等事项订立集体合同。集体合同草案应当提交职工代表大会或者全体职工讨论通过。集体合同由工会代表企业职工一方与用人单位订立；尚未建立工会的用人单位，由上级工会指导劳动者推举的代表与用人单位订立。

　　第五十二条　企业职工一方与用人单位可以订立劳动安全卫生、女职工权益保护、工资调整机制等专项集体合同。

　　第五十三条　在县级以下区域内，建筑业、采矿业、餐饮服务业等行业可以由工会与企业方面代表订立行业性集体合同，或者订立区域性集体合同。

　　第五十四条　集体合同订立后，应当报送劳动行政部门；劳动行政部门自收到集体合同文本之日起十五日内未提出异议的，集体合同即行生效。依法订立的集体合同对用人单位和劳动者具有约束力。行业性、区域性集体合同对当地本行业、本区域的用人单位和劳动者具有约束力。

　　第五十五条　集体合同中劳动报酬和劳动条件等标准不得低于当地人民政府规定的最低标准；用人单位与劳动者订立的劳动合同中劳动报酬和劳动条件等标准不得低于集体合同规定的标准。

　　第五十六条　用人单位违反集体合同，侵犯职工劳动权益的，工会可以依法要求用人单位承担责任；因履行集体合同发生争议，经协商解决不成的，工会可以依法申请仲裁、提起诉讼。

## 第二节　劳务派遣

　　第五十七条　劳务派遣单位应当依照公司法的有关规定设立，注册资本不得少于五十万元。

　　第五十八条　劳务派遣单位是本法所称用人单位，应当履行用人单位对劳动者的义务。劳务派遣单位与被派遣劳动者订立的劳动合同，除应当载明本法第十七条规定的事项外，还应当载明被派遣劳动者的用工单位以及派遣期限、工作岗位等情况。劳务派遣单位应当与被派遣劳动者订立二年以上的固定期限劳动合同，按月支付劳动报酬；被派遣劳动者在无工作期间，劳务派遣单位应当按照所在地人民政府规定的最低工资标准，向其按月支付报酬。

　　第五十九条　劳务派遣单位派遣劳动者应当与接受以劳务派遣形式用工的单位（以下称用工单位）订立劳务派遣协议。劳务派遣协议应当约定派遣岗位和人员数量、派遣期限、劳动报酬和社会保险费的数额与支付方式以及违反协议的责任。用工单位应当根据工作岗位的实际需要与劳务派遣单位确定派遣期限，不得将连续用工期限分割订立数个短期劳务派遣协议。

　　第六十条　劳务派遣单位应当将劳务派遣协议的内容告知被派遣劳动者。劳务派单位不得克扣用工单位按照劳务派遣协议支付给被派遣劳动者的劳动报酬。劳务派遣单位和用工单位不得向被派遣劳动者收取费用。

第六十一条 劳务派遣单位跨地区派遣劳动者的，被派遣劳动者享有的劳动报酬和劳动条件，按照用工单位所在地的标准执行。

第六十二条 用工单位应当履行下列义务：

(一)执行国家劳动标准，提供相应的劳动条件和劳动保护；

(二)告知被派遣劳动者的工作要求和劳动报酬；

(三)支付加班费、绩效奖金，提供与工作岗位相关的福利待遇；

(四)对在岗被派遣劳动者进行工作岗位所必需的培训；

(五)连续用工的，实行正常的工资调整机制。

用工单位不得将被派遣劳动者再派遣到其他用人单位。

第六十三条 被派遣劳动者享有与用工单位的劳动者同工同酬的权利。用工单位无同类岗位劳动者的，参照用工单位所在地相同或者相近岗位劳动者的劳动报酬确定。

第六十四条 被派遣劳动者有权在劳务派遣单位或者用工单位依法参加或者组织工会，维护自身的合法权益。

第六十五条 被派遣劳动者可以依照本法第三十六条、第三十八条的规定与劳务派遣单位解除劳动合同。被派遣劳动者有本法第三十九条和第四十条第一项、第二项规定情形的，用工单位可以将劳动者退回劳务派遣单位，劳务派遣单位依照本法有关规定，可以与劳动者解除劳动合同。

第六十六条 劳务派遣一般在临时性、辅助性或者替代性的工作岗位上实施。

第六十七条 用人单位不得设立劳务派遣单位向本单位或者所属单位派遣劳动者。

### 第三节 非全日制用工

第六十八条 非全日制用工，是指以小时计酬为主，劳动者在同一用人单位一般平均每日工作时间不超过四小时，每周工作时间累计不超过二十四小时的用工形式。

第六十九条 非全日制用工双方当事人可以订立口头协议。从事非全日制用工的劳动者可以与一个或者一个以上用人单位订立劳动合同；但是，后订立的劳动合同不得影响先订立的劳动合同的履行。

第七十条 非全日制用工双方当事人不得约定试用期。

第七十一条 非全日制用工双方当事人任何一方都可以随时通知对方终止用工。终止用工，用人单位不向劳动者支付经济补偿。

第七十二条 非全日制用工小时计酬标准不得低于用人单位所在地人民政府规定的最低小时工资标准。非全日制用工劳动报酬结算支付周期最长不得超过十五日。

### 第六章 监督检查

第七十三条 国务院劳动行政部门负责全国劳动合同制度实施的监督管理。县级以上地方人民政府劳动行政部门负责本行政区域内劳动合同制度实施的监督管理。县级以上各级人民政府劳动行政部门在劳动合同制度实施的监督管理工作中，应当听取工会、企业方面代表以及有关行业主管部门的意见。

第七十四条　县级以上地方人民政府劳动行政部门依法对下列实施劳动合同制度的情况进行监督检查：

（一）用人单位制定直接涉及劳动者切身利益的规章制度及其执行的情况；

（二）用人单位与劳动者订立和解除劳动合同的情况；

（三）劳务派遣单位和用工单位遵守劳务派遣有关规定的情况；

（四）用人单位遵守国家关于劳动者工作时间和休息休假规定的情况；

（五）用人单位支付劳动合同约定的劳动报酬和执行最低工资标准的情况；

（六）用人单位参加各项社会保险和缴纳社会保险费的情况；

（七）法律、法规规定的其他劳动监察事项。

第七十五条　县级以上地方人民政府劳动行政部门实施监督检查时，有权查阅与劳动合同、集体合同有关的材料，有权对劳动场所进行实地检查，用人单位和劳动者都应当如实提供有关情况和材料。劳动行政部门的工作人员进行监督检查，应当出示证件，依法行使职权，文明执法。

第七十六条　县级以上人民政府建设、卫生、安全生产监督管理等有关主管部门在各自职责范围内，对用人单位执行劳动合同制度的情况进行监督管理。

第七十七条　劳动者合法权益受到侵害的，有权要求有关部门依法处理，或者依法申请仲裁、提起诉讼。

第七十八条　工会依法维护劳动者的合法权益，对用人单位履行劳动合同、集体合同的情况进行监督。用人单位违反劳动法律、法规和劳动合同、集体合同的，工会有权提出意见或者要求纠正；劳动者申请仲裁、提起诉讼的，工会依法给予支持和帮助。

第七十九条　任何组织或者个人对违反本法的行为都有权举报，县级以上人民政府劳动行政部门应当及时核实、处理，并对举报有功人员给予奖励。

## 第七章　法律责任

第八十条　用人单位直接涉及劳动者切身利益的规章制度违反法律、法规规定的，由劳动行政部门责令改正，给予警告；给劳动者造成损害的，应当承担赔偿责任。

第八十一条　用人单位提供的劳动合同文本未载明本法规定的劳动合同必备条款或者用人单位未将劳动合同文本交付劳动者的，由劳动行政部门责令改正；给劳动者造成损害的，应当承担赔偿责任。

第八十二条　用人单位自用工之日起超过一个月不满一年未与劳动者订立书面劳动合同的，应当向劳动者每月支付二倍的工资。

用人单位违反本法规定不与劳动者订立无固定期限劳动合同的，自应当订立无固定期限劳动合同之日起向劳动者每月支付二倍的工资。

第八十三条　用人单位违反本法规定与劳动者约定试用期的，由劳动行政部门责令改正；违法约定的试用期已经履行的，由用人单位以劳动者试用期满月工资为标准，按已经履行的超过法定试用期的期间向劳动者支付赔偿金。

第八十四条　用人单位违反本法规定，扣押劳动者居民身份证等证件的，由劳动行政部门责令限期退还劳动者本人，并依照有关法律规定给予处罚。用人单位违反本法规定，以担保或者其他名义向劳动者收取财物的，由劳动行政部门责令限期退还劳动者本人，并以每人五百元以上两千元以下的标准处以罚款；给劳动者造成损害的，应当承担赔偿责任。劳动者依法解除或者终止劳动合同，用人单位扣押劳动者档案或者其他物品的，依照前款规定处罚。

第八十五条　用人单位有下列情形之一的，由劳动行政部门责令限期支付劳动报酬、加班费或者经济补偿；劳动报酬低于当地最低工资标准的，应当支付其差额部分；逾期不支付的，责令用人单位按应付金额百分之五十以上百分之一百以下的标准向劳动者加付赔偿金：

（一）未按照劳动合同的约定或者国家规定及时足额支付劳动者劳动报酬的；

（二）低于当地最低工资标准支付劳动者工资的；

（三）安排加班不支付加班费的；

（四）解除或者终止劳动合同，未依照本法规定向劳动者支付经济补偿的。

第八十六条　劳动合同依照本法第二十六条规定被确认无效，给对方造成损害的，有过错的一方应当承担赔偿责任。

第八十七条　用人单位违反本法规定解除或者终止劳动合同的，应当依照本法第四十七条规定的经济补偿标准的二倍向劳动者支付赔偿金。

第八十八条　用人单位有下列情形之一的，依法给予行政处罚；构成犯罪的，依法追究刑事责任；给劳动者造成损害的，应当承担赔偿责任：

（一）以暴力、威胁或者非法限制人身自由的手段强迫劳动的；

（二）违章指挥或者强令冒险作业危及劳动者人身安全的；

（三）侮辱、体罚、殴打、非法搜查或者拘禁劳动者的；

（四）劳动条件恶劣、环境污染严重，给劳动者身心健康造成严重损害的。

第八十九条　用人单位违反本法规定未向劳动者出具解除或者终止劳动合同的书面证明，由劳动行政部门责令改正；给劳动者造成损害的，应当承担赔偿责任。

第九十条　劳动者违反本法规定解除劳动合同，或者违反劳动合同中约定的保密义务或者竞业限制，给用人单位造成损失的，应当承担赔偿责任。

第九十一条　用人单位招用与其他用人单位尚未解除或者终止劳动合同的劳动者，给其他用人单位造成损失的，应当承担连带赔偿责任。

第九十二条　劳务派遣单位违反本法规定的，由劳动行政部门和其他有关主管部门责令改正；情节严重的，以每人一千元以上五千元以下的标准处以罚款，并由工商行政管理部门吊销营业执照；给被派遣劳动者造成损害的，劳务派遣单位与用工单位承担连带赔偿责任。

第九十三条　对不具备合法经营资格的用人单位的违法犯罪行为，依法追究法律责任；劳动者已经付出劳动的，该单位或者其出资人应当依照本法有关规定向劳动者支付劳动报酬、经济补偿、赔偿金；给劳动者造成损害的，应当承担赔偿责任。

第九十四条　个人承包经营违反本法规定招用劳动者，给劳动者造成损害的，发包的组织与个人承包经营者承担连带赔偿责任。

第九十五条　劳动行政部门和其他有关主管部门及其工作人员玩忽职守、不履行法定职责，或者违法行使职权，给劳动者或者用人单位造成损害的，应当承担赔偿责任；对直接负责的主管人员和其他直接责任人员，依法给予行政处分；构成犯罪的，依法追究刑事责任。

## 第八章 附则

第九十六条 事业单位与实行聘用制的工作人员订立、履行、变更、解除或者终止劳动合同，法律、行政法规或者国务院另有规定的，依照其规定；未做规定的，依照本法有关规定执行。

第九十七条 本法施行前已依法订立且在本法施行之日存续的劳动合同，继续履行；本法第十四条第二款第三项规定连续订立固定期限劳动合同的次数，自本法施行后续订固定期限劳动合同时开始计算。

本法施行前已建立劳动关系，尚未订立书面劳动合同的，应当自本法施行之日起一个月内订立。

本法施行之日存续的劳动合同在本法施行后解除或者终止，依照本法第四十六条规定应当支付经济补偿的，经济补偿年限自本法施行之日起计算；本法施行前按照当时有关规定，用人单位应当向劳动者支付经济补偿的，按照当时有关规定执行。

第九十八条 本法自 2008 年 1 月 1 日起施行。

## 中华人民共和国劳动合同法实施条例

（2008 年 9 月 3 日国务院第 25 次常务会议通过 2008 年 9 月 18 日中华人民共和国国务院令第 535 号公布 自公布之日起施行）

## 第一章 总则

第一条 为了贯彻实施《中华人民共和国劳动合同法》（以下简称《劳动合同法》），制定本条例。

第二条 各级人民政府和县级以上人民政府劳动行政等有关部门以及工会等组织，应当采取措施，推动劳动合同法的贯彻实施，促进劳动关系的和谐。

第三条 依法成立的会计师事务所、律师事务所等合伙组织和基金会，属于劳动合同法规定的用人单位。

## 第二章 劳动合同的订立

第四条 劳动合同法规定的用人单位设立的分支机构，依法取得营业执照或者登记证书的，可以作为用人单位与劳动者订立劳动合同；未依法取得营业执照或者登记证书的，受用人单位委托可以与劳动者订立劳动合同。

第五条　自用工之日起一个月内，经用人单位书面通知后，劳动者不与用人单位订立书面劳动合同的，用人单位应当书面通知劳动者终止劳动关系，无需向劳动者支付经济补偿，但是应当依法向劳动者支付其实际工作时间的劳动报酬。

第六条　用人单位自用工之日起超过一个月不满一年未与劳动者订立书面劳动合同的，应当依照劳动合同法第八十二条的规定向劳动者每月支付两倍的工资，并与劳动者补订书面劳动合同；劳动者不与用人单位订立书面劳动合同的，用人单位应当书面通知劳动者终止劳动关系，并依照劳动合同法第四十七条的规定支付经济补偿。前款规定的用人单位向劳动者每月支付两倍工资的起算时间为用工之日起满一个月的次日，截止时间为补订书面劳动合同的前一日。

第七条　用人单位自用工之日起满一年未与劳动者订立书面劳动合同的，自用工之日起满一个月的次日至满一年的前一日应当依照劳动合同法第八十二条的规定向劳动者每月支付两倍的工资，并视为自用工之日起满一年的当日已经与劳动者订立无固定期限劳动合同，应当立即与劳动者补订书面劳动合同。

第八条　劳动合同法第七条规定的职工名册，应当包括劳动者姓名、性别、公民身份证号码、户籍地址及现住址、联系方式、用工形式、用工起始时间、劳动合同期限等内容。

第九条　劳动合同法第十四条第二款规定的连续工作满 10 年的起始时间，应当自用人单位用工之日起计算，包括劳动合同法施行前的工作年限。

第十条　劳动者非因本人原因从原用人单位被安排到新用人单位工作的，劳动者在原用人单位的工作年限合并计算为新用人单位的工作年限。原用人单位已经向劳动者支付经济补偿的，新用人单位在依法解除、终止劳动合同计算支付经济补偿的工作年限时，不再计算劳动者在原用人单位的工作年限。

第十一条　除劳动者与用人单位协商一致的情形外，劳动者依照劳动合同法第十四条第二款的规定，提出订立无固定期限劳动合同的，用人单位应当与其订立无固定期限劳动合同。对劳动合同的内容，双方应当按照合法、公平、平等自愿、协商一致、诚实信用的原则协商确定；对协商不一致的内容，依照劳动合同法第十八条的规定执行。

第十二条　地方各级人民政府及县级以上地方人民政府有关部门为安置就业困难人员提供的给予岗位补贴和社会保险补贴的公益性岗位，其劳动合同不适用劳动合同法有关无固定期限劳动合同的规定以及支付经济补偿的规定。

第十三条　用人单位与劳动者不得在劳动合同法第四十四条规定的劳动合同终止情形之外约定其他的劳动合同终止条件。

第十四条　劳动合同履行地与用人单位注册地不一致的，有关劳动者的最低工资标准、劳动保护、劳动条件、职业危害防护和本地区上年度职工月平均工资标准等事项，按照劳动合同履行地的有关规定执行；用人单位注册地的有关标准高于劳动合同履行地的有关标准，且用人单位与劳动者约定按照用人单位注册地的有关规定执行的，从其约定。

第十五条　劳动者在试用期的工资不得低于本单位相同岗位最低档工资的 80% 或者不得低于劳动合同约定工资的 80%，并不得低于用人单位所在地的最低工资标准。

第十六条　劳动合同法第二十二条第二款规定的培训费用，包括用人单位为了对劳动者进行专业技术培训而支付的有凭证的培训费用、培训期间的差旅费用以及因培训产生的用于该劳动者的其他直接费用。

第十七条　劳动合同期满，但是用人单位与劳动者依照劳动合同法第二十二条的规定约定的服务期尚未到期的，劳动合同应当续延至服务期满；双方另有约定的，从其约定。

## 第三章　劳动合同的解除和终止

第十八条　有下列情形之一的，依照劳动合同法规定的条件、程序，劳动者可以与用人单位解除固定期限劳动合同、无固定期限劳动合同或者以完成一定工作任务为期限的劳动合同：

（一）劳动者与用人单位协商一致的；

（二）劳动者提前 30 日以书面形式通知用人单位的；

（三）劳动者在试用期内提前 3 日通知用人单位的；

（四）用人单位未按照劳动合同约定提供劳动保护或者劳动条件的；

（五）用人单位未及时足额支付劳动报酬的；

（六）用人单位未依法为劳动者缴纳社会保险费的；

（七）用人单位的规章制度违反法律、法规的规定，损害劳动者权益的；

（八）用人单位以欺诈、胁迫的手段或者乘人之危，使劳动者在违背真实意思的情况下订立或者变更劳动合同的；

（九）用人单位在劳动合同中免除自己的法定责任、排除劳动者权利的；

（十）用人单位违反法律、行政法规强制性规定的；

（十一）用人单位以暴力、威胁或者非法限制人身自由的手段强迫劳动者劳动的；

（十二）用人单位违章指挥、强令冒险作业危及劳动者人身安全的；

（十三）法律、行政法规规定劳动者可以解除劳动合同的其他情形。

第十九条　有下列情形之一的，依照劳动合同法规定的条件、程序，用人单位可以与劳动者解除固定期限劳动合同、无固定期限劳动合同或者以完成一定工作任务为期限的劳动合同：

（一）用人单位与劳动者协商一致的；

（二）劳动者在试用期间被证明不符合录用条件的；

（三）劳动者严重违反用人单位的规章制度的；

（四）劳动者严重失职，营私舞弊，给用人单位造成重大损害的；

（五）劳动者同时与其他用人单位建立劳动关系，对完成本单位的工作任务造成严重影响，或者经用人单位提出，拒不改正的；

（六）劳动者以欺诈、胁迫的手段或者乘人之危，使用人单位在违背真实意思的情况下订立或者变更劳动合同的；

（七）劳动者被依法追究刑事责任的；

（八）劳动者患病或者非因工负伤，在规定的医疗期满后不能从事原工作，也不能从事由用人单位另行安排的工作的；

（九）劳动者不能胜任工作，经过培训或者调整工作岗位，仍不能胜任工作的；

（十）劳动合同订立时所依据的客观情况发生重大变化，致使劳动合同无法履行，经用人单位与劳动者协商，未能就变更劳动合同内容达成协议的；

（十一）用人单位依照企业破产法规定进行重整的；

（十二）用人单位生产经营发生严重困难的；

（十三）企业转产、重大技术革新或者经营方式调整，经变更劳动合同后，仍需裁减人员的；

（十四）其他因劳动合同订立时所依据的客观经济情况发生重大变化，致使劳动合同无法履行的。

第二十条　用人单位依照劳动合同法第四十条的规定，选择额外支付劳动者一个月工资解除劳动合同的，其额外支付的工资应当按照该劳动者上一个月的工资标准确定。

第二十一条　劳动者达到法定退休年龄的，劳动合同终止。

第二十二条　以完成一定工作任务为期限的劳动合同因任务完成而终止的，用人单位应当依照劳动合同法第四十七条的规定向劳动者支付经济补偿。

第二十三条　用人单位依法终止工伤职工的劳动合同的，除依照劳动合同法第四十七条的规定支付经济补偿外，还应当依照国家有关工伤保险的规定支付一次性工伤医疗补助金和伤残就业补助金。

第二十四条　用人单位出具的解除、终止劳动合同的证明，应当写明劳动合同期限、解除或者终止劳动合同的日期、工作岗位、在本单位的工作年限。

第二十五条　用人单位违反劳动合同法的规定解除或者终止劳动合同，依照劳动合同法第八十七条的规定支付了赔偿金的，不再支付经济补偿。赔偿金的计算年限自用工之日起计算。

第二十六条　用人单位与劳动者约定了服务期，劳动者依照劳动合同法第三十八条的规定解除劳动合同的，不属于违反服务期的约定，用人单位不得要求劳动者支付违约金。

有下列情形之一，用人单位与劳动者解除约定服务期的劳动合同的，劳动者应当按照劳动合同的约定向用人单位支付违约金：

（一）劳动者严重违反用人单位的规章制度的；

（二）劳动者严重失职，营私舞弊，给用人单位造成重大损害的；

（三）劳动者同时与其他用人单位建立劳动关系，对完成本单位的工作任务造成严重影响，或者经用人单位提出，拒不改正的；

（四）劳动者以欺诈、胁迫的手段或者乘人之危，使用人单位在违背真实意思的情况下订立或者变更劳动合同的；

（五）劳动者被依法追究刑事责任的。

第二十七条　劳动合同法第四十七条规定的经济补偿的月工资按照劳动者应得工资计算，包括计时工资或者计件工资以及奖金、津贴和补贴等货币性收入。劳动者在劳动合同解除或者终止前12个月的平均工资低于当地最低工资标准的，按照当地最低工资标准计算。劳动者工作不满12个月的，按照实际工作的月数计算平均工资。

## 第四章　劳务派遣特别规定

第二十八条　用人单位或者其所属单位出资或者合伙设立的劳务派遣单位，向本单位或者所属单位派遣劳动者的，属于劳动合同法第六十七条规定的不得设立的劳务派遣单位。

第二十九条　用工单位应当履行劳动合同法第六十二条规定的义务，维护被派遣劳动者的合法权益。

第三十条　劳务派遣单位不得以非全日制用工形式招用被派遣劳动者。

第三十一条　劳务派遣单位或者被派遣劳动者依法解除、终止劳动合同的经济补偿，依照劳动合同法第四十六条、第四十七条的规定执行。

第三十二条　劳务派遣单位违法解除或者终止被派遣劳动者的劳动合同的，依照劳动合同法第四十八条的规定执行。

## 第五章　法律责任

第三十三条　用人单位违反劳动合同法有关建立职工名册规定的，由劳动行政部门责令限期改正；逾期不改正的，由劳动行政部门处 2000 元以上 2 万元以下的罚款。

第三十四条　用人单位依照劳动合同法的规定应当向劳动者每月支付两倍的工资或者应当向劳动者支付赔偿金而未支付的，劳动行政部门应当责令用人单位支付。

第三十五条　用工单位违反劳动合同法和本条例有关劳务派遣规定的，由劳动行政部门和其他有关主管部门责令改正；情节严重的，以每位被派遣劳动者 1000 元以上 5000 元以下的标准处以罚款；给被派遣劳动者造成损害的，劳务派遣单位和用工单位承担连带赔偿责任。

## 第六章　附则

第三十六条　对违反劳动合同法和本条例的行为的投诉、举报，县级以上地方人民政府劳动行政部门依照《劳动保障监察条例》的规定处理。

第三十七条　劳动者与用人单位因订立、履行、变更、解除或者终止劳动合同发生争议的，依照《中华人民共和国劳动争议调解仲裁法》的规定处理。

第三十八条　本条例自公布之日起施行。

# 中华人民共和国劳动争议调解仲裁法

（2007 年 12 月 29 日第十届全国人民代表大会常务委员会第三十一次会议通过　2007年 12 月 29 日中华人民共和国主席令第 80 号公布　自 2008 年 5 月 1 日起施行）

## 第一章　总则

第一条　为了公正及时解决劳动争议，保护当事人合法权益，促进劳动关系和谐稳定，制定本法。

第二条　中华人民共和国境内的用人单位与劳动者发生的下列劳动争议，适用本法：

（一）因确认劳动关系发生的争议；

（二）因订立、履行、变更、解除和终止劳动合同发生的争议；

（三）因除名、辞退和辞职、离职发生的争议；

（四）因工作时间、休息休假、社会保险、福利、培训以及劳动保护发生的争议；

（五）因劳动报酬、工伤医疗费、经济补偿或者赔偿金等发生的争议；

（六）法律、法规规定的其他劳动争议。

第三条　解决劳动争议，应当根据事实，遵循合法、公正、及时、着重调解的原则，依法保护当事人的合法权益。

第四条　发生劳动争议，劳动者可以与用人单位协商，也可以请工会或者第三方共同与用人单位协商，达成和解协议。

第五条　发生劳动争议，当事人不愿协商、协商不成或者达成和解协议后不履行的，可以向调解组织申请调解；不愿调解、调解不成或者达成调解协议后不履行的，可以向劳动争议仲裁委员会申请仲裁；对仲裁裁决不服的，除本法另有规定的外，可以向人民法院提起诉讼。

第六条　发生劳动争议，当事人对自己提出的主张，有责任提供证据。与争议事项有关的证据属于用人单位掌握管理的，用人单位应当提供；用人单位不提供的，应当承担不利后果。

第七条　发生劳动争议的劳动者一方在十人以上，并有共同请求的，可以推举代表参加调解、仲裁或者诉讼活动。

第八条　县级以上人民政府劳动行政部门会同工会和企业方面代表建立协调劳动关系三方机制，共同研究解决劳动争议的重大问题。

第九条　用人单位违反国家规定，拖欠或者未足额支付劳动报酬，或者拖欠工伤医疗费、经济补偿或者赔偿金的，劳动者可以向劳动行政部门投诉，劳动行政部门应当依法处理。

## 第二章　调解

第十条　发生劳动争议，当事人可以到下列调解组织申请调解：

（一）企业劳动争议调解委员会；

（二）依法设立的基层人民调解组织；

（三）在乡镇、街道设立的具有劳动争议调解职能的组织。

企业劳动争议调解委员会由职工代表和企业代表组成。职工代表由工会成员担任或者由全体职工推举产生，企业代表由企业负责人指定。企业劳动争议调解委员会主任由工会成员或者双方推举的人员担任。

第十一条　劳动争议调解组织的调解员应当由公道正派、联系群众、热心调解工作，并具有一定法律知识、政策水平和文化水平的成年公民担任。

第十二条　当事人申请劳动争议调解可以书面申请，也可以口头申请。口头申请的，调解组织应当当场记录申请人基本情况、申请调解的争议事项、理由和时间。

第十三条　调解劳动争议，应当充分听取双方当事人对事实和理由的陈述，耐心疏导，帮助其达成协议。

第十四条　经调解达成协议的，应当制作调解协议书。调解协议书由双方当事人签名或者盖章，经调解员签名并加盖调解组织印章后生效，对双方当事人具有约束力，当事人应当履行。自劳动争议调解组织收到调解申请之日起十五日内未达成调解协议的，当事人可以依法申请仲裁。

第十五条　达成调解协议后，一方当事人在协议约定期限内不履行调解协议的，另一方当事人可以依法申请仲裁。

第十六条　因支付拖欠劳动报酬、工伤医疗费、经济补偿或者赔偿金事项达成调解协议，用人单位在协议约定期限内不履行的，劳动者可以持调解协议书依法向人民法院申请支付令。人民法院应当依法发出支付令。

## 第三章　仲裁

### 第一节　一般规定

第十七条　劳动争议仲裁委员会按照统筹规划、合理布局和适应实际需要的原则设立。省、自治区人民政府可以决定在市、县设立；直辖市人民政府可以决定在区、县设立。直辖市、设区的市也可以设立一个或者若干个劳动争议仲裁委员会。劳动争议仲裁委员会不按行政区划层层设立。

第十八条　国务院劳动行政部门依照本法有关规定制定仲裁规则。省、自治区、直辖市人民政府劳动行政部门对本行政区域的劳动争议仲裁工作进行指导。

第十九条　劳动争议仲裁委员会由劳动行政部门代表、工会代表和企业方面代表组成。劳动争议仲裁委员会组成人员应当是单数。

劳动争议仲裁委员会依法履行下列职责：

(一)聘任、解聘专职或者兼职仲裁员；

(二)受理劳动争议案件；

(三)讨论重大或者疑难的劳动争议案件；

(四)对仲裁活动进行监督。

劳动争议仲裁委员会下设办事机构，负责办理劳动争议仲裁委员会的日常工作。

第二十条　劳动争议仲裁委员会应当设仲裁员名册。

仲裁员应当公道正派并符合下列条件之一：

(一)曾任审判员的；

(二)从事法律研究、教学工作并具有中级以上职称的；

(三)具有法律知识、从事人力资源管理或者工会等专业工作满五年的；

(四)律师执业满三年的。

第二十一条　劳动争议仲裁委员会负责管辖本区域内发生的劳动争议。

劳动争议由劳动合同履行地或者用人单位所在地的劳动争议仲裁委员会管辖。双方当事人分别向劳动合同履行地和用人单位所在地的劳动争议仲裁委员会申请仲裁的，由劳动合同履行地的劳动争议仲裁委员会管辖。

第二十二条　发生劳动争议的劳动者和用人单位为劳动争议仲裁案件的双方当事人。劳务派遣单位或者用工单位与劳动者发生劳动争议的，劳务派遣单位和用工单位为共同当事人。

第二十三条　与劳动争议案件的处理结果有利害关系的第三人，可以申请参加仲裁活动或者由劳动争议仲裁委员会通知其参加仲裁活动。

第二十四条　当事人可以委托代理人参加仲裁活动。委托他人参加仲裁活动，应当向劳动争议仲裁委员会提交有委托人签名或者盖章的委托书，委托书应当载明委托事项和权限。

第二十五条　丧失或者部分丧失民事行为能力的劳动者，由其法定代理人代为参加仲裁活动；无法定代理人的，由劳动争议仲裁委员会为其指定代理人。劳动者死亡的，由其近亲属或者代理人参加仲裁活动。

第二十六条　劳动争议仲裁公开进行，但当事人协议不公开进行或者涉及国家秘密、商业秘密和个人隐私的除外。

### 第二节　申请和受理

第二十七条　劳动争议申请仲裁的时效期间为一年。仲裁时效期间从当事人知道或者应当知道其权利被侵害之日起计算。前款规定的仲裁时效，因当事人一方向对方当事人主张权利，或者向有关部门请求权利救济，或者对方当事人同意履行义务而中断。从中断时起，仲裁时效期间重新计算。因不可抗力或者有其他正当理由，当事人不能在本条第一款规定的仲裁时效期间申请仲裁的，仲裁时效中止。从中止时效的原因消除之日起，仲裁时效期间继续计算。劳动关系存续期间因拖欠劳动报酬发生争议的，劳动者申请仲裁不受本条第一款规定的仲裁时效期间的限制；但是，劳动关系终止的，应当自劳动关系终止之日起一年内提出。

第二十八条　申请人申请仲裁应当提交书面仲裁申请，并按照被申请人人数提交副本。仲裁申请书应当载明下列事项：

（一）劳动者的姓名、性别、年龄、职业、工作单位和住所，用人单位的名称、住所和法定代表人或者主要负责人的姓名、职务；

（二）仲裁请求和所根据的事实、理由；

（三）证据和证据来源、证人姓名和住所。

书写仲裁申请确有困难的，可以口头申请，由劳动争议仲裁委员会记入笔录，并告知对方当事人。

第二十九条　劳动争议仲裁委员会收到仲裁申请之日起五日内，认为符合受理条件的，应当受理，并通知申请人；认为不符合受理条件的，应当书面通知申请人不予受理，并说明理由。对劳动争议仲裁委员会不予受理或者逾期未作出决定的，申请人可以就该劳动争议事项向人民法院提起诉讼。

第三十条　劳动争议仲裁委员会受理仲裁申请后，应当在五日内将仲裁申请书副本送达被申请人。被申请人收到仲裁申请书副本后，应当在十日内向劳动争议仲裁委员会提交答辩书。劳动争议仲裁委员会收到答辩书后，应当在五日内将答辩书副本送达申请人。被申请人未提交答辩书的，不影响仲裁程序的进行。

### 第三节 开庭和裁决

**第三十一条** 劳动争议仲裁委员会裁决劳动争议案件实行仲裁庭制。仲裁庭由三名仲裁员组成,设首席仲裁员。简单劳动争议案件可以由一名仲裁员独任仲裁。

**第三十二条** 劳动争议仲裁委员会应当在受理仲裁申请之日起五日内将仲裁庭的组成情况书面通知当事人。

**第三十三条** 仲裁员有下列情形之一,应当回避,当事人也有权以口头或者书面方式提出回避申请:

(一)是本案当事人或者当事人、代理人的近亲属的;

(二)与本案有利害关系的;

(三)与本案当事人、代理人有其他关系,可能影响公正裁决的;

(四)私自会见当事人、代理人,或者接受当事人、代理人的请客送礼的。

劳动争议仲裁委员会对回避申请应当及时作出决定,并以口头或者书面方式通知当事人。

**第三十四条** 仲裁员有本法第三十三条第四项规定情形,或者有索贿受贿、徇私舞弊、枉法裁决行为的,应当依法承担法律责任。劳动争议仲裁委员会应当将其解聘。

**第三十五条** 仲裁庭应当在开庭五日前,将开庭日期、地点书面通知双方当事人。当事人有正当理由的,可以在开庭三日前请求延期开庭。是否延期,由劳动争议仲裁委员会决定。

**第三十六条** 申请人收到书面通知,无正当理由拒不到庭或者未经仲裁庭同意中途退庭的,可以视为撤回仲裁申请。被申请人收到书面通知,无正当理由拒不到庭或者未经仲裁庭同意中途退庭的,可以缺席裁决。

**第三十七条** 仲裁庭对专门性问题认为需要鉴定的,可以交由当事人约定的鉴定机构鉴定;当事人没有约定或者无法达成约定的,由仲裁庭指定的鉴定机构鉴定。根据当事人的请求或者仲裁庭的要求,鉴定机构应当派鉴定人参加开庭。当事人经仲裁庭许可,可以向鉴定人提问。

**第三十八条** 当事人在仲裁过程中有权进行质证和辩论。质证和辩论终结时,首席仲裁员或者独任仲裁员应当征询当事人的最后意见。

**第三十九条** 当事人提供的证据经查证属实的,仲裁庭应当将其作为认定事实的根据。劳动者无法提供由用人单位掌握管理的与仲裁请求有关的证据,仲裁庭可以要求用人单位在指定期限内提供。用人单位在指定期限内不提供的,应当承担不利后果。

**第四十条** 仲裁庭应当将开庭情况记入笔录。当事人和其他仲裁参加人认为对自己陈述的记录有遗漏或者差错的,有权申请补正。如果不予补正,应当记录该申请。笔录由仲裁员、记录人员、当事人和其他仲裁参加人签名或者盖章。

**第四十一条** 当事人申请劳动争议仲裁后,可以自行和解。达成和解协议的,可以撤回仲裁申请。

**第四十二条** 仲裁庭在作出裁决前,应当先行调解。调解达成协议的,仲裁庭应当制作调解书。调解书应当写明仲裁请求和当事人协议的结果。调解书由仲裁员签名,加盖劳动争议仲裁委员会印章,送达双方当事人。调解书经双方当事人签收后,发生法律效力。

调解不成或者调解书送达前，一方当事人反悔的，仲裁庭应当及时作出裁决。

第四十三条　仲裁庭裁决劳动争议案件，应当自劳动争议仲裁委员会受理仲裁申请之日起四十五日内结束。案情复杂需要延期的，经劳动争议仲裁委员会主任批准，可以延期并书面通知当事人，但是延长期限不得超过十五日。逾期未作出仲裁裁决的，当事人可以就该劳动争议事项向人民法院提起诉讼。仲裁庭裁决劳动争议案件时，其中一部分事实已经清楚，可以就该部分先行裁决。

第四十四条　仲裁庭对追索劳动报酬、工伤医疗费、经济补偿或者赔偿金的案件，根据当事人的申请，可以裁决先予执行，移送人民法院执行。

仲裁庭裁决先予执行的，应当符合下列条件：

（一）当事人之间权利义务关系明确；

（二）不先予执行将严重影响申请人的生活。

劳动者申请先予执行的，可以不提供担保。

第四十五条　裁决应当按照多数仲裁员的意见作出，少数仲裁员的不同意见应当记入笔录。仲裁庭不能形成多数意见时，裁决应当按照首席仲裁员的意见作出。

第四十六条　裁决书应当载明仲裁请求、争议事实、裁决理由、裁决结果和裁决日期。裁决书由仲裁员签名，加盖劳动争议仲裁委员会印章。对裁决持不同意见的仲裁员，可以签名，也可以不签名。

第四十七条　下列劳动争议，除本法另有规定的外，仲裁裁决为终局裁决，裁决书自作出之日起发生法律效力：

（一）追索劳动报酬、工伤医疗费、经济补偿或者赔偿金，不超过当地月最低工资标准十二个月金额的争议；

（二）因执行国家的劳动标准在工作时间、休息休假、社会保险等方面发生的争议。

第四十八条　劳动者对本法第四十七条规定的仲裁裁决不服的，可以自收到仲裁裁决书之日起十五日内向人民法院提起诉讼。

第四十九条　用人单位有证据证明本法第四十七条规定的仲裁裁决有下列情形之一，可以自收到仲裁裁决书之日起三十日内向劳动争议仲裁委员会所在地的中级人民法院申请撤销裁决：

（一）适用法律、法规确有错误的；

（二）劳动争议仲裁委员会无管辖权的；

（三）违反法定程序的；

（四）裁决所根据的证据是伪造的；

（五）对方当事人隐瞒了足以影响公正裁决的证据的；

（六）仲裁员在仲裁该案时有索贿受贿、徇私舞弊、枉法裁决行为的。

人民法院经组成合议庭审查核实裁决有前款规定情形之一的，应当裁定撤销。仲裁裁决被人民法院裁定撤销的，当事人可以自收到裁定书之日起十五日内就该劳动争议事项向人民法院提起诉讼。

第五十条　当事人对本法第四十七条规定以外的其他劳动争议案件的仲裁裁决不服的，可以自收到仲裁裁决书之日起十五日内向人民法院提起诉讼；期满不起诉的，裁决书发生法律效力。

第五十一条　当事人对发生法律效力的调解书、裁决书,应当依照规定的期限履行。一方当事人逾期不履行的,另一方当事人可以依照民事诉讼法的有关规定向人民法院申请执行。受理申请的人民法院应当依法执行。

## 第四章　附则

第五十二条　事业单位实行聘用制的工作人员与本单位发生劳动争议的,依照本法执行;法律、行政法规或者国务院另有规定的,依照其规定。

第五十三条　劳动争议仲裁不收费。劳动争议仲裁委员会的经费由财政予以保障。

第五十四条　本法自 2008 年 5 月 1 日起施行。

# 中华人民共和国就业促进法(2015 年修正本)

(2007 年 8 月 30 日第十届全国人民代表大会常务委员会第二十九次会议通过　根据 2015 年 4 月 24 日第十二届全国人民代表大会常务委员会第十四次会议《全国人民代表大会常务委员会关于修改〈中华人民共和国电力法〉等六部法律的决定》修正)

## 第一章　总则

第一条　为了促进就业,促进经济发展与扩大就业相协调,促进社会和谐稳定,制定本法。

第二条　国家把扩大就业放在经济社会发展的突出位置,实施积极的就业政策,坚持劳动者自主择业、市场调节就业、政府促进就业的方针,多渠道扩大就业。

第三条　劳动者依法享有平等就业和自主择业的权利。劳动者就业,不因民族、种族、性别、宗教信仰等不同而受歧视。

第四条　县级以上人民政府把扩大就业作为经济和社会发展的重要目标,纳入国民经济和社会发展规划,并制定促进就业的中长期规划和年度工作计划。

第五条　县级以上人民政府通过发展经济和调整产业结构、规范人力资源市场、完善就业服务、加强职业教育和培训、提供就业援助等措施,创造就业条件,扩大就业。

第六条　国务院建立全国促进就业工作协调机制,研究就业工作中的重大问题,协调推动全国的促进就业工作。国务院劳动行政部门具体负责全国的促进就业工作。省、自治区、直辖市人民政府根据促进就业工作的需要,建立促进就业工作协调机制,协调解决本行政区域就业工作中的重大问题。县级以上人民政府有关部门按照各自的职责分工,共同做好促进就业工作。

第七条　国家倡导劳动者树立正确的择业观念,提高就业能力和创业能力;鼓励劳动者自主创业、自谋职业。各级人民政府和有关部门应当简化程序,提高效率,为劳动者自主创业、自谋职业提供便利。

第八条　用人单位依法享有自主用人的权利。用人单位应当依照本法以及其他法律、法规的规定，保障劳动者的合法权益。

第九条 工会、共产主义青年团、妇女联合会、残疾人联合会以及其他社会组织，协助人民政府开展促进就业工作，依法维护劳动者的劳动权利。

第十条 各级人民政府和有关部门对在促进就业工作中作出显著成绩的单位和个人，给予表彰和奖励。

## 第二章 政策支持

第十一条 县级以上人民政府应当把扩大就业作为重要职责，统筹协调产业政策与就业政策。

第十二条 国家鼓励各类企业在法律、法规规定的范围内，通过兴办产业或者拓展经营，增加就业岗位。国家鼓励发展劳动密集型产业、服务业，扶持中小企业，多渠道、多方式增加就业岗位。国家鼓励、支持、引导非公有制经济发展，扩大就业，增加就业岗位。

第十三条 国家发展国内外贸易和国际经济合作，拓宽就业渠道。

第十四条 县级以上人民政府在安排政府投资和确定重大建设项目时，应当发挥投资和重大建设项目带动就业的作用，增加就业岗位。

第十五条 国家实行有利于促进就业的财政政策，加大资金投入，改善就业环境，扩大就业。县级以上人民政府应当根据就业状况和就业工作目标，在财政预算中安排就业专项资金用于促进就业工作。就业专项资金用于职业介绍、职业培训、公益性岗位、职业技能鉴定、特定就业政策和社会保险等的补贴，小额贷款担保基金和微利项目的小额担保贷款贴息，以及扶持公共就业服务等。就业专项资金的使用管理办法由国务院财政部门和劳动行政部门规定。

第十六条 国家建立健全失业保险制度，依法确保失业人员的基本生活，并促进其实现就业。

第十七条 国家鼓励企业增加就业岗位，扶持失业人员和残疾人就业，对下列企业、人员依法给予税收优惠：

（一）吸纳符合国家规定条件的失业人员达到规定要求的企业；

（二）失业人员创办的中小企业；

（三）安置残疾人员达到规定比例或者集中使用残疾人的企业；

（四）从事个体经营的符合国家规定条件的失业人员；

（五）从事个体经营的残疾人；

（六）国务院规定给予税收优惠的其他企业、人员。

第十八条 对本法第十七条第四项、第五项规定的人员，有关部门应当在经营场地等方面给予照顾，免除行政事业性收费。

第十九条 国家实行有利于促进就业的金融政策，增加中小企业的融资渠道；鼓励金融机构改进金融服务，加大对中小企业的信贷支持，并对自主创业人员在一定期限内给予小额信贷等扶持。

第二十条 国家实行城乡统筹的就业政策，建立健全城乡劳动者平等就业的制度，引导农业富余劳动力有序转移就业。县级以上地方人民政府推进小城镇建设和加快县域经济发展，引导农业富余劳动力就地就近转移就业；在制定小城镇规划时，将本地区农业富余劳动力转移就业作为重要内容。县级以上地方人民政府引导农业富余劳动力有序向城市异地转移就业；劳动力输出地和输入地人民政府应当互相配合，改善农村劳动者进城就业的环境和条件。

第二十一条　国家支持区域经济发展，鼓励区域协作，统筹协调不同地区就业的均衡增长。国家支持民族地区发展经济，扩大就业。

第二十二条　各级人民政府统筹做好城镇新增劳动力就业、农业富余劳动力转移就业和失业人员就业工作。

第二十三条　各级人民政府采取措施，逐步完善和实施与非全日制用工等灵活就业相适应的劳动和社会保险政策，为灵活就业人员提供帮助和服务。

第二十四条　地方各级人民政府和有关部门应当加强对失业人员从事个体经营的指导，提供政策咨询、就业培训和开业指导等服务。

## 第三章　公平就业

第二十五条　各级人民政府创造公平就业的环境，消除就业歧视，制定政策并采取措施对就业困难人员给予扶持和援助。

第二十六条　用人单位招用人员、职业中介机构从事职业中介活动，应当向劳动者提供平等的就业机会和公平的就业条件，不得实施就业歧视。

第二十七条　国家保障妇女享有与男子平等的劳动权利。用人单位招用人员，除国家规定的不适合妇女的工种或者岗位外，不得以性别为由拒绝录用妇女或者提高对妇女的录用标准。用人单位录用女职工，不得在劳动合同中规定限制女职工结婚、生育的内容。

第二十八条　各民族劳动者享有平等的劳动权利。用人单位招用人员，应当依法对少数民族劳动者给予适当照顾。

第二十九条　国家保障残疾人的劳动权利。各级人民政府应当对残疾人就业统筹规划，为残疾人创造就业条件。用人单位招用人员，不得歧视残疾人。

第三十条　用人单位招用人员，不得以是传染病病原携带者为由拒绝录用。但是，经医学鉴定传染病病原携带者在治愈前或者排除传染嫌疑前，不得从事法律、行政法规和国务院卫生行政部门规定禁止从事的易使传染病扩散的工作。

第三十一条　农村劳动者进城就业享有与城镇劳动者平等的劳动权利，不得对农村劳动者进城就业设置歧视性限制。

## 第四章　就业服务和管理

第三十二条　县级以上人民政府培育和完善统一开放、竞争有序的人力资源市场，为劳动者就业提供服务。

第三十三条　县级以上人民政府鼓励社会各方面依法开展就业服务活动，加强对公共就业服务和职业中介服务的指导和监督，逐步完善覆盖城乡的就业服务体系。

第三十四条　县级以上人民政府加强人力资源市场信息网络及相关设施建设，建立健全人力资源市场信息服务体系，完善市场信息发布制度。

第三十五条　县级以上人民政府建立健全公共就业服务体系，设立公共就业服务机构，为劳动者免费提供下列服务：

（一）就业政策法规咨询；

（二）职业供求信息、市场工资指导价位信息和职业培训信息发布；

（三）职业指导和职业介绍；

（四）对就业困难人员实施就业援助；

（五）办理就业登记、失业登记等事务；

（六）其他公共就业服务。

公共就业服务机构应当不断提高服务的质量和效率，不得从事经营性活动。公共就业服务经费纳入同级财政预算。

第三十六条　县级以上地方人民政府对职业中介机构提供公益性就业服务的，按照规定给予补贴。国家鼓励社会各界为公益性就业服务提供捐赠、资助。

第三十七条　地方各级人民政府和有关部门不得举办或者与他人联合举办经营性的职业中介机构。地方各级人民政府和有关部门、公共就业服务机构举办的招聘会，不得向劳动者收取费用。

第三十八条　县级以上人民政府和有关部门加强对职业中介机构的管理，鼓励其提高服务质量，发挥其在促进就业中的作用。

第三十九条　从事职业中介活动，应当遵循合法、诚实信用、公平、公开的原则。用人单位通过职业中介机构招用人员，应当如实向职业中介机构提供岗位需求信息。禁止任何组织或者个人利用职业中介活动侵害劳动者的合法权益。

第四十条　设立职业中介机构应当具备下列条件：

（一）有明确的章程和管理制度；

（二）有开展业务必备的固定场所、办公设施和一定数额的开办资金；

（三）有一定数量具备相应职业资格的专职工作人员；

（四）法律、法规规定的其他条件。

设立职业中介机构应当在工商行政管理部门办理登记后，向劳动行政部门申请行政许可。未经依法许可和登记的机构，不得从事职业中介活动。国家对外商投资职业中介机构和向劳动者提供境外就业服务的职业中介机构另有规定的，依照其规定。

第四十一条　职业中介机构不得有下列行为：

（一）提供虚假就业信息；

（二）为无合法证照的用人单位提供职业中介服务；

（三）伪造、涂改、转让职业中介许可证；

（四）扣押劳动者的居民身份证和其他证件，或者向劳动者收取押金；

（五）其他违反法律、法规规定的行为。

第四十二条　县级以上人民政府建立失业预警制度，对可能出现的较大规模的失业，实施预防、调节和控制。

第四十三条　国家建立劳动力调查统计制度和就业登记、失业登记制度，开展劳动力资源和就业、失业状况调查统计，并公布调查统计结果。统计部门和劳动行政部门进行劳动力调查统计和就业、失业登记时，用人单位和个人应当如实提供调查统计和登记所需要的情况。

## 第五章　职业教育和培训

第四十四条　国家依法发展职业教育，鼓励开展职业培训，促进劳动者提高职业技能，增强就业能力和创业能力。

第四十五条　县级以上人民政府根据经济社会发展和市场需求，制定并实施职业能力开发计划。

第四十六条　县级以上人民政府加强统筹协调，鼓励和支持各类职业院校、职业技能培训机构和用人单位依法开展就业前培训、在职培训、再就业培训和创业培训；鼓励劳动者参加各种形式的培训。

第四十七条　县级以上地方人民政府和有关部门根据市场需求和产业发展方向，鼓励、指导企业加强职业教育和培训。职业院校、职业技能培训机构与企业应当密切联系，实行产教结合，为经济建设服务，培养实用人才和熟练劳动者。企业应当按照国家有关规定提取职工教育经费，对劳动者进行职业技能培训和继续教育培训。

第四十八条　国家采取措施建立健全劳动预备制度，县级以上地方人民政府对有就业要求的初高中毕业生实行一定期限的职业教育和培训，使其取得相应的职业资格或者掌握一定的职业技能。

第四十九条　地方各级人民政府鼓励和支持开展就业培训，帮助失业人员提高职业技能，增强其就业能力和创业能力。失业人员参加就业培训的，按照有关规定享受政府培训补贴。

第五十条　地方各级人民政府采取有效措施，组织和引导进城就业的农村劳动者参加技能培训，鼓励各类培训机构为进城就业的农村劳动者提供技能培训，增强其就业能力和创业能力。

第五十一条　国家对从事涉及公共安全、人身健康、生命财产安全等特殊工种的劳动者，实行职业资格证书制度，具体办法由国务院规定。

## 第六章　就业援助

第五十二条　各级人民政府建立健全就业援助制度，采取税费减免、贷款贴息、社会保险补贴、岗位补贴等办法，通过公益性岗位安置等途径，对就业困难人员实行优先扶持和重点帮助。就业困难人员是指因身体状况、技能水平、家庭因素、失去土地等原因难以实现就业，以及连续失业一定时间仍未能实现就业的人员。就业困难人员的具体范围，由省、自治区、直辖市人民政府根据本行政区域的实际情况规定。

第五十三条　政府投资开发的公益性岗位，应当优先安排符合岗位要求的就业困难人员。被安排在公益性岗位工作的，按照国家规定给予岗位补贴。

第五十四条　地方各级人民政府加强基层就业援助服务工作，对就业困难人员实施重点帮助，提供有针对性的就业服务和公益性岗位援助。地方各级人民政府鼓励和支持社会各方面为就业困难人员提供技能培训、岗位信息等服务。

第五十五条　各级人民政府采取特别扶助措施，促进残疾人就业。用人单位应当按照国家规定安排残疾人就业，具体办法由国务院规定。

第五十六条　县级以上地方人民政府采取多种就业形式，拓宽公益性岗位范围，开发就业岗位，确保城市有就业需求的家庭至少有一人实现就业。法定劳动年龄内的家庭人员均处于失业状况的城市居民家庭，可以向住所地街道、社区公共就业服务机构申请就业援助。街道、社区公共就业服务机构经确认属实的，应当为该家庭中至少一人提供适当的就业岗位。

第五十七条　国家鼓励资源开采型城市和独立工矿区发展与市场需求相适应的产业，引导劳动者转移就业。对因资源枯竭或者经济结构调整等原因造成就业困难人员集中的地区，上级人民政府应当给予必要的扶持和帮助。

## 第七章　监督检查

第五十八条　各级人民政府和有关部门应当建立促进就业的目标责任制度。县级以上人民政府按照促进就业目标责任制的要求，对所属的有关部门和下一级人民政府进行考核和监督。

第五十九条　审计机关、财政部门应当依法对就业专项资金的管理和使用情况进行监督检查。

第六十条　劳动行政部门应当对本法实施情况进行监督检查，建立举报制度，受理对违反本法行为的举报，并及时予以核实处理。

## 第八章　法律责任

第六十一条　违反本法规定，劳动行政等有关部门及其工作人员滥用职权、玩忽职守、徇私舞弊的，对直接负责的主管人员和其他直接责任人员依法给予处分。

第六十二条　违反本法规定，实施就业歧视的，劳动者可以向人民法院提起诉讼。

第六十三条　违反本法规定，地方各级人民政府和有关部门、公共就业服务机构举办经营性的职业中介机构，从事经营性职业中介活动，向劳动者收取费用的，由上级主管机关责令限期改正，将违法收取的费用退还劳动者，并对直接负责的主管人员和其他直接责任人员依法给予处分。

第六十四条　违反本法规定，未经许可和登记，擅自从事职业中介活动的，由劳动行政部门或者其他主管部门依法予以关闭；有违法所得的，没收违法所得，并处一万元以上五万元以下的罚款。

第六十五条　违反本法规定，职业中介机构提供虚假就业信息，为无合法证照的用人单位提供职业中介服务，伪造、涂改、转让职业中介许可证的，由劳动行政部门或者其他主管部门责令改正；有违法所得的，没收违法所得，并处一万元以上五万元以下的罚款；情节严重的，吊销职业中介许可证。

第六十六条　违反本法规定，职业中介机构扣押劳动者居民身份证等证件的，由劳动行政部门责令限期退还劳动者，并依照有关法律规定给予处罚。违反本法规定，职业中介机构向劳动者收取押金的,由劳动行政部门责令限期退还劳动者,并以每人五百元以上两千元以下的标准处以罚款。

第六十七条 违反本法规定,企业未按照国家规定提取职工教育经费,或者挪用职工教育经费的,由劳动行政部门责令改正,并依法给予处罚。

第六十八条 违反本法规定,侵害劳动者合法权益,造成财产损失或者其他损害的,依法承担民事责任;构成犯罪的,依法追究刑事责任。

## 第九章 附则

第六十九条 本法自 2008 年 1 月 1 日起施行。

## 湖南省实施《中华人民共和国就业促进法》办法(2016 年修正本)

(2009 年 7 月 31 日湖南省第十一届人民代表大会常务委员会第 9 次会议通过 根据 2016 年 3 月 30 日湖南省第十二届人民代表大会常务委员会第二十一次会议通过,2016 年 3 月 30 日湖南省第十二届人民代表大会常务委员会公告第 46 号公布,自公布之日起施行的《湖南省人民代表大会常务委员会关于修改〈湖南省实施《中华人民共和国广告法》办法〉等地方性法规的决定》修正)

## 第一章 总则

第一条 根据《中华人民共和国就业促进法》和其他有关法律、行政法规,结合本省实际,制定本办法。

第二条 县级以上人民政府应当将扩大就业作为经济和社会发展的重要目标,纳入国民经济和社会发展规划,制定促进就业的中长期规划和年度工作计划。县级以上人民政府应当将新增就业、控制失业率、就业困难人员就业等作为就业工作的重要任务,建立就业工作目标责任制度,并对所属的有关部门和下一级人民政府进行考核和监督。县级以上人民政府建立促进就业工作协调机制,研究和协调促进就业工作中的重大问题,推动本行政区域的促进就业工作。

第三条 县级以上人民政府人力资源和社会保障行政部门主管本行政区域内的促进就业工作。县级以上人民政府其他有关部门按照各自职责做好促进就业的相关工作。乡镇人民政府、街道办事处、村(居)民委员会应当配合有关部门做好就业法律法规和政策宣传、就业失业人员统计等与促进就业有关的基础性工作。

第四条 工会、共产主义青年团、妇女联合会、残疾人联合会、工商业联合会以及其他社会组织,协助人民政府开展促进就业工作,依法维护劳动者的劳动权利。广播、电视、报刊、网络等大众传播媒介应当采取多种形式进行就业法律法规和政策宣传,及时报道促进就业工作中的先进典型,引导劳动者树立正确的择业观。

第五条　县级以上人民政府人力资源和社会保障行政部门应当加强促进就业工作情况的监督检查，及时处理违反就业法律法规的行为。对侵害劳动者就业权益的行为，任何单位和个人可以向人力资源和社会保障行政部门举报，人力资源和社会保障行政部门应当及时调查处理。

## 第二章　政策支持

第六条　县级以上人民政府实施积极的就业政策，鼓励企业、事业单位和其他社会组织采取措施促进就业。县级以上人民政府应当加强产业政策与就业政策的协调配合，在安排主要产业布局和重大项目时，统筹考虑对扩大就业的影响。县级以上人民政府鼓励、支持、引导非公有制经济发展，鼓励发展劳动密集型产业、服务业，落实扶持中小企业发展的各项政策，为企业发展提供政策、信息、技术咨询等专项服务，多渠道、多方式扩大就业，增加就业岗位。

第七条　县级以上人民政府应当根据就业状况和就业工作目标，在财政预算中安排与就业工作实际需要相适应的就业专项资金用于促进就业工作。就业专项资金的使用管理，按照国家和省有关规定执行。

第八条　税务机关应当公布并执行国家对吸纳失业人员和残疾人就业的企业、失业人员创办的中小企业、从事个体经营的失业人员和残疾人的税收优惠政策。

第九条　失业人员、残疾人从事个体经营的，按照国家规定免除登记类、管理类和证照类等行政事业性收费；财政拨款单位收取的经营服务性收费，按照最低标准收取，没有设定最低标准的，按照省人民政府规定的标准收取。

第十条　失业人员、进城务工的农村劳动者参加职业培训的，按照规定享受职业培训补贴；初次通过国家规定的特殊工种职业技能鉴定取得职业资格证书的，按照规定享受职业技能鉴定补贴。

第十一条　鼓励劳动者自主创业，公共就业服务机构应当为其提供免费创业培训服务。

第十二条　劳动者自主创业的，可以向创业项目所在地的公共就业服务机构提出小额贷款担保申请，经有关部门审核后，到指定金融机构办理贷款手续。小额担保贷款机构在保证贷款安全的前提下，应当简化贷款手续，提供高效、便捷的服务。对微利项目提供小额担保贷款的，政府按照规定给予贴息。

第十三条　鼓励城镇劳动者到农村承包荒山、荒地，从事种植业、养殖业，发展生态农业和农产品加工业。政府及有关部门应当在生产、经营、技术、资金、物资、场地等方面给予扶持。

第十四条　鼓励高校毕业生自主创业和到城乡基层就业。高校毕业生自主创业、到农村基层和城市社区从事社会管理和公共服务工作、到中小企业和非公有制企业就业的，按照国家和省有关规定享受优惠政策。

第十五条　企业招用失业人员、残疾人的，按照国家规定享受税收减免、社会保险补贴、岗位补贴、小额担保贷款扶持等优惠政策。

第十六条　各级人民政府应当引导农业富余劳动力向非农产业和城市有序流动。县级以上人民政府人力资源和社会保障行政部门及公共就业服务机构应当加强与劳务输入地有关部门的联系，帮助农业富余劳动力异地转移就业。县级以上人民政府制定小城镇规划时，应当将农业富余劳动力就近转移就业作为重要内容。

第十七条　各级人民政府应当组织少数民族地区与发达地区开展劳务对接，增加少数民族劳动者就业机会。

## 第三章　公平就业

第十八条　各级人民政府应当创造公平就业的环境，消除就业歧视，保障各民族劳动者享有平等的劳动权利，保障妇女享有与男子平等的劳动权利，保障残疾人的劳动权利。

第十九条　用人单位招用人员、职业中介机构从事职业中介活动，不得以民族、种族、性别、宗教信仰、相貌、身高、户籍、婚姻状况等与劳动岗位无关的因素为由，对劳动者就业给予不平等待遇。

下列情形不属于就业歧视：

（一）根据国家规定对妇女适用职业禁忌的；

（二）根据劳动岗位特殊需要对劳动者作出区别对待的；

（三）根据国家规定对传染病病原携带者适用职业禁忌的；

（四）法律法规规定的其他不属于就业歧视的。

第二十条　进城务工的农村劳动者享有与城镇劳动者平等的劳动权利。主要包括以下权利：

（一）自主择业；

（二）依法签订劳动合同；

（三）同工同酬；

（四）免费获得公共就业服务机构的职业指导和职业介绍等服务；

（五）按照规定享受职业培训和职业技能鉴定补贴；

（六）法律法规规定的其他权利。

用人单位应当为进城务工的农村劳动者依法办理医疗、养老、工伤等各类社会保险。

第二十一条　各级人民政府应当为进城务工的农村劳动者创造公平的就业环境和条件，不得设置歧视性就业限制。

## 第四章　就业服务和管理

第二十二条　县级以上人民政府应当建立健全公共就业服务体系，培育和完善统一开放、竞争有序的人力资源市场，为公共就业服务机构提供必要的场所和设施。公共就业服务机构应当加强内部管理，完善服务功能，公开服务制度，统一服务流程，按照国家制定的服务规范和标准，为劳动者和用人单位提供优质高效的就业服务，主动接受社会监督。

第二十三条　各级公共就业服务机构的公共就业服务经费纳入同级财政预算；城市社区公共就业服务机构的公共就业服务经费由财政予以适当补助。

第二十四条　县级以上人民政府人力资源和社会保障行政部门、公共就业服务机构应当建立完善人力资源市场信息网络及相关设施，实现网络和数据资源的集中和共享。公共就业服务机构应当及时收集和发布职业供求信息、市场工资指导价位信息、职业培训信息、人力资源市场分析信息，并对信息来源进行核实。

第二十五条  劳动者到用人单位就业的，用人单位应当按照规定到当地公共就业服务机构为劳动者办理就业登记；劳动者从事个体经营或者灵活就业的，由本人到街道、乡镇公共就业服务机构办理就业登记。城镇劳动者失去工作，可以到当地公共就业服务机构办理失业登记。失业人员重新就业后，应当及时向原办理失业登记的公共就业服务机构报告。进城务工的农村劳动者需要求职的，可以到当地公共就业服务机构办理求职登记，当地公共就业服务机构应当免费办理登记。进城务工的农村劳动者获得工作岗位后，应当及时告知原办理求职登记的公共就业服务机构。公共就业服务机构办理就业、失业、求职登记及相关手续，应当设立专门服务窗口，简化程序，不得收取费用。公共就业服务机构应当建立就业、失业、求职人员档案，并对其进行动态跟踪管理。

第二十六条  鼓励用人单位向公共就业服务机构报告空缺职位。公共就业服务机构应当定期举办招聘会，免费为劳动者提供求职服务。

第二十七条  设立职业中介机构应当符合法定条件，在县级以上工商行政管理部门办理登记后，向人力资源和社会保障行政部门申请行政许可。人力资源和社会保障行政部门对登记、许可的职业中介机构应当及时向社会予以公布。职业中介机构变更名称、地址、法定代表人或者设立分支机构，应当到原审批机关办理相关手续。未经依法登记和许可的机构，不得从事职业中介活动。禁止任何组织或者个人利用职业中介活动侵害劳动者和用人单位的合法权益。

第二十八条  职业中介机构应当诚信服务，守法经营，在服务场所醒目位置放置许可证、营业执照等证件，标明服务项目、收费标准，公示从业人员姓名、照片等信息，公布投诉举报电话，建立服务台帐，记录服务对象、服务过程、服务结果和收费情况。

职业中介机构不得有下列行为：

（一）欺诈求职者；

（二）提供虚假就业信息；

（三）将求职者介绍到无合法证照的用人单位就业；

（四）扣押求职者的身份证件或者向求职者收取押金；

（五）介绍无职业资格证书的劳动者从事国家规定的特殊工种工作；

（六）法律法规禁止的其他行为。

第二十九条  鼓励职业中介机构参与公益性就业服务。职业中介机构免费介绍劳动者就业，且劳动者与用人单位签订半年以上劳动合同的，按照规定享受职业介绍补贴。

第三十条  县级以上人民政府建立失业预警制度，对可能出现的较大规模的失业，实施预防、调节和控制，对因产业政策调整、环境保护等非市场原因导致裁员的单位，应当帮助做好相关人员的转岗培训和安置工作。

## 第五章  职业教育和培训

第三十一条  设立职业院校、职业技能培训机构应当符合法定条件，并经依法批准。

职业院校、职业技能培训机构不得以虚假广告等方式欺诈学员。

第三十二条　职业院校和职业技能培训机构应当根据市场需求和国家职业分类、职业标准，合理调整专业设置、培养方向和课程体系，加强职业教育和培训的针对性。职业院校和职业技能培训机构应当与企业密切联系，开展校企合作，实行产教结合，为企业培养实用人才和熟练劳动者。

第三十三条　县级以上人民政府采取措施建立健全劳动预备制度，对有就业要求的初高中毕业生实行三至十二个月的预备制培训，使其取得相应的职业资格或者掌握一定的职业技能。对低收入家庭未能继续升学且有就业要求的初高中毕业生，由人力资源和社会保障行政部门组织免费预备制培训。

第三十四条　企业应当采取多种形式对职工进行职业技能培训和继续教育培训，并按照国家规定提取职工教育经费，其中百分之六十以上经费应当用于企业一线职工的培训。

第三十五条　中等以上各类教育机构应当开设就业指导课程，加强学生就业、创业指导，重点帮助学生树立正确择业观念，了解就业政策和信息，提高求职技巧，调整就业预期。

第三十六条　设区的市、自治州和有条件的县人民政府可以依托本地具备条件的职业院校、工厂建立公共实训基地，供各类职业院校和职业技能培训机构组织开展职业技能实习实训。

## 第六章　就业援助

第三十七条　各级人民政府应当建立就业援助制度，通过有针对性地提供就业岗位信息、免费技能培训等就业服务和公益性岗位援助，对就业困难人员实施优先帮助。工会、共产主义青年团、妇女联合会、残疾人联合会、工商业联合会和其他社会组织协助做好就业援助工作。

就业困难人员是指在法定劳动年龄内、有劳动能力和就业愿望，但因为年龄、身体状况、技能水平、家庭因素、失去土地等难以实现就业，以及连续失业一定时间仍未能实现就业的下列人员：

（一）男五十周岁、女四十周岁以上的失业人员；

（二）城市居民家庭成员均处于失业状态的人员；

（三）符合城市居民最低生活保障条件的失业人员；

（四）失业的残疾人；

（五）因承包土地被征用而失业的农民；

（六）连续失业一年以上的人员；

（七）省人民政府规定的其他就业困难人员。

第三十八条　各级人民政府应当开发公益性岗位，安排符合岗位要求的就业困难人员就业。城市居民家庭成员均处于失业状态的，当地人民政府应当为该家庭至少一人提供适当的就业岗位。

第三十九条　被安排在公益性岗位工作的就业困难人员，按照规定享受岗位补贴和社会保险补贴。就业困难人员灵活就业的，按照规定享受社会保险补贴。

## 第七章　法律责任

第四十条　违反本办法规定，有关部门、单位及其工作人员有下列行为之一的，由有关人民政府或者主管部门按照管理权限责令限期改正，并给予通报批评；对直接负责的主管人员和其他直接责任人员依法给予行政处分；构成犯罪的，依法追究刑事责任：

（一）不按照规定履行促进就业工作职责的；

（二）不按照规定及时落实促进就业优惠政策的；

（三）不查处有关违法行为的；

（四）其他玩忽职守、滥用职权、徇私舞弊的行为。

第四十一条　违反本办法第十九条第一款规定，用人单位和职业中介机构对劳动者就业给予不平等待遇的，由县级以上人民政府人力资源和社会保障行政部门责令改正；劳动者也可以直接向人民法院提起诉讼。

第四十二条　违反本办法第二十七条第三款规定，未经许可和登记，擅自从事职业中介活动的，由县级以上人民政府人力资源和社会保障行政部门或者其他主管部门依法予以关闭；有违法所得的，没收违法所得，并处一万元以上五万元以下的罚款。

第四十三条　违反本办法第三十四条规定，企业未足额提取、挪用职工教育经费的，由县级以上人民政府人力资源和社会保障行政部门责令改正；逾期不改正的，按照《劳动保障监察条例》的规定，处两千元以上二万元以下的罚款。

第四十四条　违反本办法规定，骗取社会保险补贴、岗位补贴、职业培训补贴、职业技能鉴定补贴、职业介绍补贴的，由县级以上人民政府人力资源和社会保障行政部门责令退回；构成犯罪的，依法追究刑事责任。

## 第八章　附则

第四十五条　本办法自 2009 年 9 月 1 日起施行。

## 就业服务与就业管理规定（2015 年修正本）

（2007 年 11 月 5 日劳动和社会保障部令第 28 号公布　根据 2014 年 12 月 23 日中华人民共和国人力资源和社会保障部令第 23 号《人力资源社会保障部关于修改〈就业服务与就业管理规定〉的决定》第一次修正　根据 2015 年 4 月 30 日中华人民共和国人力资源和社会保障部令第 24 号《人力资源社会保障部关于修改部分规章的决定》第二次修正）

## 第一章　总则

第一条　为了加强就业服务和就业管理，培育和完善统一开放、竞争有序的人力资源市场，为劳动者就业和用人单位招用人员提供服务，根据就业促进法等法律、行政法规，制定本规定。

第二条　劳动者求职与就业，用人单位招用人员，劳动保障行政部门举办的公共就业服务机构和经劳动保障行政部门审批的职业中介机构从事就业服务活动，适用本规定。本规定所称用人单位，是指在中华人民共和国境内的企业、个体经济组织、民办非企业单位等组织，以及招用与之建立劳动关系的劳动者的国家机关、事业单位、社会团体。

第三条　县级以上劳动保障行政部门依法开展本行政区域内的就业服务和就业管理工作。

## 第二章　求职与就业

第四条　劳动者依法享有平等就业的权利。劳动者就业，不因民族、种族、性别、宗教信仰等不同而受歧视。

第五条　农村劳动者进城就业享有与城镇劳动者平等的就业权利，不得对农村劳动者进城就业设置歧视性限制。

第六条　劳动者依法享有自主择业的权利。劳动者年满16周岁，有劳动能力且有就业愿望的，可凭本人身份证件，通过公共就业服务机构、职业中介机构介绍或直接联系用人单位等渠道求职。

第七条　劳动者求职时，应当如实向公共就业服务机构或职业中介机构、用人单位提供个人基本情况以及与应聘岗位直接相关的知识技能、工作经历、就业现状等情况，并出示相关证明。

第八条　劳动者应当树立正确的择业观念，提高就业能力和创业能力。国家鼓励劳动者在就业前接受必要的职业教育或职业培训，鼓励城镇初高中毕业生在就业前参加劳动预备制培训。国家鼓励劳动者自主创业、自谋职业。各级劳动保障行政部门应当会同有关部门，简化程序，提高效率，为劳动者自主创业、自谋职业提供便利和相应服务。

## 第三章　招用人员

第九条　用人单位依法享有自主用人的权利。用人单位招用人员，应当向劳动者提供平等的就业机会和公平的就业条件。

第十条　用人单位可以通过下列途径自主招用人员：

(一)委托公共就业服务机构或职业中介机构；

(二)参加职业招聘洽谈会；

(三)委托报纸、广播、电视、互联网站等大众传播媒介发布招聘信息；

(四)利用本企业场所、企业网站等自有途径发布招聘信息；

(五)其他合法途径。

第十一条　用人单位委托公共就业服务机构或职业中介机构招用人员，或者参加招聘洽谈会时，应当提供招用人员简章，并出示营业执照(副本)或者有关部门批准其设立的文件、经办人的身份证件和受用人单位委托的证明。招用人员简章应当包括用人单位基本情况、招用人数、工作内容、招录条件、劳动报酬、福利待遇、社会保险等内容，以及法律、法规规定的其他内容。

第十二条 用人单位招用人员时，应当依法如实告知劳动者有关工作内容、工作条件、工作地点、职业危害、安全生产状况、劳动报酬以及劳动者要求了解的其他情况。用人单位应当根据劳动者的要求，及时向其反馈是否录用的情况。

第十三条 用人单位应当对劳动者的个人资料予以保密。公开劳动者的个人资料信息和使用劳动者的技术、智力成果，须经劳动者本人书面同意。

第十四条 用人单位招用人员不得有下列行为：

（一）提供虚假招聘信息，发布虚假招聘广告；

（二）扣押被录用人员的居民身份证和其他证件；

（三）以担保或者其他名义向劳动者收取财物；

（四）招用未满16周岁的未成年人以及国家法律、行政法规规定不得招用的其他人员；

（五）招用无合法身份证件的人员；

（六）以招用人员为名牟取不正当利益或进行其他违法活动。

第十五条 用人单位不得以诋毁其他用人单位信誉、商业贿赂等不正当手段招聘人员。

第十六条 用人单位在招用人员时，除国家规定的不适合妇女从事的工种或者岗位外，不得以性别为由拒绝录用妇女或者提高对妇女的录用标准。用人单位录用女职工，不得在劳动合同中规定限制女职工结婚、生育的内容。

第十七条 用人单位招用人员，应当依法对少数民族劳动者给予适当照顾。

第十八条 用人单位招用人员，不得歧视残疾人。

第十九条 用人单位招用人员，不得以是传染病病原携带者为由拒绝录用。但是，经医学鉴定传染病病原携带者在治愈前或者排除传染嫌疑前，不得从事法律、行政法规和国务院卫生行政部门规定禁止从事的易使传染病扩散的工作。用人单位招用人员，除国家法律、行政法规和国务院卫生行政部门规定禁止乙肝病原携带者从事的工作外，不得强行将乙肝病毒血清学指标作为体检标准。

第二十条 用人单位发布的招用人员简章或招聘广告，不得包含歧视性内容。

第二十一条 用人单位招用从事涉及公共安全、人身健康、生命财产安全等特殊工种的劳动者，应当依法招用持相应工种职业资格证书的人员；招用未持相应工种职业资格证书人员的，须组织其在上岗前参加专门培训，使其取得职业资格证书后方可上岗。

第二十二条 用人单位招用台港澳人员后，应当按有关规定到当地劳动保障行政部门备案，并为其办理《台港澳人员就业证》。

第二十三条 用人单位招用外国人，应当在外国人入境前，按有关规定到当地劳动保障行政部门为其申请就业许可，经批准并获得《中华人民共和国外国人就业许可证书》后方可招用。用人单位招用外国人的岗位必须是有特殊技能要求、国内暂无适当人选的岗位，并且不违反国家有关规定。

## 第四章 公共就业服务

第二十四条 县级以上劳动保障行政部门统筹管理本行政区域内的公共就业服务工作，根据政府制定的发展计划，建立健全覆盖城乡的公共就业服务体系。公共就业服务机构根据政府确定的就业工作目标任务，制定就业服务计划，推动落实就业扶持政策，组织实施就业服务项目，为劳动者和用人单位提供就业服务，开展人力资源市场调查分析，并受劳动保障行政部门委托经办促进就业的相关事务。

第二十五条 公共就业服务机构应当免费为劳动者提供以下服务：

(一)就业政策法规咨询；

(二)职业供求信息、市场工资指导价位信息和职业培训信息发布；

(三)职业指导和职业介绍；

(四)对就业困难人员实施就业援助；

(五)办理就业登记、失业登记等事务；

(六)其他公共就业服务。

第二十六条 公共就业服务机构应当积极拓展服务功能，根据用人单位需求提供以下服务：

(一)招聘用人指导服务；

(二)代理招聘服务；

(三)跨地区人员招聘服务；

(四)企业人力资源管理咨询等专业性服务；

(五)劳动保障事务代理服务；

(六)为满足用人单位需求开发的其他就业服务项目。

第二十七条 公共就业服务机构应当加强职业指导工作，配备专(兼)职职业指导工作人员，向劳动者和用人单位提供职业指导服务。公共就业服务机构应当为职业指导工作提供相应的设施和条件，推动职业指导工作的开展，加强对职业指导工作的宣传。

第二十八条 职业指导工作包括以下内容：

(一)向劳动者和用人单位提供国家有关劳动保障的法律法规和政策、人力资源市场状况咨询；

(二)帮助劳动者了解职业状况，掌握求职方法，确定择业方向，增强择业能力；

(三)向劳动者提出培训建议，为其提供职业培训相关信息；

(四)开展对劳动者个人职业素质和特点的测试，并对其职业能力进行评价；

(五)对妇女、残疾人、少数民族人员及退出现役的军人等就业群体提供专门的职业指导服务；

(六)对大中专学校、职业院校、技工学校学生的职业指导工作提供咨询和服务；

(七)对准备从事个体劳动或开办私营企业的劳动者提供创业咨询服务；

(八)为用人单位提供选择招聘方法、确定用人条件和标准等方面的招聘用人指导；

(九)为职业培训机构确立培训方向和专业设置等提供咨询参考。

第二十九条 公共就业服务机构在劳动保障行政部门的指导下，组织实施劳动力资源调查和就业、失业状况统计工作。

第三十条　公共就业服务机构应当针对特定就业群体的不同需求，制定并组织实施专项计划。公共就业服务机构应当根据服务对象的特点，在一定时期内为不同类型的劳动者、就业困难对象或用人单位集中组织活动，开展专项服务。公共就业服务机构受劳动保障行政部门委托，可以组织开展促进就业的专项工作。

第三十一条　县级以上公共就业服务机构建立综合性服务场所，集中为劳动者和用人单位提供一站式就业服务，并承担劳动保障行政部门安排的其他工作。街道、乡镇、社区公共就业服务机构建立基层服务窗口，开展以就业援助为重点的公共就业服务，实施劳动力资源调查统计，并承担上级劳动保障行政部门安排的其他就业服务工作。公共就业服务机构使用全国统一标识。

第三十二条　公共就业服务机构应当不断提高服务的质量和效率。公共就业服务机构应当加强内部管理，完善服务功能，统一服务流程，按照国家制定的服务规范和标准，为劳动者和用人单位提供优质高效的就业服务。公共就业服务机构应当加强工作人员的政策、业务和服务技能培训，组织职业指导人员、职业信息分析人员、劳动保障协理员等专业人员参加相应职业资格培训。公共就业服务机构应当公开服务制度，主动接受社会监督。

第三十三条　县级以上劳动保障行政部门和公共就业服务机构应当按照劳动保障信息化建设的统一规划、标准和规范，建立完善人力资源市场信息网络及相关设施。公共就业服务机构应当逐步实行信息化管理与服务，在城市内实现就业服务、失业保险、就业培训信息共享和公共就业服务全程信息化管理，并逐步实现与劳动工资信息、社会保险信息的互联互通和信息共享。

第三十四条　公共就业服务机构应当建立健全人力资源市场信息服务体系，完善职业供求信息、市场工资指导价位信息、职业培训信息、人力资源市场分析信息的发布制度，为劳动者求职择业、用人单位招用人员以及培训机构开展培训提供支持。

第三十五条　县级以上劳动保障行政部门应当按照信息化建设统一要求，逐步实现全国人力资源市场信息联网。其中，城市应当按照劳动保障数据中心建设的要求，实现网络和数据资源的集中和共享；省、自治区应当建立人力资源市场信息网省级监测中心，对辖区内人力资源市场信息进行监测；劳动保障部设立人力资源市场信息网全国监测中心，对全国人力资源市场信息进行监测和分析。

第三十六条　县级以上劳动保障行政部门应当对公共就业服务机构加强管理，定期对其完成各项任务情况进行绩效考核。

第三十七条　公共就业服务经费纳入同级财政预算。各级劳动保障行政部门和公共就业服务机构应当根据财政预算编制的规定，依法编制公共就业服务年度预算，报经同级财政部门审批后执行。公共就业服务机构可以按照就业专项资金管理相关规定，依法申请公共就业服务专项扶持经费。公共就业服务机构接受社会各界提供的捐赠和资助，按照国家有关法律法规管理和使用。公共就业服务机构为用人单位提供的服务，应当规范管理，严格控制服务收费。确需收费的，具体项目由省级劳动保障行政部门会同相关部门规定。

第三十八条　公共就业服务机构不得从事经营性活动。公共就业服务机构举办的招聘会，不得向劳动者收取费用。

第三十九条　各级残疾人联合会所属的残疾人就业服务机构是公共就业服务机构的组成部分，负责为残疾劳动者提供相关就业服务，并经劳动保障行政部门委托，承担残疾劳动者的就业登记、失业登记工作。

## 第五章　就业援助

第四十条　公共就业服务机构应当制定专门的就业援助计划，对就业援助对象实施优先扶持和重点帮助。本规定所称就业援助对象包括就业困难人员和零就业家庭。就业困难对象是指因身体状况、技能水平、家庭因素、失去土地等原因难以实现就业，以及连续失业一定时间仍未能实现就业的人员。零就业家庭是指法定劳动年龄内的家庭人员均处于失业状况的城市居民家庭。对援助对象的认定办法，由省级劳动保障行政部门依据当地人民政府规定的就业援助对象范围制定。

第四十一条　就业困难人员和零就业家庭可以向所在地街道、社区公共就业服务机构申请就业援助。经街道、社区公共就业服务机构确认属实的，纳入就业援助范围。

第四十二条　公共就业服务机构应当建立就业困难人员帮扶制度，通过落实各项就业扶持政策、提供就业岗位信息、组织技能培训等有针对性的就业服务和公益性岗位援助，对就业困难人员实施优先扶持和重点帮助。在公益性岗位上安置的就业困难人员，按照国家规定给予岗位补贴。

第四十三条　公共就业服务机构应当建立零就业家庭即时岗位援助制度，通过拓宽公益性岗位范围，开发各类就业岗位等措施，及时向零就业家庭中的失业人员提供适当的就业岗位，确保零就业家庭至少有一人实现就业。

第四十四条　街道、社区公共就业服务机构应当对辖区内就业援助对象进行登记，建立专门台账，实行就业援助对象动态管理和援助责任制度，提供及时、有效的就业援助。

## 第六章　职业中介服务

第四十五条　县级以上劳动保障行政部门应当加强对职业中介机构的管理，鼓励其提高服务质量，发挥其在促进就业中的作用。本规定所称职业中介机构，是指由法人、其他组织和公民个人举办，为用人单位招用人员和劳动者求职提供中介服务以及其他相关服务的经营性组织。政府部门不得举办或者与他人联合举办经营性的职业中介机构。

第四十六条　从事职业中介活动，应当遵循合法、诚实信用、公平、公开的原则。禁止任何组织或者个人利用职业中介活动侵害劳动者和用人单位的合法权益。

第四十七条　职业中介实行行政许可制度。设立职业中介机构或其他机构开展职业中介活动，须经劳动保障行政部门批准，并获得职业中介许可证。未经依法许可和登记的机构，不得从事职业中介活动。职业中介许可证由劳动和社会保障部统一印制并免费发放。

第四十八条　设立职业中介机构应当具备下列条件：

（一）有明确的机构章程和管理制度；

（二）有开展业务必备的固定场所、办公设施和一定数额的开办资金；

（三）有一定数量具备相应职业资格的专职工作人员；

（四）法律、法规规定的其他条件。

第四十九条　设立职业中介机构，应当向当地县级以上劳动保障行政部门提出申请，提交下列文件：

（一）设立申请书；

（二）机构章程和管理制度草案；

（三）场所使用权证明；

（四）工商营业执照（副本）；

（五）拟任负责人的基本情况、身份证明；

（六）具备相应职业资格的专职工作人员的相关证明；

（七）法律、法规规定的其他文件。

第五十条　劳动保障行政部门接到设立职业中介机构的申请后，应当自受理申请之日起20日内审理完毕。对符合条件的，应当予以批准；不予批准的，应当说明理由。劳动保障行政部门对经批准设立的职业中介机构实行年度审验。职业中介机构的具体设立条件、审批和年度审验程序，由省级劳动保障行政部门统一规定。

第五十一条　职业中介机构变更名称、住所、法定代表人等或者终止的，应当按照设立许可程序办理变更或者注销登记手续。设立分支机构的，应当在征得原审批机关的书面同意后，由拟设立分支机构所在地县级以上劳动保障行政部门审批。

第五十二条　职业中介机构可以从事下列业务：

（一）为劳动者介绍用人单位；

（二）为用人单位和居民家庭推荐劳动者；

（三）开展职业指导、人力资源管理咨询服务；

（四）收集和发布职业供求信息；

（五）根据国家有关规定从事互联网职业信息服务；

（六）组织职业招聘洽谈会；

（七）经劳动保障行政部门核准的其他服务项目。

第五十三条　职业中介机构应当在服务场所明示营业执照、职业中介许可证、服务项目、收费标准、监督机关名称和监督电话等，并接受劳动保障行政部门及其他有关部门的监督检查。

第五十四条　职业中介机构应当建立服务台账，记录服务对象、服务过程、服务结果和收费情况等，并接受劳动保障行政部门的监督检查。

第五十五条　职业中介机构提供职业中介服务不成功的，应当退还向劳动者收取的中介服务费。

第五十六条　职业中介机构租用场地举办大规模职业招聘洽谈会，应当制定相应的组织实施办法和安全保卫工作方案，并向批准其设立的机关报告。职业中介机构应当对入场招聘用人单位的主体资格真实性和招用人员简章真实性进行核实。

第五十七条　职业中介机构为特定对象提供公益性就业服务的，可以按照规定给予补贴。可以给予补贴的公益性就业服务的范围、对象、服务效果和补贴办法，由省级劳动保障行政部门会同有关部门制定。

第五十八条　禁止职业中介机构有下列行为：

（一）提供虚假就业信息；

（二）发布的就业信息中包含歧视性内容；

（三）伪造、涂改、转让职业中介许可证；

（四）为无合法证照的用人单位提供职业中介服务；

（五）介绍未满 16 周岁的未成年人就业；

（六）为无合法身份证件的劳动者提供职业中介服务；

（七）介绍劳动者从事法律、法规禁止从事的职业；

（八）扣押劳动者的居民身份证和其他证件，或者向劳动者收取押金；

（九）以暴力、胁迫、欺诈等方式进行职业中介活动；

（十）超出核准的业务范围经营；

（十一）其他违反法律、法规规定的行为。

第五十九条　县级以上劳动保障行政部门应当依法对经审批设立的职业中介机构开展职业中介活动进行监督指导，定期组织对其服务信用和服务质量进行评估，并将评估结果向社会公布。县级以上劳动保障行政部门应当指导职业中介机构开展工作人员培训，提高服务质量。县级以上劳动保障行政部门对在诚信服务、优质服务和公益性服务等方面表现突出的职业中介机构和个人，报经同级人民政府批准后，给予表彰和奖励。

第六十条　设立外商投资职业中介机构以及职业中介机构从事境外就业中介服务的，按照有关规定执行。

## 第七章　就业与失业管理

第六十一条　劳动保障行政部门应当建立健全就业登记制度和失业登记制度，完善就业管理和失业管理。公共就业服务机构负责就业登记与失业登记工作，建立专门台帐，及时、准确地记录劳动者就业与失业变动情况，并做好相应统计工作。就业登记和失业登记在各省、自治区、直辖市范围内实行统一的就业失业登记证（以下简称登记证），向劳动者免费发放，并注明可享受的相应扶持政策。就业登记、失业登记的具体程序和登记证的样式，由省级劳动保障行政部门规定。

第六十二条　劳动者被用人单位招用的，由用人单位为劳动者办理就业登记。用人单位招用劳动者和与劳动者终止或者解除劳动关系，应当到当地公共就业服务机构备案，为劳动者办理就业登记手续。用人单位招用人员后，应当于录用之日起 30 日内办理登记手续；用人单位与职工终止或者解除劳动关系后，应当于 15 日内办理登记手续。劳动者从事个体经营或灵活就业的，由本人在街道、乡镇公共就业服务机构办理就业登记。就业登记的内容主要包括劳动者个人信息、就业类型、就业时间、就业单位以及订立、终止或者解除劳动合同情况等。就业登记的具体内容和所需材料由省级劳动保障行政部门规定。公共就业服务机构应当对用人单位办理就业登记及相关手续设立专门服务窗口，简化程序，方便用人单位办理。

第六十三条　在法定劳动年龄内，有劳动能力，有就业要求，处于无业状态的城镇常住人员，可以到公共就业服务机构进行失业登记。其中，没有就业经历的城镇户籍人员，在户籍所在地登记；农村进城务工人员和其他非本地户籍人员在常住地稳定就业满 6 个月的，失业后可以在常住地登记。

第六十四条　劳动者进行失业登记时，须持本人身份证件和证明原身份的有关证明；有单位就业经历的，还须持与原单位终止、解除劳动关系或者解聘的证明。登记失业人员凭登记证享受公共就业服务和就业扶持政策；其中符合条件的，按规定申领失业保险金。登记失业人员应当定期向公共就业服务机构报告就业失业状况，积极求职，参加公共就业服务机构安排的就业培训。

第六十五条　失业登记的范围包括下列失业人员：

(一)年满 16 周岁，从各类学校毕业、肄业的；

(二)从企业、机关、事业单位等各类用人单位失业的；

(三)个体工商户业主或私营企业业主停业、破产停止经营的；

(四)承包土地被征用，符合当地规定条件的；

(五)军人退出现役且未纳入国家统一安置的；

(六)刑满释放、假释、监外执行或解除劳动教养的；

(七)各地确定的其他失业人员。

第六十六条　登记失业人员出现下列情形之一的，由公共就业服务机构注销其失业登记：

(一)被用人单位录用的；

(二)从事个体经营或创办企业，并领取工商营业执照的；

(三)已从事有稳定收入的劳动，并且月收入不低于当地最低工资标准的；

(四)已享受基本养老保险待遇的；

(五)完全丧失劳动能力的；

(六)入学、服兵役、移居境外的；

(七)被判刑收监执行或被劳动教养的；

(八)终止就业要求或拒绝接受公共就业服务的；

(九)连续 6 个月未与公共就业服务机构联系的；

(十)已进行就业登记的其他人员或各地规定的其他情形。

## 第八章　罚则

第六十七条　用人单位违反本规定第十四条第(二)、(三)项规定的，按照劳动合同法第八十四条的规定予以处罚；用人单位违反第十四条第(四)项规定的，按照国家禁止使用童工和其他有关法律、法规的规定予以处罚。用人单位违反第十四条第(一)、(五)、(六)项规定的，由劳动保障行政部门责令改正，并可处以一千元以下的罚款；对当事人造成损害的，应当承担赔偿责任。

第六十八条　用人单位违反本规定第十九条第二款规定，在国家法律、行政法规和国务院卫生行政部门规定禁止乙肝病原携带者从事的工作岗位以外招用人员时，将乙肝病毒血清学指标作为体检标准的，由劳动保障行政部门责令改正，并可处以一千元以下的罚款；对当事人造成损害的，应当承担赔偿责任。

第六十九条 违反本规定第三十八条规定,公共就业服务机构从事经营性职业中介活动向劳动者收取费用的,由劳动保障行政部门责令限期改正,将违法收取的费用退还劳动者,并对直接负责的主管人员和其他直接责任人员依法给予处分。

第七十条 违反本规定第四十七条规定,未经许可和登记,擅自从事职业中介活动的,由劳动保障行政部门或者其他主管部门按照就业促进法第六十四条规定予以处罚。

第七十一条 职业中介机构违反本规定第五十三条规定,未明示职业中介许可证、监督电话的,由劳动保障行政部门责令改正,并可处以一千元以下的罚款;未明示收费标准的,提请价格主管部门依据国家有关规定处罚;未明示营业执照的,提请工商行政管理部门依据国家有关规定处罚。

第七十二条 职业中介机构违反本规定第五十四条规定,未建立服务台账,或虽建立服务台账但未记录服务对象、服务过程、服务结果和收费情况的,由劳动保障行政部门责令改正,并可处以一千元以下的罚款。

第七十三条 职业中介机构违反本规定第五十五条规定,在职业中介服务不成功后未向劳动者退还所收取的中介服务费的,由劳动保障行政部门责令改正,并可处以一千元以下的罚款。

第七十四条 职业中介机构违反本规定第五十八条第(一)、(三)、(四)、(八)项规定的,按照就业促进法第六十五条、第六十六条规定予以处罚。违反本规定第五十八条第(五)项规定的,按照国家禁止使用童工的规定予以处罚。违反本规定第五十八条其他各项规定的,由劳动保障行政部门责令改正,没有违法所得的,可处以一万元以下的罚款;有违法所得的,可处以不超过违法所得三倍的罚款,但最高不得超过三万元;情节严重的,提请工商部门依法吊销营业执照;对当事人造成损害的,应当承担赔偿责任。

第七十五条 用人单位违反本规定第六十二条规定,未及时为劳动者办理就业登记手续的,由劳动保障行政部门责令改正,并可处以一千元以下的罚款。

## 第九章 附则

第七十六条 本规定自 2008 年 1 月 1 日起施行。劳动部 1994 年 10 月 27 日颁布的《职业指导办法》、劳动和社会保障部 2000 年 12 月 8 日颁布的《劳动力市场管理规定》同时废止。

**图书在版编目(CIP)数据**

大学生职业素养与就业指导／石颖，周新娟，雷姣
主编. —长沙：中南大学出版社，2021.9(2022.8重印)

ISBN 978-7-5487-4626-3

Ⅰ. ①大… Ⅱ. ①石… ②周… ③雷… Ⅲ. ①大学
生—职业选择 Ⅳ. ①G647.38

中国版本图书馆 CIP 数据核字(2021)第 166809 号

## 大学生职业素养与就业指导
**DAXUESHENG ZHIYE SUYANG YU JIUYE ZHIDAO**

主编 石 颖 周新娟 雷 姣

| | | |
|---|---|---|
| □**责任编辑** | 陈应征 | |
| □**责任印制** | 唐 曦 | |
| □**出版发行** | 中南大学出版社 | |
| | 社址：长沙市麓山南路 | 邮编：410083 |
| | 发行科电话：0731-88876770 | 传真：0731-88710482 |
| □**印 装** | 湖南蓝盾彩色印务有限公司 | |

| | | | |
|---|---|---|---|
| □**开 本** | 787 mm×1092 mm 1/16 | □**印张** 13.75 | □**字数** 342 千字 |
| □**互联网+图书** | 二维码内容 字数 570 字 | | |
| □**版 次** | 2021 年 9 月第 1 版 | □**印次** 2022 年 8 月第 2 次印刷 | |
| □**书 号** | ISBN 978-7-5487-4626-3 | | |
| □**定 价** | 39.80 元 | | |